社会实用法律法规读本

交通旅游法律法规读本

旅游运输法律法规

魏光朴　主编

汕头大学出版社

图书在版编目（CIP）数据

旅游运输法律法规／魏光朴主编．-- 汕头：汕头
大学出版社（2021.7重印）
　　（交通旅游法律法规读本）
　ISBN 978-7-5658-3213-0

　Ⅰ．①旅… Ⅱ．①魏… Ⅲ．①旅游业-法规-中国-
学习参考资料②交通运输管理-法规-中国-学习参考资
料 Ⅳ．①D922.296.4

　中国版本图书馆 CIP 数据核字（2017）第 254890 号

旅游运输法律法规　　　　　LÜYOU YUNSHU FALÜ FAGUI

主　　编：魏光朴
责任编辑：邹　峰
责任技编：黄东生
封面设计：大华文苑
出版发行：汕头大学出版社
　　　　　广东省汕头市大学路 243 号汕头大学校园内　邮政编码：515063
电　　话：0754-82904613
印　　刷：三河市南阳印刷有限公司
开　　本：690mm×960mm 1/16
印　　张：18
字　　数：226 千字
版　　次：2017 年 10 月第 1 版
印　　次：2021 年 7 月第 2 次印刷
定　　价：59.60 元（全 2 册）
ISBN 978-7-5658-3213-0

前　言

习近平总书记指出："推进全民守法，必须着力增强全民法治观念。要坚持把全民普法和守法作为依法治国的长期基础性工作，采取有力措施加强法制宣传教育。要坚持法治教育从娃娃抓起，把法治教育纳入国民教育体系和精神文明创建内容，由易到难、循序渐进不断增强青少年的规则意识。要健全公民和组织守法信用记录，完善守法诚信褒奖机制和违法失信行为惩戒机制，形成守法光荣、违法可耻的社会氛围，使遵法守法成为全体人民共同追求和自觉行动。"

中共中央、国务院曾经转发了中央宣传部、司法部关于在公民中开展法治宣传教育的规划，并发出通知，要求各地区各部门结合实际认真贯彻执行。通知指出，全民普法和守法是依法治国的长期基础性工作。深入开展法治宣传教育，是全面建成小康社会和新农村的重要保障。

普法规划指出：各地区各部门要根据实际需要，从不同群体的特点出发，因地制宜开展有特色的法治宣传教育坚持集中法治宣传教育与经常性法治宣传教育相结合，深化法律进机关、进乡村、进社区、进学校、进企业、进单位的"法律六进"主题活动，完善工作标准，建立长效机制。

特别是农业、农村和农民问题，始终是关系党和人民事业发展的全局性和根本性问题。党中央、国务院发布的《关于推进社会主义新农村建设的若干意见》中明确提出要"加强农村法制建设，深入开展农村普法教育，增强农民的法制观念，提高农民依法行使权利和履行义务的自觉性。"多年普法实践证明，普及法律知识，提高法制观念，增强全社会依法办事意识具有重要作用。特别是在广大农村进行普法教育，是提高全民法律素质的需要。

多年来，我国在农村实行的改革开放取得了极大成功，农村发生了翻天覆地的变化，广大农民生活水平大大得到了提高。但是，由于历史和社会等原因，现阶段我国一些地区农民文化素质还不高，不学法、不懂法、不守法现象虽然较原来有所改变，但仍有相当一部分群众的法制观念仍很淡化，不懂、不愿借助法律来保护自身权益，这就极易受到不法的侵害，或极易进行违法犯罪活动，严重阻碍了全面建成小康社会和新农村步伐。

为此，根据党和政府的指示精神以及普法规划，特别是根据广大农村农民的现状，在有关部门和专家的指导下，特别编辑了这套《全国普法学习读本》。主要包括了广大人民群众应知应懂、实际实用的法律法规。为了辅导学习，附录还收入了相应法律法规的条例准则、实施细则、解读解答、案例分析等；同时为了突出法律法规的实际实用特点，兼顾地方性和特殊性，附录还收入了部分某些地方性法律法规以及非法律法规的政策文件、管理制度、应用表格等内容，拓展了本书的知识范围，使法律法规更"接地气"，便于读者学习掌握和实际应用。

在众多法律法规中，我们通过甄别，淘汰了废止的，精选了最新的、权威的和全面的。但有部分法律法规有些条款不适应当下情况了，却没有颁布新的，我们又不能擅自改动，只得保留原有条款，但附录却有相应的补充修改意见或通知等。众多法律法规根据不同内容和受众特点，经过归类组合，优化配套。整套普法读本非常全面系统，具有很强的学习性、实用性和指导性，非常适合用于广大农村和城乡普法学习教育与实践指导。总之，是全国全民普法的良好读本。

目　　录

中华人民共和国旅游法

旅游安全管理办法

中华人民共和国铁路法

国内水路运输管理条例

中华人民共和国旅游法

中华人民共和国主席令
第三号

《中华人民共和国旅游法》已由中华人民共和国第十二届全国人民代表大会常务委员会第二次会议于 2013 年 4 月 25 日通过，现予公布，自 2013 年 10 月 1 日起施行。

中华人民共和国主席　习近平
2013 年 4 月 25 日

第一章　总　　则

第一条　为保障旅游者和旅游经营者的合法权益，规范旅游市场秩序，保护和合理利用旅游资源，促进旅游业持续健康发展，制定本法。

第二条　在中华人民共和国境内的和在中华人民共和国境内组织到境外的游览、度假、休闲等形式的旅游活动以及为旅游活动提供相关服务的经营活动，适用本法。

第三条　国家发展旅游事业，完善旅游公共服务，依法保护旅游者在旅游活动中的权利。

第四条　旅游业发展应当遵循社会效益、经济效益和生态效益相统一的原则。国家鼓励各类市场主体在有效保护旅游资源的前提下，依法合理利用旅游资源。利用公共资源建设的游览场所应当体现公益性质。

第五条　国家倡导健康、文明、环保的旅游方式，支持和鼓励各类社会机构开展旅游公益宣传，对促进旅游业发展做出突出贡献的单位和个人给予奖励。

　　第六条　国家建立健全旅游服务标准和市场规则，禁止行业垄断和地区垄断。旅游经营者应当诚信经营，公平竞争，承担社会责任，为旅游者提供安全、健康、卫生、方便的旅游服务。

　　第七条　国务院建立健全旅游综合协调机制，对旅游业发展进行综合协调。

　　县级以上地方人民政府应当加强对旅游工作的组织和领导，明确相关部门或者机构，对本行政区域的旅游业发展和监督管理进行统筹协调。

　　第八条　依法成立的旅游行业组织，实行自律管理。

第二章　旅游者

　　第九条　旅游者有权自主选择旅游产品和服务，有权拒绝旅游经营者的强制交易行为。

　　旅游者有权知悉其购买的旅游产品和服务的真实情况。

　　旅游者有权要求旅游经营者按照约定提供产品和服务。

　　第十条　旅游者的人格尊严、民族风俗习惯和宗教信仰应当得到尊重。

　　第十一条　残疾人、老年人、未成年人等旅游者在旅游活动中依照法律、法规和有关规定享受便利和优惠。

　　第十二条　旅游者在人身、财产安全遇有危险时，有请求救助和保护的权利。

　　旅游者人身、财产受到侵害的，有依法获得赔偿的权利。

　　第十三条　旅游者在旅游活动中应当遵守社会公共秩序和社会公德，尊重当地的风俗习惯、文化传统和宗教信仰，爱护旅游资源，保护生态环境，遵守旅游文明行为规范。

　　第十四条　旅游者在旅游活动中或者在解决纠纷时，不得损害当地居民的合法权益，不得干扰他人的旅游活动，不得损害旅游经营者和旅游从业人员的合法权益。

　　第十五条　旅游者购买、接受旅游服务时，应当向旅游经营者如实告知与旅游活动相关的个人健康信息，遵守旅游活动中的安全警示规定。

　　旅游者对国家应对重大突发事件暂时限制旅游活动的措施以及有关部门、机构或者旅游经营者采取的安全防范和应急处置措施，应当予以配合。

旅游者违反安全警示规定，或者对国家应对重大突发事件暂时限制旅游活动的措施、安全防范和应急处置措施不予配合的，依法承担相应责任。

第十六条 出境旅游者不得在境外非法滞留，随团出境的旅游者不得擅自分团、脱团。

入境旅游者不得在境内非法滞留，随团入境的旅游者不得擅自分团、脱团。

第三章　旅游规划和促进

第十七条 国务院和县级以上地方人民政府应当将旅游业发展纳入国民经济和社会发展规划。

国务院和省、自治区、直辖市人民政府以及旅游资源丰富的设区的市和县级人民政府，应当按照国民经济和社会发展规划的要求，组织编制旅游发展规划。对跨行政区域且适宜进行整体利用的旅游资源进行利用时，应当由上级人民政府组织编制或者由相关地方人民政府协商编制统一的旅游发展规划。

第十八条 旅游发展规划应当包括旅游业发展的总体要求和发展目标，旅游资源保护和利用的要求和措施，以及旅游产品开发、旅游服务质量提升、旅游文化建设、旅游形象推广、旅游基础设施和公共服务设施建设的要求和促进措施等内容。

根据旅游发展规划，县级以上地方人民政府可以编制重点旅游资源开发利用的专项规划，对特定区域内的旅游项目、设施和服务功能配套提出专门要求。

第十九条 旅游发展规划应当与土地利用总体规划、城乡规划、环境保护规划以及其他自然资源和文物等人文资源的保护和利用规划相衔接。

第二十条 各级人民政府编制土地利用总体规划、城乡规划，应当充分考虑相关旅游项目、设施的空间布局和建设用地要求。规划和建设交通、通信、供水、供电、环保等基础设施和公共服务设施，应当兼顾旅游业发展的需要。

第二十一条 对自然资源和文物等人文资源进行旅游利用，必须严格遵守有关法律、法规的规定，符合资源、生态保护和文物安全的要求，尊重和维护当地传统文化和习俗，维护资源的区域整体性、文化代表性和地域特殊性，并考虑军事设施保护的需要。有关主管部门应当加强对资源保护和旅游利用状况的监督检查。

第二十二条 各级人民政府应当组织对本级政府编制的旅游发展规划的执行情况进行评估，并向社会公布。

第二十三条 国务院和县级以上地方人民政府应当制定并组织实施有利于旅游业持续健康发展的产业政策，推进旅游休闲体系建设，采取措施推动区域旅游合作，鼓励跨区域旅游线路和产品开发，促进旅游与工业、农业、商业、文化、卫生、体育、科教等领域的融合，扶持少数民族地区、革命老区、边远地区和贫困地区旅游业发展。

第二十四条 国务院和县级以上地方人民政府应当根据实际情况安排资金，加强旅游基础设施建设、旅游公共服务和旅游形象推广。

第二十五条 国家制定并实施旅游形象推广战略。国务院旅游主管部门统筹组织国家旅游形象的境外推广工作，建立旅游形象推广机构和网络，开展旅游国际合作与交流。

县级以上地方人民政府统筹组织本地的旅游形象推广工作。

第二十六条 国务院旅游主管部门和县级以上地方人民政府应当根据需要建立旅游公共信息和咨询平台，无偿向旅游者提供旅游景区、线路、交通、气象、住宿、安全、医疗急救等必要信息和咨询服务。设区的市和县级人民政府有关部门应当根据需要在交通枢纽、商业中心和旅游者集中场所设置旅游咨询中心，在景区和通往主要景区的道路设置旅游指示标识。

旅游资源丰富的设区的市和县级人民政府可以根据本地的实际情况，建立旅游客运专线或者游客中转站，为旅游者在城市及周边旅游提供服务。

第二十七条 国家鼓励和支持发展旅游职业教育和培训，提高旅游从业人员素质。

第四章 旅游经营

第二十八条 设立旅行社，招徕、组织、接待旅游者，为其提供旅游服务，应当具备下列条件，取得旅游主管部门的许可，依法办理工商登记：

（一）有固定的经营场所；

（二）有必要的营业设施；

（三）有符合规定的注册资本；

（四）有必要的经营管理人员和导游；

（五）法律、行政法规规定的其他条件。

第二十九条 旅行社可以经营下列业务：

（一）境内旅游；

（二）出境旅游；

（三）边境旅游；

（四）入境旅游；

（五）其他旅游业务。

旅行社经营前款第二项和第三项业务，应当取得相应的业务经营许可，具体条件由国务院规定。

第三十条 旅行社不得出租、出借旅行社业务经营许可证，或者以其他形式非法转让旅行社业务经营许可。

第三十一条 旅行社应当按照规定交纳旅游服务质量保证金，用于旅游者权益损害赔偿和垫付旅游者人身安全遇有危险时紧急救助的费用。

第三十二条 旅行社为招徕、组织旅游者发布信息，必须真实、准确，不得进行虚假宣传，误导旅游者。

第三十三条 旅行社及其从业人员组织、接待旅游者，不得安排参观或者参与违反我国法律、法规和社会公德的项目或者活动。

第三十四条 旅行社组织旅游活动应当向合格的供应商订购产品和服务。

第三十五条 旅行社不得以不合理的低价组织旅游活动，诱骗旅游者，并通过安排购物或者另行付费旅游项目获取回扣等不正当利益。

旅行社组织、接待旅游者，不得指定具体购物场所，不得安排另行付费旅游项目。但是，经双方协商一致或者旅游者要求，且不影响其他旅游者行程安排的除外。

发生违反前两款规定情形的，旅游者有权在旅游行程结束后三十日内，要求旅行社为其办理退货并先行垫付退货货款，或者退还另行付费旅游项目的费用。

第三十六条 旅行社组织团队出境旅游或者组织、接待团队入境旅游，应当按照规定安排领队或者导游全程陪同。

第三十七条 参加导游资格考试成绩合格，与旅行社订立劳动合同或者在相关旅游行业组织注册的人员,可以申请取得导游证。

第三十八条 旅行社应当与其聘用的导游依法订立劳动合同,支付劳动报酬,缴纳社会保险费用。

旅行社临时聘用导游为旅游者提供服务的,应当全额向导游支付本法第六十条第三款规定的导游服务费用。

旅行社安排导游为团队旅游提供服务的,不得要求导游垫付或者向导游收取任何费用。

第三十九条 取得导游证,具有相应的学历、语言能力和旅游从业经历,并与旅行社订立劳动合同的人员,可以申请取得领队证。

第四十条 导游和领队为旅游者提供服务必须接受旅行社委派,不得私自承揽导游和领队业务。

第四十一条 导游和领队从事业务活动,应当佩戴导游证、领队证,遵守职业道德,尊重旅游者的风俗习惯和宗教信仰,应当向旅游者告知和解释旅游文明行为规范,引导旅游者健康、文明旅游,劝阻旅游者违反社会公德的行为。

导游和领队应当严格执行旅游行程安排,不得擅自变更旅游行程或者中止服务活动,不得向旅游者索取小费,不得诱导、欺骗、强迫或者变相强迫旅游者购物或者参加另行付费旅游项目。

第四十二条 景区开放应当具备下列条件,并听取旅游主管部门的意见:

(一)有必要的旅游配套服务和辅助设施;

(二)有必要的安全设施及制度,经过安全风险评估,满足安全条件;

(三)有必要的环境保护设施和生态保护措施;

(四)法律、行政法规规定的其他条件。

第四十三条 利用公共资源建设的景区的门票以及景区内的游览场所、交通工具等另行收费项目,实行政府定价或者政府指导价,严格控制价格上涨。拟收费或者提高价格的,应当举行听证会,征求旅游者、经营者和有关方面的意见,论证其必要性、可行性。

利用公共资源建设的景区,不得通过增加另行收费项目等方式变相涨价;另行收费项目已收回投资成本的,应当相应降低价格或者取消收费。

公益性的城市公园、博物馆、纪念馆等,除重点文物保护单位和珍贵文物收藏单位外，应当逐步免费开放。

第四十四条 景区应当在醒目位置公示门票价格、另行收费项目的价格及团体收费价格。景区提高门票价格应当提前六个月公布。

将不同景区的门票或者同一景区内不同游览场所的门票合并出售的，合并后的价格不得高于各单项门票的价格之和，且旅游者有权选择购买其中的单项票。

景区内的核心游览项目因故暂停向旅游者开放或者停止提供服务的，应当公示并相应减少收费。

第四十五条 景区接待旅游者不得超过景区主管部门核定的最大承载量。景区应当公布景区主管部门核定的最大承载量，制定和实施旅游者流量控制方案，并可以采取门票预约等方式，对景区接待旅游者的数量进行控制。

旅游者数量可能达到最大承载量时，景区应当提前公告并同时向当地人民政府报告，景区和当地人民政府应当及时采取疏导、分流等措施。

第四十六条 城镇和乡村居民利用自有住宅或者其他条件依法从事旅游经营，其管理办法由省、自治区、直辖市制定。

第四十七条 经营高空、高速、水上、潜水、探险等高风险旅游项目，应当按照国家有关规定取得经营许可。

第四十八条 通过网络经营旅行社业务的，应当依法取得旅行社业务经营许可，并在其网站主页的显著位置标明其业务经营许可证信息。

发布旅游经营信息的网站，应当保证其信息真实、准确。

第四十九条 为旅游者提供交通、住宿、餐饮、娱乐等服务的经营者，应当符合法律、法规规定的要求，按照合同约定履行义务。

第五十条 旅游经营者应当保证其提供的商品和服务符合保障人身、财产安全的要求。

旅游经营者取得相关质量标准等级的，其设施和服务不得低于相应标准；未取得质量标准等级的，不得使用相关质量等级的称谓和标识。

第五十一条 旅游经营者销售、购买商品或者服务，不得给予或者收受贿赂。

第五十二条 旅游经营者对其在经营活动中知悉的旅游者个人信息，应当予以保密。

第五十三条 从事道路旅游客运的经营者应当遵守道路客运安全管理的各项制度，并在车辆显著位置明示道路旅游客运专用标识，在车厢内显著位置公示经营者和驾驶人信息、道路运输管理机构监督电话等事项。

第五十四条 景区、住宿经营者将其部分经营项目或者场地交由他人从事住宿、餐饮、购物、游览、娱乐、旅游交通等经营的，应当对实际经营者的经营行为给旅游者造成的损害承担连带责任。

第五十五条 旅游经营者组织、接待出入境旅游，发现旅游者从事违法活动或者有违反本法第十六条规定情形的，应当及时向公安机关、旅游主管部门或者我国驻外机构报告。

第五十六条 国家根据旅游活动的风险程度，对旅行社、住宿、旅游交通以及本法第四十七条规定的高风险旅游项目等经营者实施责任保险制度。

第五章　旅游服务合同

第五十七条 旅行社组织和安排旅游活动，应当与旅游者订立合同。

第五十八条 包价旅游合同应当采用书面形式，包括下列内容：

（一）旅行社、旅游者的基本信息；

（二）旅游行程安排；

（三）旅游团成团的最低人数；

（四）交通、住宿、餐饮等旅游服务安排和标准；

（五）游览、娱乐等项目的具体内容和时间；

（六）自由活动时间安排；

（七）旅游费用及其交纳的期限和方式；

（八）违约责任和解决纠纷的方式；

（九）法律、法规规定和双方约定的其他事项。

订立包价旅游合同时，旅行社应当向旅游者详细说明前款第二项至第八项所载内容。

第五十九条 旅行社应当在旅游行程开始前向旅游者提供旅游行程单。旅游行程单是包价旅游合同的组成部分。

第六十条 旅行社委托其他旅行社代理销售包价旅游产品并与旅游者订立包价旅游合同的，应当在包价旅游合同中载明委托社和代理社的基本信息。

旅行社依照本法规定将包价旅游合同中的接待业务委托给地接社履行的，应当在包价旅游合同中载明地接社的基本信息。

安排导游为旅游者提供服务的，应当在包价旅游合同中载明导游服务费用。

第六十一条 旅行社应当提示参加团队旅游的旅游者按照规定投保人身意外伤害保险。

第六十二条 订立包价旅游合同时，旅行社应当向旅游者告知下列事项：

（一）旅游者不适合参加旅游活动的情形；

（二）旅游活动中的安全注意事项；

（三）旅行社依法可以减免责任的信息；

（四）旅游者应当注意的旅游目的地相关法律、法规和风俗习惯、宗教禁忌，依照中国法律不宜参加的活动等；

（五）法律、法规规定的其他应当告知的事项。

在包价旅游合同履行中，遇有前款规定事项的，旅行社也应当告知旅游者。

第六十三条 旅行社招徕旅游者组团旅游，因未达到约定人数不能出团的，组团社可以解除合同。但是，境内旅游应当至少提前七日通知旅游者，出境旅游应当至少提前三十日通知旅游者。

因未达到约定人数不能出团的，组团社经征得旅游者书面同意，可以委托其他旅行社履行合同。组团社对旅游者承担责任，受委托的旅行社对组团社承担责任。旅游者不同意的，可以解除合同。

因未达到约定的成团人数解除合同的，组团社应当向旅游者退还已收取的全部费用。

第六十四条 旅游行程开始前，旅游者可以将包价旅游合同中自身的权利义务转让给第三人，旅行社没有正当理由的不得拒绝，因此增加的费用由旅游者和第三人承担。

第六十五条 旅游行程结束前，旅游者解除合同的，组团社应当在扣除必要的费用后，将余款退还旅游者。

第六十六条 旅游者有下列情形之一的，旅行社可以解除合同：

（一）患有传染病等疾病，可能危害其他旅游者健康和安全的；

（二）携带危害公共安全的物品且不同意交有关部门处理的；

（三）从事违法或者违反社会公德的活动的；

（四）从事严重影响其他旅游者权益的活动，且不听劝阻、不能制止的；

（五）法律规定的其他情形。

因前款规定情形解除合同的，组团社应当在扣除必要的费用后，将余款退还旅游者；给旅行社造成损失的，旅游者应当依法承担赔偿责任。

第六十七条　因不可抗力或者旅行社、履行辅助人已尽合理注意义务仍不能避免的事件，影响旅游行程的，按照下列情形处理：

（一）合同不能继续履行的，旅行社和旅游者均可以解除合同。合同不能完全履行的，旅行社经向旅游者作出说明，可以在合理范围内变更合同；旅游者不同意变更的，可以解除合同。

（二）合同解除的，组团社应当在扣除已向地接社或者履行辅助人支付且不可退还的费用后，将余款退还旅游者；合同变更的，因此增加的费用由旅游者承担，减少的费用退还旅游者。

（三）危及旅游者人身、财产安全的，旅行社应当采取相应的安全措施，因此支出的费用，由旅行社与旅游者分担。

（四）造成旅游者滞留的，旅行社应当采取相应的安置措施。因此增加的食宿费用，由旅游者承担；增加的返程费用，由旅行社与旅游者分担。

第六十八条　旅游行程中解除合同的，旅行社应当协助旅游者返回出发地或者旅游者指定的合理地点。由于旅行社或者履行辅助人的原因导致合同解除的，返程费用由旅行社承担。

第六十九条　旅行社应当按照包价旅游合同的约定履行义务，不得擅自变更旅游行程安排。

经旅游者同意，旅行社将包价旅游合同中的接待业务委托给其他具有相应资质的地接社履行的，应当与地接社订立书面委托合同，约定双方的权利和义务，向地接社提供与旅游者订立的包价旅游合同的副本，并向地接社支付不低于接待和服务成本的费用。地接社应当按照包价旅游合同和委托合同提供服务。

第七十条　旅行社不履行包价旅游合同义务或者履行合同义务不符合约定的，应当依法承担继续履行、采取补救措施或者赔偿损失等违约责任；造成旅游者人身损害、财产损失的，应当依法承担赔偿责任。旅行社具备履行条件，经旅游者要求仍拒绝履行合同，造成旅游者人身损害、滞留等严重后果的，旅游者还可以要求旅行社支付旅游费用一倍以上三倍以下的赔偿金。

由于旅游者自身原因导致包价旅游合同不能履行或者不能按照约定履行，或者造成旅游者人身损害、财产损失的，旅行社不承担责任。

在旅游者自行安排活动期间，旅行社未尽到安全提示、救助义务的，应当对旅游者的人身损害、财产损失承担相应责任。

第七十一条 由于地接社、履行辅助人的原因导致违约的，由组团社承担责任；组团社承担责任后可以向地接社、履行辅助人追偿。

由于地接社、履行辅助人的原因造成旅游者人身损害、财产损失的，旅游者可以要求地接社、履行辅助人承担赔偿责任，也可以要求组团社承担赔偿责任；组团社承担责任后可以向地接社、履行辅助人追偿。但是，由于公共交通经营者的原因造成旅游者人身损害、财产损失的，由公共交通经营者依法承担赔偿责任，旅行社应当协助旅游者向公共交通经营者索赔。

第七十二条 旅游者在旅游活动中或者在解决纠纷时，损害旅行社、履行辅助人、旅游从业人员或者其他旅游者的合法权益的，依法承担赔偿责任。

第七十三条 旅行社根据旅游者的具体要求安排旅游行程，与旅游者订立包价旅游合同的，旅游者请求变更旅游行程安排，因此增加的费用由旅游者承担，减少的费用退还旅游者。

第七十四条 旅行社接受旅游者的委托，为其代订交通、住宿、餐饮、游览、娱乐等旅游服务，收取代办费用的，应当亲自处理委托事务。因旅行社的过错给旅游者造成损失的，旅行社应当承担赔偿责任。

旅行社接受旅游者的委托，为其提供旅游行程设计、旅游信息咨询等服务的，应当保证设计合理、可行，信息及时、准确。

第七十五条 住宿经营者应当按照旅游服务合同的约定为团队旅游者提供住宿服务。住宿经营者未能按照旅游服务合同提供服务的，应当为旅游者提供不低于原定标准的住宿服务，因此增加的费用由住宿经营者承担；但由于不可抗力、政府因公共利益需要采取措施造成不能提供服务的，住宿经营者应当协助安排旅游者住宿。

第六章　旅游安全

第七十六条 县级以上人民政府统一负责旅游安全工作。县级以上人民政府有关部门依照法律、法规履行旅游安全监管职责。

第七十七条 国家建立旅游目的地安全风险提示制度。旅游目的地安全风险提示的级别划分和实施程序，由国务院旅游主管部门会同有关部门制定。

县级以上人民政府及其有关部门应当将旅游安全作为突发事件监测和评估的重要内容。

第七十八条 县级以上人民政府应当依法将旅游应急管理纳入政府应急管理体系，制定应急预案，建立旅游突发事件应对机制。

突发事件发生后，当地人民政府及其有关部门和机构应当采取措施开展救援，并协助旅游者返回出发地或者旅游者指定的合理地点。

第七十九条 旅游经营者应当严格执行安全生产管理和消防安全管理的法律、法规和国家标准、行业标准，具备相应的安全生产条件，制定旅游者安全保护制度和应急预案。

旅游经营者应当对直接为旅游者提供服务的从业人员开展经常性应急救助技能培训，对提供的产品和服务进行安全检验、监测和评估，采取必要措施防止危害发生。

旅游经营者组织、接待老年人、未成年人、残疾人等旅游者，应当采取相应的安全保障措施。

第八十条 旅游经营者应当就旅游活动中的下列事项，以明示的方式事先向旅游者作出说明或者警示：

（一）正确使用相关设施、设备的方法；

（二）必要的安全防范和应急措施；

（三）未向旅游者开放的经营、服务场所和设施、设备；

（四）不适宜参加相关活动的群体；

（五）可能危及旅游者人身、财产安全的其他情形。

第八十一条 突发事件或者旅游安全事故发生后，旅游经营者应当立即采取必要的救助和处置措施，依法履行报告义务，并对旅游者作出妥善安排。

第八十二条 旅游者在人身、财产安全遇有危险时，有权请求旅游经营者、当地政府和相关机构进行及时救助。

中国出境旅游者在境外陷于困境时，有权请求我国驻当地机构在其职责范围内给予协助和保护。

旅游者接受相关组织或者机构的救助后，应当支付应由个人承担的费用。

第七章　旅游监督管理

第八十三条　县级以上人民政府旅游主管部门和有关部门依照本法和有关法律、法规的规定，在各自职责范围内对旅游市场实施监督管理。

县级以上人民政府应当组织旅游主管部门、有关主管部门和工商行政管理、产品质量监督、交通等执法部门对相关旅游经营行为实施监督检查。

第八十四条　旅游主管部门履行监督管理职责，不得违反法律、行政法规的规定向监督管理对象收取费用。

旅游主管部门及其工作人员不得参与任何形式的旅游经营活动。

第八十五条　县级以上人民政府旅游主管部门有权对下列事项实施监督检查：

（一）经营旅行社业务以及从事导游、领队服务是否取得经营、执业许可；

（二）旅行社的经营行为；

（三）导游和领队等旅游从业人员的服务行为；

（四）法律、法规规定的其他事项。

旅游主管部门依照前款规定实施监督检查，可以对涉嫌违法的合同、票据、账簿以及其他资料进行查阅、复制。

第八十六条　旅游主管部门和有关部门依法实施监督检查，其监督检查人员不得少于二人，并应当出示合法证件。监督检查人员少于二人或者未出示合法证件的，被检查单位和个人有权拒绝。

监督检查人员对在监督检查中知悉的被检查单位的商业秘密和个人信息应当依法保密。

第八十七条　对依法实施的监督检查，有关单位和个人应当配合，如实说明情况并提供文件、资料，不得拒绝、阻碍和隐瞒。

第八十八条　县级以上人民政府旅游主管部门和有关部门，在履行监督检查职责中或者在处理举报、投诉时，发现违反本法规定行为的，应当依法及时作出处理；对不属于本部门职责范围的事项，应当及时书面通知并移交有关部门查处。

第八十九条　县级以上地方人民政府建立旅游违法行为查处信息的共享机制，对需要跨部门、跨地区联合查处的违法行为，应当进行督办。

旅游主管部门和有关部门应当按照各自职责，及时向社会公布监督检查的情况。

第九十条 依法成立的旅游行业组织依照法律、行政法规和章程的规定，制定行业经营规范和服务标准，对其会员的经营行为和服务质量进行自律管理，组织开展职业道德教育和业务培训，提高从业人员素质。

第八章　旅游纠纷处理

第九十一条 县级以上人民政府应当指定或者设立统一的旅游投诉受理机构。受理机构接到投诉，应当及时进行处理或者移交有关部门处理，并告知投诉者。

第九十二条 旅游者与旅游经营者发生纠纷，可以通过下列途径解决：

（一）双方协商；

（二）向消费者协会、旅游投诉受理机构或者有关调解组织申请调解；

（三）根据与旅游经营者达成的仲裁协议提请仲裁机构仲裁；

（四）向人民法院提起诉讼。

第九十三条 消费者协会、旅游投诉受理机构和有关调解组织在双方自愿的基础上，依法对旅游者与旅游经营者之间的纠纷进行调解。

第九十四条 旅游者与旅游经营者发生纠纷，旅游者一方人数众多并有共同请求的，可以推选代表人参加协商、调解、仲裁、诉讼活动。

第九章　法律责任

第九十五条 违反本法规定，未经许可经营旅行社业务的，由旅游主管部门或者工商行政管理部门责令改正，没收违法所得，并处一万元以上十万元以下罚款；违法所得十万元以上的，并处违法所得一倍以上五倍以下罚款；对有关责任人员，处二千元以上二万元以下罚款。

旅行社违反本法规定，未经许可经营本法第二十九条第一款第二项、第三项业务，或者出租、出借旅行社业务经营许可证，或者以其他方式非法转让旅行社业务经营许可的，除依照前款规定处罚外，并责令停业整顿；情节严重的，吊销旅行社业务经营许可证；对直接负责的主管人员，处二千元以上二万元以下罚款。

第九十六条 旅行社违反本法规定，有下列行为之一的，由旅游主管部门责令改正，没收违法所得，并处五千元以上五万元以下罚款；情节严重的，责令停业整顿或者吊销旅行社业务经营许可证；对直接负责的主管人员和其他直接责任人员，处二千元以上二万元以下罚款：

（一）未按照规定为出境或者入境团队旅游安排领队或者导游全程陪同的；

（二）安排未取得导游证或者领队证的人员提供导游或者领队服务的；

（三）未向临时聘用的导游支付导游服务费用的；

（四）要求导游垫付或者向导游收取费用的。

第九十七条 旅行社违反本法规定，有下列行为之一的，由旅游主管部门或者有关部门责令改正，没收违法所得，并处五千元以上五万元以下罚款；违法所得五万元以上的，并处违法所得一倍以上五倍以下罚款；情节严重的，责令停业整顿或者吊销旅行社业务经营许可证；对直接负责的主管人员和其他直接责任人员，处二千元以上二万元以下罚款：

（一）进行虚假宣传，误导旅游者的；

（二）向不合格的供应商订购产品和服务的；

（三）未按照规定投保旅行社责任保险的。

第九十八条 旅行社违反本法第三十五条规定的，由旅游主管部门责令改正，没收违法所得，责令停业整顿，并处三万元以上三十万元以下罚款；违法所得三十万元以上的，并处违法所得一倍以上五倍以下罚款；情节严重的，吊销旅行社业务经营许可证；对直接负责的主管人员和其他直接责任人员，没收违法所得，处二千元以上二万元以下罚款，并暂扣或者吊销导游证、领队证。

第九十九条 旅行社未履行本法第五十五条规定的报告义务的，由旅游主管部门处五千元以上五万元以下罚款；情节严重的，责令停业整顿或者吊销旅行社业务经营许可证；对直接负责的主管人员和其他直接责任人员，处二千元以上二万元以下罚款，并暂扣或者吊销导游证、领队证。

第一百条 旅行社违反本法规定，有下列行为之一的，由旅游主管部门责令改正，处三万元以上三十万元以下罚款，并责令停业整顿；造成旅游者滞留等严重后果的，吊销旅行社业务经营许可证；对直接负责的主管人员和其他直接责任人员，处二千元以上二万元以下罚款，并暂扣或者吊销导游证、领队证：

（一）在旅游行程中擅自变更旅游行程安排，严重损害旅游者权益的；

（二）拒绝履行合同的；

（三）未征得旅游者书面同意，委托其他旅行社履行包价旅游合同的。

第一百零一条 旅行社违反本法规定，安排旅游者参观或者参与违反我国法律、法规和社会公德的项目或者活动的，由旅游主管部门责令改正，没收违法所得，责令停业整顿，并处二万元以上二十万元以下罚款；情节严重的，吊销旅行社业务经营许可证；对直接负责的主管人员和其他直接责任人员，处二千元以上二万元以下罚款，并暂扣或者吊销导游证、领队证。

第一百零二条 违反本法规定，未取得导游证或者领队证从事导游、领队活动的，由旅游主管部门责令改正，没收违法所得，并处一千元以上一万元以下罚款，予以公告。

导游、领队违反本法规定，私自承揽业务的，由旅游主管部门责令改正，没收违法所得，处一千元以上一万元以下罚款，并暂扣或者吊销导游证、领队证。

导游、领队违反本法规定，向旅游者索取小费的，由旅游主管部门责令退还，处一千元以上一万元以下罚款；情节严重的，并暂扣或者吊销导游证、领队证。

第一百零三条 违反本法规定被吊销导游证、领队证的导游、领队和受到吊销旅行社业务经营许可证处罚的旅行社的有关管理人员，自处罚之日起未逾三年的，不得重新申请导游证、领队证或者从事旅行社业务。

第一百零四条 旅游经营者违反本法规定，给予或者收受贿赂的，由工商行政管理部门依照有关法律、法规的规定处罚；情节严重的，并由旅游主管部门吊销旅行社业务经营许可证。

第一百零五条 景区不符合本法规定的开放条件而接待旅游者的，由景区主管部门责令停业整顿直至符合开放条件，并处二万元以上二十万元以下罚款。

景区在旅游者数量可能达到最大承载量时，未依照本法规定公告或者未向当地人民政府报告，未及时采取疏导、分流等措施，或者超过最大承载量接待旅游者的，由景区主管部门责令改正，情节严重的，责令停业整顿一个月至六个月。

第一百零六条 景区违反本法规定，擅自提高门票或者另行收费项目的价格，或者有其他价格违法行为的，由有关主管部门依照有关法律、法规的规定处罚。

第一百零七条 旅游经营者违反有关安全生产管理和消防安全管理的法律、法规或者国家标准、行业标准的，由有关主管部门依照有关法律、法规的规定处罚。

第一百零八条 对违反本法规定的旅游经营者及其从业人员，旅游主管部门和有关部门应当记入信用档案，向社会公布。

第一百零九条 旅游主管部门和有关部门的工作人员在履行监督管理职责中，滥用职权、玩忽职守、徇私舞弊，尚不构成犯罪的，依法给予处分。

第一百一十条 违反本法规定，构成犯罪的，依法追究刑事责任。

第十章　附　则

第一百一十一条 本法下列用语的含义：

（一）旅游经营者，是指旅行社、景区以及为旅游者提供交通、住宿、餐饮、购物、娱乐等服务的经营者。

（二）景区，是指为旅游者提供游览服务、有明确的管理界限的场所或者区域。

（三）包价旅游合同，是指旅行社预先安排行程，提供或者通过履行辅助人提供交通、住宿、餐饮、游览、导游或者领队等两项以上旅游服务，旅游者以总价支付旅游费用的合同。

（四）组团社，是指与旅游者订立包价旅游合同的旅行社。

（五）地接社，是指接受组团社委托，在目的地接待旅游者的旅行社。

（六）履行辅助人，是指与旅行社存在合同关系，协助其履行包价旅游合同义务，实际提供相关服务的法人或者自然人。

第一百一十二条 本法自 2013 年 10 月 1 日起施行。

旅游安全管理办法

中华人民共和国国家旅游局令

第 41 号

《旅游安全管理办法》已经 2016 年 9 月 7 日国家旅游局第 11 次局长办公会议审议通过，现予公布，自 2016 年 12 月 1 日起施行。

国家旅游局局长　李金早

2016 年 9 月 27 日

第一章　总　则

第一条　为了加强旅游安全管理，提高应对旅游突发事件的能力，保障旅游者的人身、财产安全，促进旅游业持续健康发展，根据《中华人民共和国旅游法》、《中华人民共和国安全生产法》、《中华人民共和国突发事件应对法》、《旅行社条例》和《安全生产事故报告和调查处理条例》等法律、行政法规，制定本办法。

第二条　旅游经营者的安全生产、旅游主管部门的安全监督管理，以及旅游突发事件的应对，应当遵守有关法律、法规和本办法的规定。

本办法所称旅游经营者，是指旅行社及地方性法规规定旅游主管部门负有行业监管职责的景区和饭店等单位。

第三条　各级旅游主管部门应当在同级人民政府的领导和上级旅游主管部门及有关部门的指导下，在职责范围内，依法对旅游安全工作进行指导、防范、监管、培训、统计分析和应急处理。

第四条 旅游经营者应当承担旅游安全的主体责任，加强安全管理，建立、健全安全管理制度，关注安全风险预警和提示，妥善应对旅游突发事件。

旅游从业人员应当严格遵守本单位的安全管理制度，接受安全生产教育和培训，增强旅游突发事件防范和应急处理能力。

第五条 旅游主管部门、旅游经营者及其从业人员应当依法履行旅游突发事件报告义务。

第二章　经营安全

第六条 旅游经营者应当遵守下列要求：

（一）服务场所、服务项目和设施设备符合有关安全法律、法规和强制性标准的要求；

（二）配备必要的安全和救援人员、设施设备；

（三）建立安全管理制度和责任体系；

（四）保证安全工作的资金投入。

第七条 旅游经营者应当定期检查本单位安全措施的落实情况，及时排除安全隐患；对可能发生的旅游突发事件及采取安全防范措施的情况，应当按照规定及时向所在地人民政府或者人民政府有关部门报告。

第八条 旅游经营者应当对其提供的产品和服务进行风险监测和安全评估，依法履行安全风险提示义务，必要时应当采取暂停服务、调整活动内容等措施。

经营高风险旅游项目或者向老年人、未成年人、残疾人提供旅游服务的，应当根据需要采取相应的安全保护措施。

第九条 旅游经营者应当对从业人员进行安全生产教育和培训，保证从业人员掌握必要的安全生产知识、规章制度、操作规程、岗位技能和应急处理措施，知悉自身在安全生产方面的权利和义务。

旅游经营者建立安全生产教育和培训档案，如实记录安全生产教育和培训的时间、内容、参加人员以及考核结果等情况。

未经安全生产教育和培训合格的旅游从业人员，不得上岗作业；特种作业人员必须按照国家有关规定经专门的安全作业培训，取得相应资格。

第十条 旅游经营者应当主动询问与旅游活动相关的个人健康信息，要求旅游者按照明示的安全规程，使用旅游设施和接受服务，并要求旅游者对旅游经营者采取的安全防范措施予以配合。

第十一条 旅行社组织和接待旅游者，应当合理安排旅游行程，向合格的供应商订购产品和服务。

旅行社及其从业人员发现履行辅助人提供的服务不符合法律、法规规定或者存在安全隐患的，应当予以制止或者更换。

第十二条 旅行社组织出境旅游，应当制作安全信息卡。

安全信息卡应当包括旅游者姓名、出境证件号码和国籍，以及紧急情况下的联系人、联系方式等信息，使用中文和目的地官方语言（或者英文）填写。

旅行社应当将安全信息卡交由旅游者随身携带，并告知其自行填写血型、过敏药物和重大疾病等信息。

第十三条 旅游经营者应当依法制定旅游突发事件应急预案，与所在地县级以上地方人民政府及其相关部门的应急预案相衔接，并定期组织演练。

第十四条 旅游突发事件发生后，旅游经营者及其现场人员应当采取合理、必要的措施救助受害旅游者，控制事态发展，防止损害扩大。

旅游经营者应当按照履行统一领导职责或者组织处置突发事件的人民政府的要求，配合其采取的应急处置措施，并参加所在地人民政府组织的应急救援和善后处置工作。

旅游突发事件发生在境外的，旅行社及其领队应当在中国驻当地使领馆或者政府派出机构的指导下，全力做好突发事件应对处置工作。

第十五条 旅游突发事件发生后，旅游经营者的现场人员应当立即向本单位负责人报告，单位负责人接到报告后，应当于 1 小时内向发生地县级旅游主管部门、安全生产监督管理部门和负有安全生产监督管理职责的其他相关部门报告；旅行社负责人应当同时向单位所在地县级以上地方旅游主管部门报告。

情况紧急或者发生重大、特别重大旅游突发事件时，现场有关人员可直接向发生地、旅行社所在地县级以上旅游主管部门、安全生产监督管理部门和负有安全生产监督管理职责的其他相关部门报告。

旅游突发事件发生在境外的，旅游团队的领队应当立即向当地警方、中国驻当地使领馆或者政府派出机构，以及旅行社负责人报告。旅行社负责人应当在接到领队报告后 1 小时内，向单位所在地县级以上地方旅游主管部门报告。

第三章 风险提示

第十六条 国家建立旅游目的地安全风险（以下简称风险）提示制度。

根据可能对旅游者造成的危害程度、紧急程度和发展态势，风险提示级别分为一级（特别严重）、二级（严重）、三级（较重）和四级（一般），分别用红色、橙色、黄色和蓝色标示。

风险提示级别的划分标准，由国家旅游局会同外交、卫生、公安、国土、交通、气象、地震和海洋等有关部门制定或者确定。

第十七条 风险提示信息，应当包括风险类别、提示级别、可能影响的区域、起始时间、注意事项、应采取的措施和发布机关等内容。

一级、二级风险的结束时间能够与风险提示信息内容同时发布的，应当同时发布；无法同时发布的，待风险消失后通过原渠道补充发布。

三级、四级风险提示可以不发布风险结束时间，待风险消失后自然结束。

第十八条 风险提示发布后，旅行社应当根据风险级别采取下列措施：

（一）四级风险的，加强对旅游者的提示；

（二）三级风险的，采取必要的安全防范措施；

（三）二级风险的，停止组团或者带团前往风险区域；已在风险区域的，调整或者中止行程；

（四）一级风险的，停止组团或者带团前往风险区域，组织已在风险区域的旅游者撤离。

其他旅游经营者应当根据风险提示的级别，加强对旅游者的风险提示，采取相应的安全防范措施，妥善安置旅游者，并根据政府或者有关部门的要求，暂停或者关闭易受风险危害的旅游项目或者场所。

第十九条 风险提示发布后，旅游者应当关注相关风险，加强个人安全防范，并配合国家应对风险暂时限制旅游活动的措施，以及有关部门、机构或者旅游经营者采取的安全防范和应急处置措施。

第二十条 国家旅游局负责发布境外旅游目的地国家（地区），以及风险区域范围覆盖全国或者跨省级行政区域的风险提示。发布一级风险提示的，需经国务院批准；发布境外旅游目的地国家（地区）风险提示的，需经外交部门同意。

地方各级旅游主管部门应当及时转发上级旅游主管部门发布的风险提示，并负责发布前款规定之外涉及本辖区的风险提示。

第二十一条 风险提示信息应当通过官方网站、手机短信及公众易查阅的媒体渠道对外发布。一级、二级风险提示应同时通报有关媒体。

第四章　安全管理

第二十二条 旅游主管部门应当加强下列旅游安全日常管理工作：

（一）督促旅游经营者贯彻执行安全和应急管理的有关法律、法规，并引导其实施相关国家标准、行业标准或者地方标准，提高其安全经营和突发事件应对能力；

（二）指导旅游经营者组织开展从业人员的安全及应急管理培训，并通过新闻媒体等多种渠道，组织开展旅游安全及应急知识的宣传普及活动；

（三）统计分析本行政区域内发生旅游安全事故的情况；

（四）法律、法规规定的其他旅游安全管理工作。

旅游主管部门应当加强对星级饭店和A级景区旅游安全和应急管理工作的指导。

第二十三条 地方各级旅游主管部门应当根据有关法律、法规的规定，制定、修订本地区或者本部门旅游突发事件应急预案，并报上一级旅游主管部门备案，必要时组织应急演练。

第二十四条 地方各级旅游主管部门应当在当地人民政府的领导下，依法对景区符合安全开放条件进行指导，核定或者配合相关景区主管部门核定景区最大承载量，引导景区采取门票预约等方式控制景区流量；在旅游者数量可能达到最大承载量时，配合当地人民政府采取疏导、分流等措施。

第二十五条 旅游突发事件发生后，发生地县级以上旅游主管部门应当根据同级人民政府的要求和有关规定，启动旅游突发事件应急预案，并采取下列一项或者多项措施：

（一）组织或者协同、配合相关部门开展对旅游者的救助及善后处置，防止次生、衍生事件；

（二）协调医疗、救援和保险等机构对旅游者进行救助及善后处置；

（三）按照同级人民政府的要求，统一、准确、及时发布有关事态发展和应急处置工作的信息，并公布咨询电话。

第二十六条　旅游突发事件发生后，发生地县级以上旅游主管部门应当根据同级人民政府的要求和有关规定，参与旅游突发事件的调查，配合相关部门依法对应当承担事件责任的旅游经营者及其责任人进行处理。

第二十七条　各级旅游主管部门应当建立旅游突发事件报告制度。

第二十八条　旅游主管部门在接到旅游经营者依据本办法第十五条规定的报告后，应当向同级人民政府和上级旅游主管部门报告。一般旅游突发事件上报至设区的市级旅游主管部门；较大旅游突发事件逐级上报至省级旅游主管部门；重大和特别重大旅游突发事件逐级上报至国家旅游局。向上级旅游主管部门报告旅游突发事件，应当包括下列内容：

（一）事件发生的时间、地点、信息来源；

（二）简要经过、伤亡人数、影响范围；

（三）事件涉及的旅游经营者、其他有关单位的名称；

（四）事件发生原因及发展趋势的初步判断；

（五）采取的应急措施及处置情况；

（六）需要支持协助的事项；

（七）报告人姓名、单位及联系电话。

前款所列内容暂时无法确定的，应当先报告已知情况；报告后出现新情况的，应当及时补报、续报。

第二十九条　各级旅游主管部门应当建立旅游突发事件信息通报制度。旅游突发事件发生后，旅游主管部门应当及时将有关信息通报相关行业主管部门。

第三十条　旅游突发事件处置结束后，发生地旅游主管部门应当及时查明突发事件的发生经过和原因，总结突发事件应急处置工作的经验教训，制定改进措施，并在 30 日内按照下列程序提交总结报告：

（一）一般旅游突发事件向设区的市级旅游主管部门提交；

（二）较大旅游突发事件逐级向省级旅游主管部门提交；

（三）重大和特别重大旅游突发事件逐级向国家旅游局提交。

旅游团队在境外遇到突发事件的，由组团社所在地旅游主管部门提交总结报告。

第三十一条　省级旅游主管部门应当于每月 5 日前，将本地区上月发生的较大旅游突发事件报国家旅游局备案，内容应当包括突发事件发生的时间、地点、原因及事件类型和伤亡人数等。

第三十二条 县级以上地方各级旅游主管部门应当定期统计分析本行政区域内发生旅游突发事件的情况，并于每年 1 月底前将上一年度相关情况逐级报国家旅游局。

第五章 罚 则

第三十三条 旅游经营者及其主要负责人、旅游从业人员违反法律、法规有关安全生产和突发事件应对规定的，依照相关法律、法规处理。

第三十四条 旅行社违反本办法第十一条第二款的规定，未制止履行辅助人的非法、不安全服务行为，或者未更换履行辅助人的，由旅游主管部门给予警告，可并处 2000 元以下罚款；情节严重的，处 2000 元以上 10000 元以下罚款。

第三十五条 旅行社违反本办法第十二条的规定，不按要求制作安全信息卡，未将安全信息卡交由旅游者，或者未告知旅游者相关信息的，由旅游主管部门给予警告，可并处 2000 元以下罚款；情节严重的，处 2000 元以上 10000 元以下罚款。

第三十六条 旅行社违反本办法第十八条规定，不采取相应措施的，由旅游主管部门处 2000 元以下罚款；情节严重的，处 2000 元以上 10000 元以下罚款。

第三十七条 按照旅游业国家标准、行业标准评定的旅游经营者违反本办法规定的，由旅游主管部门建议评定组织依据相关标准作出处理。

第三十八条 旅游主管部门及其工作人员违反相关法律、法规及本办法规定，玩忽职守，未履行安全管理职责的，由有关部门责令改正，对直接负责的主管人员和其他直接责任人员依法给予处分。

第六章 附 则

第三十九条 本办法所称旅游突发事件，是指突然发生，造成或者可能造成旅游者人身伤亡、财产损失，需要采取应急处置措施予以应对的自然灾害、事故灾难、公共卫生事件和社会安全事件。

根据旅游突发事件的性质、危害程度、可控性以及造成或者可能造成的影响，旅游突发事件一般分为特别重大、重大、较大和一般四级。

第四十条 本办法所称特别重大旅游突发事件，是指下列情形：

（一）造成或者可能造成人员死亡（含失踪）30 人以上或者重伤 100 人以上；

（二）旅游者 500 人以上滞留超过 24 小时，并对当地生产生活秩序造成严重影响；

（三）其他在境内外产生特别重大影响，并对旅游者人身、财产安全造成特别重大威胁的事件。

第四十一条 本办法所称重大旅游突发事件，是指下列情形：

（一）造成或者可能造成人员死亡（含失踪）10 人以上、30 人以下或者重伤 50 人以上、100 人以下；

（二）旅游者 200 人以上滞留超过 24 小时，对当地生产生活秩序造成较严重影响；

（三）其他在境内外产生重大影响，并对旅游者人身、财产安全造成重大威胁的事件。

第四十二条 本办法所称较大旅游突发事件，是指下列情形：

（一）造成或者可能造成人员死亡（含失踪）3 人以上 10 人以下或者重伤 10 人以上、50 人以下；

（二）旅游者 50 人以上、200 人以下滞留超过 24 小时，并对当地生产生活秩序造成较大影响；

（三）其他在境内外产生较大影响，并对旅游者人身、财产安全造成较大威胁的事件。

第四十三条 本办法所称一般旅游突发事件，是指下列情形：

（一）造成或者可能造成人员死亡（含失踪）3 人以下或者重伤 10 人以下；

（二）旅游者 50 人以下滞留超过 24 小时，并对当地生产生活秩序造成一定影响；

（三）其他在境内外产生一定影响，并对旅游者人身、财产安全造成一定威胁的事件。

第四十四条 本办法所称的"以上"包括本数；除第三十四条、第三十五条、第三十六条的规定外，所称的"以下"不包括本数。

第四十五条 本办法自 2016 年 12 月 1 日起施行。国家旅游局 1990 年 2 月 20 日发布的《旅游安全管理暂行办法》同时废止。

中华人民共和国铁路法

中华人民共和国主席令
第二十五号

《全国人民代表大会常务委员会关于修改〈中华人民共和国义务教育法〉等五部法律的决定》已由中华人民共和国第十二届全国人民代表大会常务委员会第十四次会议于 2015 年 4 月 24 日通过，现予公布，自公布之日起施行。

中华人民共和国主席　习近平
2015 年 4 月 24 日

（1990 年 9 月 7 日第七届全国人民代表大会常务委员会第十五次会议通过，1990 年 9 月 7 日中华人民共和国主席令第三十二号公布；根据 2009 年 8 月 27 日第十一届全国人民代表大会常务委员会第十次会议《关于修改部分法律的决定》第一次修正；根据 2015 年 4 月 24 日第十二届全国人民代表大会常务委员会第十四次会议全国人民代表大会常务委员会《关于修改〈中华人民共和国义务教育法〉等五部法律的决定》第二次修正）

第一章　总　　则

第一条　为了保障铁路运输和铁路建设的顺利进行，适应社会主义现代化建设和人民生活的需要，制定本法。

第二条　本法所称铁路，包括国家铁路、地方铁路、专用铁路和铁路专用线。

国家铁路是指由国务院铁路主管部门管理的铁路。

地方铁路是指由地方人民政府管理的铁路。

专用铁路是指由企业或者其他单位管理，专为本企业或者本单位内部提供运输服务的铁路。

铁路专用线是指由企业或者其他单位管理的与国家铁路或者其他铁路线路接轨的岔线。

第三条 国务院铁路主管部门主管全国铁路工作，对国家铁路实行高度集中、统一指挥的运输管理体制，对地方铁路、专用铁路和铁路专用线进行指导、协调、监督和帮助。

国家铁路运输企业行使法律、行政法规授予的行政管理职能。

第四条 国家重点发展国家铁路，大力扶持地方铁路的发展。

第五条 铁路运输企业必须坚持社会主义经营方向和为人民服务的宗旨，改善经营管理，切实改进路风，提高运输服务质量。

第六条 公民有爱护铁路设施的义务。禁止任何人破坏铁路设施，扰乱铁路运输的正常秩序。

第七条 铁路沿线各级地方人民政府应当协助铁路运输企业保证铁路运输安全畅通，车站、列车秩序良好，铁路设施完好和铁路建设顺利进行。

第八条 国家铁路的技术管理规程，由国务院铁路主管部门制定，地方铁路、专用铁路的技术管理办法，参照国家铁路的技术管理规程制定。

第九条 国家鼓励铁路科学技术研究，提高铁路科学技术水平。对在铁路科学技术研究中有显著成绩的单位和个人给予奖励。

第二章　铁路运输营业

第十条 铁路运输企业应当保证旅客和货物运输的安全，做到列车正点到达。

第十一条 铁路运输合同是明确铁路运输企业与旅客、托运人之间权利义务关系的协议。

旅客车票、行李票、包裹票和货物运单是合同或者合同的组成部分。

第十二条 铁路运输企业应当保证旅客按车票载明的日期、车次乘车，并到达目的站。因铁路运输企业的责任造成旅客不能按车票载明的日期、车次乘车的，铁路运输企业应当按照旅客的要求，退还全部票款或者安排改乘到达相同目的站的其他列车。

第十三条 铁路运输企业应当采取有效措施做好旅客运输服务工作，做到文明礼貌、热情周到，保持车站和车厢内的清洁卫生，提供饮用开水，做好列车上的饮食供应工作。

铁路运输企业应当采取措施，防止对铁路沿线环境的污染。

第十四条 旅客乘车应当持有效车票。对无票乘车或者持失效车票乘车的，应当补收票款，并按照规定加收票款；拒不交付的，铁路运输企业可以责令下车。

第十五条 国家铁路和地方铁路根据发展生产、搞活流通的原则，安排货物运输计划。对抢险救灾物资和国家规定需要优先运输的其他物资，应予优先运输。

地方铁路运输的物资需要经由国家铁路运输的，其运输计划应当纳入国家铁路的运输计划。

第十六条 铁路运输企业应当按照合同约定的期限或者国务院铁路主管部门规定的期限，将货物、包裹、行李运到目的站；逾期运到的，铁路运输企业应当支付违约金。

铁路运输企业逾期三十日仍未将货物、包裹、行李交付收货人或者旅客的，托运人、收货人或者旅客有权按货物、包裹、行李灭失向铁路运输企业要求赔偿。

第十七条 铁路运输企业应当对承运的货物、包裹、行李自接受承运时起到交付时止发生的灭失、短少、变质、污染或者损坏，承担赔偿责任：

（一）托运人或者旅客根据自愿申请办理保价运输的，按照实际损失赔偿，但最高不超过保价额。

（二）未按保价运输承运的，按照实际损失赔偿，但最高不超过国务院铁路主管部门规定的赔偿限额；如果损失是由于铁路运输企业的故意或者重大过失造成的，不适用赔偿限额的规定，按照实际损失赔偿。

托运人或者旅客根据自愿可以向保险公司办理货物运输保险，保险公司按照保险合同的约定承担赔偿责任。

托运人或者旅客根据自愿，可以办理保价运输，也可以办理货物运输保险；还可以既不办理保价运输，也不办理货物运输保险。不得以任何方式强迫办理保价运输或者货物运输保险。

第十八条 由于下列原因造成的货物、包裹、行李损失的，铁路运输企业不承担赔偿责任：

（一）不可抗力。

（二）货物或者包裹、行李中的物品本身的自然属性，或者合理损耗。

（三）托运人、收货人或者旅客的过错。

第十九条 托运人应当如实填报托运单，铁路运输企业有权对填报的货物和包裹的品名、重量、数量进行检查。经检查，申报与实际不符的，检查费用由托运人承担；申报与实际相符的，检查费用由铁路运输企业承担，因检查对货物和包裹中的物品造成的损坏由铁路运输企业赔偿。

托运人因申报不实而少交的运费和其他费用应当补交，铁路运输企业按照国务院铁路主管部门的规定加收运费和其他费用。

第二十条 托运货物需要包装的，托运人应当按照国家包装标准或者行业包装标准包装；没有国家包装标准或者行业包装标准的，应当妥善包装，使货物在运输途中不因包装原因而受损坏。

铁路运输企业对承运的容易腐烂变质的货物和活动物，应当按照国务院铁路主管部门的规定和合同的约定，采取有效的保护措施。

第二十一条 货物、包裹、行李到站后，收货人或者旅客应当按照国务院铁路主管部门规定的期限及时领取，并支付托运人未付或者少付的运费和其他费用；逾期领取的，收货人或者旅客应当按照规定交付保管费。

第二十二条 自铁路运输企业发出领取货物通知之日起满三十日仍无人领取的货物，或者收货人书面通知铁路运输企业拒绝领取的货物，铁路运输企业应当通知托运人，托运人自接到通知之日起满三十日未作答复的，由铁路运输企业变卖；所得价款在扣除保管等费用后尚有余款的，应当退还托运人，无法退还、自变卖之日起一百八十日内托运人又未领回的，上缴国库。

自铁路运输企业发出领取通知之日起满九十日仍无人领取的包裹或者到站后满九十日仍无人领取的行李，铁路运输企业应当公告，公告满九十日仍无人领取的，可以变卖；所得价款在扣除保管等费用后尚有余款的，托运人、收货人或者旅客可以自变卖之日起一百八十日内领回，逾期不领回的，上缴国库。

对危险物品和规定限制运输的物品，应当移交公安机关或者有关部门处理，不得自行变卖。

对不宜长期保存的物品，可以按照国务院铁路主管部门的规定缩短处理期限。

第二十三条 因旅客、托运人或者收货人的责任给铁路运输企业造成财产损失的，由旅客、托运人或者收货人承担赔偿责任。

第二十四条 国家鼓励专用铁路兼办公共旅客、货物运输营业；提倡铁路专用线与有关单位按照协议共用。

专用铁路兼办公共旅客、货物运输营业的，应当报经省、自治区、直辖市人民政府批准。

专用铁路兼办公共旅客、货物运输营业的，适用本法关于铁路运输企业的规定。

第二十五条 铁路的旅客票价率和货物、行李的运价率实行政府指导价或者政府定价，竞争性领域实行市场调节价。政府指导价、政府定价的定价权限和具体适用范围以中央政府和地方政府的定价目录为依据。铁路旅客、货物运输杂费的收费项目和收费标准，以及铁路包裹运价率由铁路运输企业自主制定。

第二十六条 铁路的旅客票价，货物、包裹、行李的运价，旅客和货物运输杂费的收费项目和收费标准，必须公告；未公告的不得实施。

第二十七条 国家铁路、地方铁路和专用铁路印制使用的旅客、货物运输票证，禁止伪造和变造。

禁止倒卖旅客车票和其他铁路运输票证。

第二十八条 托运、承运货物、包裹、行李，必须遵守国家关于禁止或者限制运输物品的规定。

第二十九条 铁路运输企业与公路、航空或者水上运输企业相互间实行国内旅客、货物联运，依照国家有关规定办理；国家没有规定的，依照有关各方的协议办理。

第三十条 国家铁路、地方铁路参加国际联运，必须经国务院批准。

第三十一条 铁路军事运输依照国家有关规定办理。

第三十二条 发生铁路运输合同争议的，铁路运输企业和托运人、收货人或者旅客可以通过调解解决；不愿意调解解决或者调解不成的，可以依据合同中的仲裁条款或者事后达成的书面仲裁协议，向国家规定的仲裁机构申请仲裁。

当事人一方在规定的期限内不履行仲裁机构的仲裁决定的，另一方可以申请人民法院强制执行。

当事人没有在合同中订立仲裁条款，事后又没有达成书面仲裁协议的，可以向人民法院起诉。

第三章　铁路建设

第三十三条　铁路发展规划应当依据国民经济和社会发展以及国防建设的需要制定，并与其他方式的交通运输发展规划相协调。

第三十四条　地方铁路、专用铁路、铁路专用线的建设计划必须符合全国铁路发展规划，并征得国务院铁路主管部门或者国务院铁路主管部门授权的机构的同意。

第三十五条　在城市规划区范围内，铁路的线路、车站、枢纽以及其他有关设施的规划，应当纳入所在城市的总体规划。

铁路建设用地规划，应当纳入土地利用总体规划。为远期扩建、新建铁路需要的土地，由县级以上人民政府在土地利用总体规划中安排。

第三十六条　铁路建设用地，依照有关法律、行政法规的规定办理。

有关地方人民政府应当支持铁路建设，协助铁路运输企业做好铁路建设征收土地工作和拆迁安置工作。

第三十七条　已经取得使用权的铁路建设用地，应当依照批准的用途使用，不得擅自改作他用；其他单位或者个人不得侵占。

侵占铁路建设用地的，由县级以上地方人民政府土地管理部门责令停止侵占、赔偿损失。

第三十八条　铁路的标准轨距为 1435 毫米。新建国家铁路必须采用标准轨距。窄轨铁路的轨距为 762 毫米或者 1000 毫米。

新建和改建铁路的其他技术要求应当符合国家标准或者行业标准。

第三十九条　铁路建成后，必须依照国家基本建设程序的规定，经验收合格，方能交付正式运行。

第四十条　铁路与道路交叉处，应当优先考虑设置立体交叉；未设立体交叉的，可以根据国家有关规定设置平交道口或者人行过道。在城市规划区内设置平交道口或者人行过道，由铁路运输企业或者建有专用铁路、铁路专用线的企业或者其他单位和城市规划主管部门共同决定。

拆除已经设置的平交道口或者人行过道，由铁路运输企业或者建有专用铁路、铁路专用线的企业或者其他单位和当地人民政府商定。

第四十一条 修建跨越河流的铁路桥梁，应当符合国家规定的防洪、通航和水流的要求。

第四章 铁路安全与保护

第四十二条 铁路运输企业必须加强对铁路的管理和保护，定期检查、维修铁路运输设施，保证铁路运输设施完好，保障旅客和货物运输安全。

第四十三条 铁路公安机关和地方公安机关分工负责共同维护铁路治安秩序。车站和列车内的治安秩序，由铁路公安机关负责维护；铁路沿线的治安秩序，由地方公安机关和铁路公安机关共同负责维护，以地方公安机关为主。

第四十四条 电力主管部门应当保证铁路牵引用电以及铁路运营用电中重要负荷的电力供应。铁路运营用电中重要负荷的供应范围由国务院铁路主管部门和国务院电力主管部门商定。

第四十五条 铁路线路两侧地界以外的山坡地由当地人民政府作为水土保持的重点进行整治。铁路隧道顶上的山坡地由铁路运输企业协助当地人民政府进行整治。铁路地界以内的山坡地由铁路运输企业进行整治。

第四十六条 在铁路线路和铁路桥梁、涵洞两侧一定距离内，修建山塘、水库、堤坝，开挖河道、干渠，采石挖砂，打井取水，影响铁路路基稳定或者危害铁路桥梁、涵洞安全的，由县级以上地方人民政府责令停止建设或者采挖、打井等活动，限期恢复原状或者责令采取必要的安全防护措施。

在铁路线路上架设电力、通讯线路，埋置电缆、管道设施，穿凿通过铁路路基的地下坑道，必须经铁路运输企业同意，并采取安全防护措施。

在铁路弯道内侧、平交道口和人行过道附近，不得修建妨碍行车瞭望的建筑物和种植妨碍行车瞭望的树木。修建妨碍行车瞭望的建筑物的，由县级以上地方人民政府责令限期拆除。种植妨碍行车瞭望的树木的，由县级以上地方人民政府责令有关单位或者个人限期迁移或者修剪、砍伐。

违反前三款的规定，给铁路运输企业造成损失的单位或者个人，应当赔偿损失。

第四十七条 禁止擅自在铁路线路上铺设平交道口和人行过道。

平交道口和人行过道必须按照规定设置必要的标志和防护设施。

行人和车辆通过铁路平交道口和人行过道时，必须遵守有关通行的规定。

第四十八条 运输危险品必须按照国务院铁路主管部门的规定办理，禁止以非危险品品名托运危险品。

禁止旅客携带危险品进站上车。铁路公安人员和国务院铁路主管部门规定的铁路职工，有权对旅客携带的物品进行运输安全检查。实施运输安全检查的铁路职工应当佩戴执勤标志。

危险品的品名由国务院铁路主管部门规定并公布。

第四十九条 对损毁、移动铁路信号装置及其他行车设施或者在铁路线路上放置障碍物的，铁路职工有权制止，可以扭送公安机关处理。

第五十条 禁止偷乘货车、攀附行进中的列车或者击打列车。对偷乘货车、攀附行进中的列车或者击打列车的，铁路职工有权制止。

第五十一条 禁止在铁路线路上行走、坐卧。对在铁路线路上行走、坐卧的，铁路职工有权制止。

第五十二条 禁止在铁路线路两侧二十米以内或者铁路防护林地内放牧。对在铁路线路两侧二十米以内或者铁路防护林地内放牧的，铁路职工有权制止。

第五十三条 对聚众拦截列车或者聚众冲击铁路行车调度机构的，铁路职工有权制止；不听制止的，公安人员现场负责人有权命令解散；拒不解散的，公安人员现场负责人有权依照国家有关规定决定采取必要手段强行驱散，并对拒不服从的人员强行带离现场或者予以拘留。

第五十四条 对哄抢铁路运输物资的，铁路职工有权制止，可以扭送公安机关处理；现场公安人员可以予以拘留。

第五十五条 在列车内，寻衅滋事，扰乱公共秩序，危害旅客人身、财产安全的，铁路职工有权制止，铁路公安人员可以予以拘留。

第五十六条 在车站和旅客列车内，发生法律规定需要检疫的传染病时，由铁路卫生检疫机构进行检疫；根据铁路卫生检疫机构的请求，地方卫生检疫机构应予协助。

货物运输的检疫，依照国家规定办理。

第五十七条 发生铁路交通事故，铁路运输企业应当依照国务院和国务院有关主管部门关于事故调查处理的规定办理，并及时恢复正常行车，任何单位和个人不得阻碍铁路线路开通和列车运行。

第五十八条 因铁路行车事故及其他铁路运营事故造成人身伤亡的，

铁路运输企业应当承担赔偿责任；如果人身伤亡是因不可抗力或者由于受害人自身的原因造成的，铁路运输企业不承担赔偿责任。

违章通过平交道口或者人行过道，或者在铁路线路上行走、坐卧造成的人身伤亡，属于受害人自身的原因造成的人身伤亡。

第五十九条 国家铁路的重要桥梁和隧道，由中国人民武装警察部队负责守卫。

第五章 法律责任

第六十条 违反本法规定，携带危险品进站上车或者以非危险品品名托运危险品，导致发生重大事故的，依照刑法有关规定追究刑事责任。企业事业单位、国家机关、社会团体犯本款罪的，处以罚金，对其主管人员和直接责任人员依法追究刑事责任。

携带炸药、雷管或者非法携带枪支子弹、管制刀具进站上车的，依照刑法有关规定追究刑事责任。

第六十一条 故意损毁、移动铁路行车信号装置或者在铁路线路上放置足以使列车倾覆的障碍物的，依照刑法有关规定追究刑事责任。

第六十二条 盗窃铁路线路上行车设施的零件、部件或者铁路线路上的器材，危及行车安全的，依照刑法有关规定追究刑事责任。

第六十三条 聚众拦截列车、冲击铁路行车调度机构不听制止的，对首要分子和骨干分子依照刑法有关规定追究刑事责任。

第六十四条 聚众哄抢铁路运输物资的，对首要分子和骨干分子依照刑法有关规定追究刑事责任。

铁路职工与其他人员勾结犯前款罪的，从重处罚。

第六十五条 在列车内，抢劫旅客财物，伤害旅客的，依照刑法有关规定从重处罚。

在列车内，寻衅滋事，侮辱妇女，情节恶劣的，依照刑法有关规定追究刑事责任；敲诈勒索旅客财物的，依照刑法有关规定追究刑事责任。

第六十六条 倒卖旅客车票，构成犯罪的，依照刑法有关规定追究刑事责任。铁路职工倒卖旅客车票或者与其他人员勾结倒卖旅客车票的，依照刑法有关规定追究刑事责任。

第六十七条 违反本法规定，尚不够刑事处罚，应当给予治安管理处罚的，依照治安管理处罚法的规定处罚。

第六十八条 擅自在铁路线路上铺设平交道口、人行过道的，由铁路公安机关或者地方公安机关责令限期拆除，可以并处罚款。

第六十九条 铁路运输企业违反本法规定，多收运费、票款或者旅客、货物运输杂费的，必须将多收的费用退还付款人，无法退还的上缴国库。将多收的费用据为己有或者侵吞私分的，依照刑法有关规定追究刑事责任。

第七十条 铁路职工利用职务之便走私的，或者与其他人员勾结走私的，依照刑法有关规定追究刑事责任。

第七十一条 铁路职工玩忽职守、违反规章制度造成铁路运营事故的，滥用职权、利用办理运输业务之便谋取私利的，给予行政处分；情节严重、构成犯罪的，依照刑法有关规定追究刑事责任。

第六章　附　则

第七十二条 本法所称国家铁路运输企业是指铁路局和铁路分局。

第七十三条 国务院根据本法制定实施条例。

第七十四条 本法自 1991 年 5 月 1 日起施行。

附 录

铁路旅客运输规程

关于公布修改《铁路旅客运输规程》和
《铁路旅客运输办理细则》内容的通知
铁运〔2010〕190 号

为适应铁路旅客运输发展，决定修改《铁路旅客运输规程》和《铁路旅客运输办理细则》，自 2010 年 12 月 1 日起施行。各铁路局要组织广大职工认真学习规章修改内容，并认真贯彻执行，同时要将本次主要修改内容摘编后在车站、列车等场所进行公告。

中华人民共和国铁道部
2010 年 10 月 13 日

（1997 年 10 月 5 日铁道部发布；2010 年 10 月 13 日铁道部修改）

第一章 总 则

第一条 为了维护铁路旅客运输的正常秩序，保护铁路旅客运输合同各方当事人的合法权益，依据《中华人民共和国铁路法》制定本规定。

第二条 本规程适用于中华人民共和国境内的铁路旅客和行李、包裹公共运输。

第三条 国家铁路营业站的营业范围和与国家铁路办理直通运输业务的其他铁路营业站的营业范围以《铁路客运运价里程表》为准。其启用、封闭和营业范围的变更由国务院铁路主管部门批准，在《铁路客货运输专刊》上公布。

第四条 铁路车站有关营业处所有相应的票价表、运价表、杂费表、时刻表和旅客须知等内容。遇有变动，须于实施前通告。未经通告不得实施。

第五条 下列用语在本规程内的意义：

承运人：与旅客或托运人签有运输合同的铁路运输企业。铁路车站、列车及与运营有关人员在执行职务中的行为代表承运人。

旅客：持有铁路有效乘车凭证的人和同行的？费乘车儿童。根据铁路货物运输合同押运货物的人视为旅客。

托运人：委托承运人运输行李或小件货物并与其签有行李包裹运输合同的人。

收货人：凭有效领取凭证领受行李、包裹的人。

直达票：从发站至到站不需中转换乘的车票。

通票：从发站至到站需中转换乘的车票。

改签：旅客变更乘车日期、车次、席（铺）位时需办理的签证手续。

等级：同等距离以承运人提供的乘车条件不同确定。

动车组：指运行速度在 200 公里及以上的列车。

客运纪录：指在旅客或行李、包裹运输过程中因特殊情况，承运人与旅客、托运人、收货人之间需记载某种事项或车站与列车之间办理业务交接的文字凭证。

时间：以北京时间为准，从零时起计算，实行 24 小时制。

以上、以下、以前、以后、以内、以外：均含本数。

第六条 再不违反本规程原则的前提下，铁路运输企业可根据具体情况制定补充规定在本企业管辖范围内实行并报国务院铁路主管部门备案。

第二章　旅客运输

第一节　铁路旅客运输合同

第七条 铁路旅客运输合同是明确承运人与旅客之间权利义务关系的协议。起运地承运人依据本规程订立的旅客运输合同对所涉及的承运人具有同等约束力。

铁路旅客运输合同的基本凭证是车票。

第八条 铁路旅客运输合同从售出车票时起成立，至按票面规定运输结束旅客出站时止，为合同履行完毕。旅客运输的运送期间自检票进站起至到站出站时止计算。

第九条 旅客的基本权利和义务是:

权力:

1. 依据车票票面记载的内容乘车;

2. 要求承运人提供与车票等级相适应的服务并保障其旅行安全;

3. 对运送期间发生的身体损害有权要求承运人赔偿。

4. 对运送期间因承运人过错造成的随身携带物品损失有权要求承运人赔偿。

义务:

1. 支付运输费用,当场核对票、款,妥善保管车票,保持票面信息完整可识别;

2. 遵守国家法令和铁路运输规章制度,听从铁路车站、列车工作人员的引导,按照车站的引导标志进、出站;

3. 爱护铁路设备、设施,维护公共秩序和运输安全;

4. 对所造成铁路或者其他旅客的损失予以赔偿。

第十条 承运人的基本权利和义务是:

权力:

1. 依照规定收取运输费用;

2. 要求旅客遵守国家法令和铁路规章制度,保证安全;

3. 对损害他人利益和铁路设备、设施的行为有权制止、消除危险和要求赔偿。

义务:

1. 确定旅客运输安全正点;

2. 为旅客提供良好的旅行环境和服务设施,不断提高服务质量,文?礼貌地为旅客服务;

3. 对运送期间发生的旅客身体损害予以赔偿。

4. 对运送期间因承运人过错造成的旅客随身携带物品损失予以赔偿。

第二节　车　票

第十一条 车票票面(特殊票种除外)主要应当载明:

1. 发站和到站站名;

2. 座别、卧别;

3. 径路;

4. 票价；

5. 车次；

6. 乘车日期；

7. 有效期。

第十二条 车票中包括客票和附加票两部分。客票部分为软座、硬座。附加票部分为加快票、卧铺票、空调票。

附加票是客票的补充部分，可以与客票合并发售，但除儿童外不能单独使用。

第十三条 车票票价为旅客乘车日的适用票价。承运人调整票价时，已售出的车票不再补收或退还票价差额。

第三节　售票与购票

第十四条 车票应在承运人或销售代理人的售票处购买。在有运输能力的情况下，承运人或销售代理人应按购票人的要求发售车票。

承运人可以开办往返票、联程票（指在购票地能够买到换乘地或返回地带有席位、铺位号的车票）、定期、不定期、储值、定额等多种售票业务，以便于购票人购票和使用。

第十五条 发售软座客票时最远至本次列车终点站。旅客在乘车区间中，要求一段乘坐硬座车，一段乘坐软座车时，全程发售硬座客票。乘坐软座时，另收软座区间的软、硬座票价差额。动车组列车车票最远只发售至本次列车终点站。

第十六条 旅客购买加快票必须有软座或硬座客票。发售加快票的到站，必须是所乘快车或特别快车的停车站。发售需要中转换车的加快票的中转站还必须是有同等级快车始发的车站。

第十七条 旅客购买卧铺票时，卧铺票的到站、座别必须与客票的到站、座别相同，但对持通票的旅客，卧铺票只发售到中转站。

第十八条 旅客乘坐提供空调的列车时，应购买相应等级的车票或空调票。旅客在全部旅途中分别乘坐空调车和普通车时，可发售全程普通硬座车票，对乘坐空调车区段另行核收空调车与普通车的票价差额。

第十九条 承运人一般不接受儿童单独旅行（乘火车通学的学生和承运人同意在旅途中监护的除外）。随同成年人旅行身高 1.2-1.5 米的儿童，享受半价客票、加快票和空调票（以下简称儿童票）。超过 1.5 米时应买全价票。每一成人旅客可免费携带一名身高不足 1.2 米的儿童，超过一名时，超过的人数应买儿童票。儿童票的座别应与成人车票相同，其到站不得远于成人车票的到站。

免费乘车的儿童单独使用卧铺时，应购买全价卧铺票，有空调时还应购买半价空调票。

第二十条　在普通大、专院校（含国家教育主管部门批准有学历教育资格的民办大学），军事院校，中、小学和中等专业学校、技工学校就读，没有工资收入的学生、研究生，家庭居住地和学校不在同一城市时，凭附有加盖院校公章的减价优待证的学生证（小学生凭书面证明），每年可享受家庭至院校（实习地点）之间四次单程半价硬座客票、加快票、空调票（以下简称学生票）。动车组列车只发售二等座车学生票，学生票为全价票的75%。新生凭录取通知书、毕业生凭学校书面证明可买一次学生票。

华侨学生和港澳台学生按照上述规定同样办理。

发售学生票时应以近径路或换乘次数少的列车发售。

下列情况不能发售学生票：

1. 学校所在地有学生父或母其中一方时；

2. 学生因休学、复学、转学、退学时；

3. 学生往返于学校与实习地点时；

4. 学生证未按时办理学校注册的。

5. 学生证优惠乘车区间更改但未加盖学校公章的。

6. 没有"学生火车票优惠卡"、"学生火车票优惠卡"不能识别或者与学生证记载不一致的。

第二十一条　中国人民解放军和中国人民武装警察部队因伤致残的军人（以下简称伤残军人）凭"中华人民共和国残疾军人证"、因公致残的人民警察凭"中华人民共和国伤残人民警察证"享受半价的软座、硬座客票和附加票。

"中华人民共和国残疾军人证"和"中华人民共和国伤残人民警察证"由国家有关部门颁发，铁路运输企业有权进行核对。

第二十二条　到站台上迎送旅客的人员应买站台票。站台票当日使用一次有效。对经常进站接送旅客的单位，车站可根据需要发售定期站台票。随同成人进站身高不足1.2米的儿童及特殊情况经车站同意进站人员可不买站台票。未经车站同意无站台票进站时，加倍补收站台票款。遇特殊情况，站长可决定暂停发售站台票。

第二十三条 20人以上乘车日期、车次、到站、座别相同的旅客可作为团体旅客,承运人应优先安排;如填发代用票时除代用票持票本人外,每人另发一张团体旅客证。

第二十四条 在无人售票的乘降所上车的人员,可在列车内的购票,不收手续费。

第四节 车票的有效期

第二十五条 直达票当日当次有效,但下列情形除外:

(1) 全程在铁路运输企业管内运行的动车组列车车票有效期由企业自定。

(2) 有效期有不同规定的其他票种。

通票的有效期按乘车里程计算:1000千米为2日,超过1000千米的,每增加1000千米增加1日,不足1000千米的尾数按1日计算;自指定乘车日起至有效期最后一日的24时止。

第二十六条 遇有下列情况可延长通票的有效期:

1. 因列车满员、晚点、停运等原因,使旅客在规定的有效期内不能到达站时,车站可视实际需要延长通票的有效期。延长日数从通票有效期终了的次日起计算。

2. 旅客因病中途下车、恢复旅行时,在通票有效期内,出具医疗单位证明或经车站证实时,可按医疗日数延长有效期,但最多不超过10天;卧铺票不办理延长,可办理退票手续;同行人同样办理。

第五节 检票、验票和收票

第二十七条 车站对进出站的旅客和人员应检票,列车对乘车旅客应验票。对必须持证购买的减价票和各种乘车证的旅客应当核对相应的证件。验票应打查验标记。

车站应当在开车前提前停止检票,但应当在本站营业场所通告停止检票的提前时间。

第二十八条 铁路稽查人员凭稽查证件、佩带稽查臂章可以在车内验票。

第六节 乘车条件

第二十九条 旅客须按票面载明的日期、车次、席别乘车,并在票面规定有效期内到达到站。

持通票的旅客中转换乘时，应当办理中转签证手续。

"第三十条 持通票的旅客在乘车途中有效期终了、要求继续乘车时，应自有效期终了站或最近前方停车站起，另行补票，核收手续费。定期票可按有效使用至到站。

第三十一条 对乘坐卧铺的旅客，列车可以收取车票并予集中保管。收取车票时，应当换发卧铺证；旅客下车前，凭卧铺证换回车票。成人带儿童或儿童与儿童可共用一个卧铺。

第三十二条 除特殊情况并经列车长同意的外，持低票价席别车票的旅客不能在高票价席别的车厢停留。

第三十三条 烈性传染病患者、精神病患者或健康状况危及他人安全的旅客，站、车可以不予运送；已购车票按旅客退票的有关规定。

第七节 变　更

第三十四条 旅客不能按票面指定的日期、车次乘车时，应当在票面指定的日期、车次开车前办理一次提前或推迟乘车签证手续，特殊情况经站长同意可在开车后 2 小时内办理。持动车组列车车票的旅客改乘当日其他动车组列车时不受开车后 2 小时内限制。团体旅客不应晚于开车前 48 小时。

在车站售票预售期内且有运输能力的前提下，车站应予办理，收回原车票，换发新车票，并在新车票票面注明"始发改签"字样（特殊情况在开车后改签的注明"开车后改签不予退票"字样）；原车票已托运行李的，在新车票背面注明"原票已托运行李"字样并加盖站名戳。

必要时，铁路运输企业可以临时调整改签办法。

第三十五条 旅客在发站办理改签时，改签后的车次票价高于原票价时，核收票价差额；改签后的车次票价低于原票价时，退还票价差额。

旅客办理中转签证或在列车上办理补签、变更席（铺）位时，签证或变更后的车次、席（铺）位票价高于原票价时，核收票价差额；签证或变更的车次、席（铺）位票价低于原票价时，票价差额部分不予退还。

第三十六条 因承运人责任使旅客不能按票面记载的日期、车次、座别、铺位乘车时，站、车应重新妥善安排。重新安排的列车、座席、铺位高于原票等级时，超过部分票价不予补收。低于原票等级时，应退还票价差额，不收退票费。

第三十七条 "持通票的旅客在中转站和列车上要求变更经路时，必须在通票有效期能够到达到站时方可办理。"办理时原票价低于变径后的票价时，应补收新旧径路里程票价差额，核收手续费。原票价高于或相等于变更后的径路票价时，持原票乘车有效，差额部分（包括列车等级不符的差额）不予退还。

第三十八条 旅客在车票到站前要求越过到站继续乘车时，在有运输能力的情况下列车应予以办理。核收越站区间的票价和手续费。

第三十九条 两名以上旅客共持一张代用票要求办理分票手续时，站、车应予以办理。办理时按分票的张数核收手续费。

第八节　误售、误购、误乘的处理

第四十条 发生车票误售、误购时，在发站应换发新票。在中途站、原票到站或列车内应补收票价时，换发代用票，补收票价差额。应退还票价时，站、车应编制客运记录交旅客，作为乘车至正当到站要求退还票价差额的凭证，并应以最方便的列车将旅客运送至正当到站，均不收取手续费或退票费。

第四十一条 因误售、误购或误乘需送回时，承运人应免费将旅客送回。在免费送回区间，旅客不得中途下车。如中途下车，对往返乘车区间补收票价，核收手续费。

第四十二条 由于误售、误购、误乘或坐过了站在原通票有效期不能到达到站时，应根据折返站至正当到站间的里程，重新计算通票有效期。

第九节　丢失车票的处理

第四十三条 旅客丢失车票应另行购票。在列车上应自丢失站起（不能判明时从列车始发站起）补收票价，核收手续费。旅客补票后又找到原票时，列车长应编制客运记录交旅客，作为在到站出站前向到站要求退还后补票价的依据。退票核收退票费。

第十节　不符合乘车条件的处理

第四十四条 有下列行为时，除按规定补票，核收手续费以外，铁路运输企业有权对其身份进行登记，并须加收已乘区间应补票价 50% 的票款：

1. 无票乘车时，补收自乘车站（不能判明时自始发站）起至到站止车票票价。持失效车票乘车按无票处理。

2. 持用伪造或涂改的车票乘车时，除按无票处理外并送交公安部门处理。

3. 持站台票上车并在开车20分钟后仍不声明时，按无票处理。

4. 持用低等级的车票乘坐高等级列车、铺位、座席时，补收所乘区间的票价差额。

5. 旅客持半价票没有规定的减价凭证或不符合减价条件时，补收全价票价与半价票价的差额。

第四十五条 下列情况时补收票价，核收手续费：

1. 应买票而未买票的儿童按第十九条规定补收票价。身高超过1.5米的儿童使用儿童票乘车时，应补收儿童票价与全价票价的差额。

2. 持站台票上车送客未下车但及时声明时，补收至前方下车站的票款。

3. 主动补票或者经站、车同意上车补票的。

下列情况只核收手续费，但已经使用至到站的除外：

1. 旅客在票面指定的日期、车次开车前乘车的，应补签。

2. 旅客所持车票日期、车次相符但未经车站剪口的，应补剪。

3. 持通票的旅客中转换乘应签证而未签证的，应补签。

第十一节 拒绝运送和运输合同的终止

第四十六条 对无票乘车而又拒绝补票的人，列车长可责令其下车并应编制客运记录交县、市所在地车站或三等以上车站处理（其到站近于上述到站时应交到站处理）。车站对列车移交或本站发现的上述人员应追补应收和加收的票款，核收手续费。

第四十七条 对违反国家法律、法规，在站内、列车内寻衅滋事、扰乱公共秩序的人，站、车均可拒绝其上车或责令其下车；情节严重的送交公安部门处理；对未使用至到站的票价不予退还，并在票背面作相应的记载，运输合同即行终止。

第十二节 退 票

第四十八条 旅客要求退票时，按下列规定办理，核收退票费：

1. 旅客退票必须在购票地车站或票面发站办理。

2. 在发站开车前，特殊情况也可以在开车后2小时内，退还全部票价。团体旅客必须在开车 48 小时以前办理。

3. 旅客开始旅行后不能退票。但如因伤、病不能继续旅行时，经站、车证实，可退还已收票价与已乘区间票价差额。已乘区间不足起码里程时，按起码里程计算；同行人同样办理。

4. 退还带有"行"字戳迹的车票时，应先办理行李变更手续。

5. 因特殊情况经站长同意在开车后 2 小时内改签的车票不退。

6. 站台票售出不退。

市郊票、定期票、定额票的退票办法由铁路运输企业自定。

必要时，铁路运输企业可以临时调整退票办法。

第四十九条 因承运人责任致使旅客退票时按下列规定办理，不收退票费：

1. 在发站，退还全部票价。

2. 在中途站，退还已收票价与已乘区间票价差额，已乘区间不足起码里程时，退还全部票价。

3. 在到站，退还已收票价与已使用部分票价差额。未使用部分不足起码里程按起码里程计算。

4. 空调列车因空调设备故障在运行过程中不能修复时，应退还未使用区间的空调票价。

第五十条 发生线路中断旅客要求退票时，在发站（包括中断运输站返回发站的）退还全部票价，在中途站退还已收票价与已乘区间票价差额，不收退票费，但因违章加收的部分和已使用至到站的车票不退。如线路中断系承运人责任时，按本规程第四十九条处理。

第十三节 携带品

第五十一条 旅客携带品由自己负责看管。每人免费携带品的重量核体积是：

儿童（含免费儿童）10 千克，外交人员 35 千克，其他旅客 20 千克。每件物品外部尺寸长、宽、高之和不超过 160 厘米，杆状物品不超过 200 厘米，但乘坐动车组列车不超过 130 厘米；重量不超过 20 千克。

残疾人旅行时代步的折叠式轮椅可免费携带并不计入上述范围。

第五十二条 下列物品不得带入车内：

1. 国家禁止或限制运输的物品；

2. 法律、法规、规章中规定的危险品、弹药和承运人不能判明性质的化工产品；

3. 动物及妨碍公共卫生（包括有恶臭等异味）的物品；

4. 能够损坏或污染车辆的物品；

5. 规格或重量超过本规程第五十一条规定的物品。

为方便旅客的旅行生活，限量携带下列物品：

1. 气体打火机 5 个，安全火柴 20 小盒。

2. 不超过 20 毫升的指甲油、去光剂、染发剂。不超过 100 毫升的酒精、冷烫精。不超过 600 毫升的摩丝、发胶、卫生杀虫剂、空气清新剂。

3. 军人、武警、公安人员、民兵、猎人凭法规规定的持枪证明佩带的枪支子弹。

4. 初生雏 20 只。

第五十三条 旅客违章携带物品按下列规定处理：

1. 在发站禁止进站上车；

2. 在车内或下车站，对超过免费重量的物品，其超重部分应补收四类包裹运费。对不可分拆的整件超重、超大物品，动物，按该件全部重量补收上车站至下车站四类包裹运费。

3. 发现危险品或国家禁止、限制运输的物品，妨碍公共卫生的物品，损坏或污染车辆的物品，按该件全部重量加倍补收乘车站至下车站四类包裹运费。危险物品交前方停车站处理，必要时移交公安部门处理。对有必要就地销毁的危险品应就地销毁，使之不能为害并不承担任何赔偿责任。没收危险品时，应向被没收人出具书面证明。

4. 如旅客超重、超大的物品价值低于运费时，可按物品价值的 50% 核收运费。

5. 补收运费时，不得超过本次列车的始发和终点站。

第五十四条 车站开展携带品搬运、暂存服务业务时，可核收搬运、暂存费。

第十四节　旅客遗失物品的处理

第五十五条 对旅客的遗失物品应设法归还原主。如旅客已经下车，应编制客运记录，注明品名、件数等移交下车站。不能判明时，移交列车重点站。

第五十六条 客流量较大的车站应设失物招领处。失物招领处对旅客遗失物品应妥善保管，正确交付。遗失物品需通过铁路向失主所在站转送时，物品在 5 千克以内的免费转送，超过 5 千克时，到站按品类补收运费；但对第五十二条中所列物品及食品不办理转送。

第三章 行李、包裹运输行李、包裹运输合同

第五十七条　铁路行李包裹运输合同是指承运人与托运人、收货人之间明确行李、包裹运输权利义务关系的协议。

行李、包裹运输合同的基本凭证是行李票、包裹票。

第五十八条　行李票、包裹票主要应当载明：

1. 发站和到站；

2. 托运人、收货人的姓名、地址、联系电话、邮政编码；

3. 行李和包裹的品名、包装、件数、重量；

4. 运费；

5. 声明价格；

6. 承运日期、运到期限、承运站站名戳及经办人员名章。

第五十九条　行李、包裹运输合同自承运人接受行李、包裹并填发行李票、包裹票时起成立，到行李、包裹运至到站交付给收货人止履行完毕。

第六十条　托运人的基本权利和义务：

权利：

1. 要求承运人将行李、包裹按期、完好地运至目的地；

2. 行李、包裹灭失、损坏、变质、污染时要求赔偿。

义务：

1. 缴纳运输费用，完整、准确填写托运单，遵守国家有关法令及铁路规章制度，维护铁路运输安全；

2. 因自身过错给承运人或其他托运人、收货人造成损失时应负赔偿责任。

第六十一条　承运人的基本权利和义务：

权利：

1. 按规定收取运输费用，要求托运的物品符合国家政策法令和铁路规章制度。对托运的物品进行安全检查，对不符合运输条件的物品拒绝承运。

2. 因托运人、收货人的责任给他人或承运人造成损失时向责任人要求赔偿。

义务：

1. 为托运人提供方便、快捷的运输条件，将行李、包裹安全、及时、准确运送到目的地；

2. 行李、包裹从承运后至交付前，发生灭失、损坏、变质、污染时，负赔偿责任。

第二节　行李的范围

第六十二条　行李是指旅客自用的被褥、衣服、个人阅读的书籍、残疾人车和其他旅行必需品。

第六十三条　行李中不得夹带货币、证券、珍贵文物、金银珠宝、档案材料等贵重物品和国家禁止、限制运输物品、危险品。

第六十四条　行李每件的最大重量为 50 千克。体积以适于装入行李车为限，但最小不得小于 0.01（立方米）。行李应随旅客所乘列车运送或提前运送。

第三节　包裹的范围

第六十五条　包裹是指适合在旅客列车行李车内运输的小件货物。包裹分为四类：

一类包裹：自发刊日起 5 日以内的报纸；中央、省级政府宣传用非卖品；新闻图片和中、小学生课本。

二类包裹：抢险救灾物资，书刊，鲜或冻鱼介类、肉、蛋、奶类、果蔬类。

三类包裹：不属于一、二、四类包裹的物品。

四类包裹：

1. 一级运输包装的放射性同位素、油样箱、摩托车；

2. 泡沫塑料及其制品；

3. 国务院铁路主管部门指定的其他需要特殊运输条件的物品。

包裹每件体积、重量与行李相同。

第六十六条　运输超过包裹规定重量和四类包裹中 3 项品名的物品时，应经调度命令或上级书面运输命令批准。

铁路运输企业可制定管内包裹运输的范围。

第六十七条　不能按包裹运输的物品：

1. 尸体、尸骨、骨灰、灵柩及易于污染、损坏车辆的物品；

2. 蛇、猛兽和每头超过 20 千克的活动物（警犬和运输命令指定运输的动物除外）；

3. 国务院及国务院铁路主管部门颁发的有关危险品管理规定中规定的危险品、弹药以及承运人不明性质的化工产品；

4. 国家禁止运输的物品和不适于装入行李车的物品。

第四节　行李、包裹的托运与承运

第六十八条　旅客在乘车区间内凭有效客票每张可托运一次行李，残疾人车不限次数。

第六十九条　托运下列物品时，托运人应提供规定部门签发的运输证明：

1. 金银珠宝、珍贵文物、货币、证券、枪支；

2. 警犬和国家法律保护的动物；

3. 省级以上政府宣传用非卖品；

4. 国家有关部门规定的免检物品；

5. 国家限制运输的物品；

6. 承运人认为应提供证明的其他物品。

托运动、植物时应有动、植物检疫部门的检疫证明。

托运放射性物品、油样箱时，应按照国务院铁路主管部门的规定提出剂量证明书、油样箱使用证。

第五节　保价运输

第七十条　行李、包裹分为保价运输和不保价运输，托运人可选择其中一种运输方式。

第七十一条　按保价运输时，可分件声明价格，也可按一批全部件数声明价格。按一批办理时，不得只保其中一部分。

第七十二条　按保价运输的行李、包裹核收保价费。一段按行李、一段按包裹托运时，全程按行李核收保价费。保价的行李、包裹发生运输变更时，保价费不补不退。因承运人责任造成的取消托运时，保价费全部退还。

第七十三条　承运人对按保价运输的行李、包裹可以检查其声明价格与实际价格是否相符；与拒绝检查，承运人可以拒绝按保价运输承运。

第六节　包装和货签

第七十四条　行李、包裹的包装必须完整牢固，适合运输。其包装的材料和方法应符合国家或运输行业规定的包装标准。

第七十五条　承运后、交付前包装破损、松散时，承运人应负责及时整修并承担整修费用。

第七十六条　行李、包裹每件的两端应各有一个铁路货签。货签上的内容应清楚、准确并与托运单上相应的内容一致。

第七十七条　托运易碎品、流质物品或以一级运输包装的放射性同位素时，应在包装表面明显处贴上"小心轻放"、"向上"、"一级放射性物品"等相应的安全标志。

第七节　包裹的押运

第七十八条　托运金银珠宝、货币证券、文物、枪支、中途需饲养的动物等必须派人押运。押运人应购买车票并对所押物品的安全负责。承运人应为押运人购票提供方便。

车站行李员对已经办理承运的包裹应通知押运人装车日期和车次。

列车行李员应对押运人进行登记并告之安全等注意事项。

第八节　运到期限

第七十九条　行李、包裹的运到期限以运输里程计算。从承运日起，行李600千米以内为三日，超过600千米时，每增加600千米增加一日，不足600千米也按一日计算。包裹400千米以内为三日，超过400千米时，每增加400千米增加一日，不足400千米也按一日计算。快运包裹按承诺的运到期限计算。

由于不可抗力等非承运人责任发生的停留时间加算在运到期限内。

第八十条　行李、包裹超过规定的运到期限运到时，承运人应按逾期日数及所收运费的百分比向收货人支付违约金。一批中的行李、包裹部分逾期时，按逾期部分运费比例支付。违约金最高不超过运费的30%。行李、包裹变更运输时，逾期运到违约金不予支付。

收货人要求支付违约金时，凭行李票、包裹票在行李包裹到达日期10日以内提出。

第八十一条　收货人要求将逾期运到的行李运至新到站时，可凭新车票办理，不再支付运费，承运人也不再支付违约金。

第八十二条 行李、包裹超过运到期限 30 天以上仍未到达时，收货人可以认为行李包裹已灭失而向承运人提出赔偿。

第八十三条 行李从运到日起、包裹从发出通知日起，承运人免费保管 3 天，逾期到达的行李包裹免费保管 10 天。因事故或不可抗力等原因而延长车票有效期的行李按车票延长日数增加免费保管日数。超过免费保管期限时，按日核收保管费。

第八十四条 包裹到达后，承运人应及时通知收货人领取。通知时间最晚不得超过包裹到达次日的 12 点。

第八十五条 收货人询问行李、包裹是否到达时，承运人应及时予以查找。对逾期未到的行李、包裹应及时做查询记录。

第十节 装卸、交付和转运

第八十六条 将行李、包裹从行李房的收货地点至装上行李车，或从行李车卸下至规定的交付地点，各位一次作业。由发站或到站分别收取装费或卸费。

第八十七条 收货人凭行李、包裹领取凭证领取行李、包裹。如将领取凭证丢失，必须提出本人身份证、物品清单和担保人的担保书，承运人对上述单、证和担保人的担保资格认可后，有收货人签收办理交付。如在收货人声明领取凭证丢失前行李、包裹已被冒领，承运人不承担责任。

第八十八条 经当事人双方约定，包裹也可使用领取凭证的传真件领取，约定内容应记载在包裹票记事栏内。收货人要求凭印鉴领取包裹时，应与承运人签订协议并将印鉴式样备案。经约定凭传真件或凭印鉴领取时，收货人不得再凭领取证领取。

第八十九条 收货人领取行李、包裹时，如发现有短少或异状应在领货时及时提出。承运人必须认真检查，必要时可会同公安人员开包检查。检查发现有损失时，应编制事故记录交收货人作为要求赔偿的依据。

第九十条 旅客如继续旅行，要求将行李继续运至新到站时，可凭新车票及原行李票重新办理托运。

第十一节 变更运输

第九十一条 托运人在办理托运手续后，可按如下规定办理一次行李、包裹变更手续（鲜活包裹不办理变更），核收变更手续费：

1. 在发站装车前取消托运时，退还全部运费；

2. 装运后要求运回发站或变更到站的（行李只办理运回发站或中止旅行站），补收或退还已收运费与实际运送区间里程通算的运费差额。

3. 旅客在发站停止旅行，要求仍将行李运至到站时，按包裹收费，应补收发站至到站的包裹与行李运费的差额。

第九十二条 办理变更运输后产生的杂费按实际产生的核收．如已收运费低于已产生的杂费时，则不补收杂费也不退还运费。但因误售误购客票产生的行李变更时，不收变更手续费．

第十二节 品名、重量不符及无票运输的处理

第九十三条 发现品名不符时，在发站，应补收已收运费与正当运费的差额；在到站、加收应收运费与已收运费的差额两倍的运费。到站发现重量不符应退还时，退还多收部分的运费。应补收时，只补收超重部分正当运费。如将国家禁止、限制运输的物品或危险品伪报其他品名托运时，在发站取消托运，在中途站停止运送（在列车上发现危险品交前方停车站），均通知有关部门和托运人处理，已收运费不退，按四类包裹另行补收运输区段的运费及保管费。

第九十四条 发现无票运输的物品，按实际运送区间加倍补收四类包裹运费。

第十三节 无法交付物品的处理

第九十五条 对无法交付的行李、包裹和旅客的遗失物品、暂存物品，承运人应登记造册，妥善保管，不得动用。枪支弹药、机要文件以及国家法令规定不能买卖的物品应及时交有关部门处理。容易变质的物品应及时处理。

第九十六条 行李从运到日起，包裹从发出通知日起，遗失物品、暂存物品从收到日起，承运人对 90 天以内仍无人领取的物品应在车站进行通告。通告 90 天以后仍无人领取时，应报上一级主管部门批准后予以变卖。

第九十七条 对变卖所得款项，扣除所发生的保管费、变卖手续费等费用的剩余款额，旅客、托运人、收货人在 180 天以内来领取时，承运人

凭旅客、托运人、收货人出具的物品所有权的书面证明办理退款手续。不来领取时，上缴国库。属于事故行李、包裹的变卖款拨归承运人收入。

第四章　特定运输

第一节　包　车

第九十八条　凡要求单独使用加挂车辆或加开专用列车时，均按保车办理。包车人应先向承运人提出全程路程单。

第九十九条　经协商同意，包车人应与承运人签订包车合同。包车合同主要载明：

1. 包车人、承运人的名称、地址、联系人姓名、电话；
2. 包用车辆种类、数量；
3. 发站和到站站名；
4. 时间；
5. 包车运输费用；
6. 违约责任；
7. 双方商定的其他事项。

签订包车合同的同时，包车人应缴付定金。

第一百条　包车人改变或取消用车计划时，应向承运人缴付延期使用费或停止使用费；因包用车辆自其他站向用车站调运车辆产生空驶时，还应缴付空驶费。承运人违约时应双倍返还定金。

包车人在中途站、折返站要求停留时，应缴付停留费。请求延长使用时，由中途变更站报请上一级主管部门批准后核收运输费用。缩短使用时，已收费用不退。

第二节　租车及自备车辆的挂运与行驶

第一百零一条　向承运人租用车辆时，租用单位应与承运人签订租车合同。租车合同主要载明：

1. 承租人和承运人名称、地址、联系人姓名、电话；
2. 租用车辆种类、数量；
3. 租用的时间和区间；
4. 租车费用；
5. 违约责任；

6. 双方商定的其他事项。

第一百零二条 企业自备车辆或租用车利用铁路动力、线路运行时，应向承运人提出书面要求，经协商同意并对机车车辆的技术状态检查合格后才能办理，核收挂运费或行驶费。长期挂运或行驶时，承运人应与企业或承租人签订合同。

第三节 过轨运输

第一百零三条 国家铁路运输企业与其他铁路运输企业办理直通旅客运输业务时为过轨运输。办理过轨运输应报国务院铁路主管部门批准。

第五章 运输事故的处理

第一节 线路中断对旅客的安排

第一百零四条 线路中断，列车不能继续运行时，应妥善安排被阻旅客。车站应将停办营业和恢复营业的信息及时向旅客公告。

第一百零五条 线路中断，旅客可以要求在原地等候通车、返回发站、中途站退票或按照承运人的安排绕道旅行。

第一百零六条 停止运行站或列车应在旅客车票背面注明原因、日期、返回 xx 站并加盖站名章或列车长名章，作为旅客免费返回发站、中途站办理退票、换车或延长有效期的凭证。

第一百零七条 旅客持票等候通车后继续旅行时，可凭原票在通车 10 日内恢复旅行。车站应予办理签证手续，通票还应根据旅客候车日数延长车票有效期。卧铺票应办理退票。

第一百零八条 铁路组织原列车绕道运输时，旅客原票不补不退，但中途下车即行失效。旅客自行绕道按变径办理。

线路中断后，旅客买票绕道乘车时，按实际径路计算票价。

第二节 线路中断对行李、包裹的安排

第一百零九条 对发站已承运的行李、包裹应妥善保管，铁路组织绕道运输时，运费不补不退。对滞留中途站的鲜活包裹应及时变卖处理。

第一百零一十条 收货人在中途站要求领取时，应退还已收运费与发站至领取站应运费的差额。不足起码运费按起码运费核收。对要求运回发站取消托运的，退还全部运费。

第一百零一十一条 旅客在发站或中途站停止旅行，而托运的行李已运至到站，要求将行李回发站或中途站，运费不补不退。如要求将行李仍运至到站时，补行李和包裹运费的差额。

第三节 现场处理

第一百零一十二条 发生旅客人身伤害或急病时，车站或列车应会同公安人员勘察现场，收集旁证、物证，调查事故发生原因，编制客运记录或旅客伤亡事故记录并积极采取抢救措施，按照旅客人身伤害或疾病处理的有关规定办理。

第四节 赔偿责任和免费范围

第一百零一十三条 旅客身体损害赔偿金的最高限额为人民币40000元，随身携带品赔偿金的最高限额800元。

经承运人证明事故是由承运人和旅客或托运人的共同过错所致，应根据各自过错的程度分别承担责任。

第一百零一十四条 行李、包裹事故赔偿标准为：按保价运输办理的物品全部灭失时按实际损失赔偿，但最高不超过声明价格。部分损失时，按损失部分所占的比例赔偿。分件保价的物品按所灭失该件的实际损失赔偿，最高不超过该件的声明价格。

未按保价运输的物品按实际损失赔偿，但最高连同包装重量每千克不超过15元。如由于承运人故意或重大过失造成的，不受上述赔偿限额的限制，按实际损失赔偿。

第一百零一十五条 行李、包裹全部或部分灭失时，退还全部或部分运费。

第一百零一十六条 因下列原因造成的旅客身体损害承运人不承担责任：

1. 不可抗力；

2. 旅客自身健康原因造成的或者承运人证明伤亡是旅客故意、重大过失造成的。

第一百零一十七条 因下列原因造成的行李、包裹损失承运人不承担责任：

1. 不可抗力；

2. 物品本身的自然属性或合理损耗；

3. 包装方法或容器不良，从外部观察不能发现或无规定的安全标志时；

4. 托运人自己押运、带运的包裹（因铁路责任除外）；

5. 托运人、收货人违反铁路规章或其他自身的过错。

第五节　事故赔偿、索赔时效及纠纷处理

第一百一十八条　发生旅客伤害事故时，旅客可向事故发生站或处理站请求赔偿。

第一百一十九条　如旅客身体损害属于铁路运输企业承责范围同时又属于《铁路旅客意外伤害强制保险条例》的承保范围，铁路运输企业应当同时支付赔偿金和保险金。

第一百二十条　发生行李、包裹事故时，车站应会同有关人员编制行李、包裹事故记录交收货人作为请求赔偿的依据。事故赔偿一般应在到站办理，特殊情况也可由发站办理。

第一百二十一条　发生事故，收货人要求赔偿时，应在规定的期限内提出并应附下列文字材料：

1. 行李票或包裹票；

2. 行李、包裹事故记录；

3. 证明物品内容和价格的凭证。

第一百二十二条　丢失的行李、包裹找到后，承运人应迅速通知托运人或收货人领取，撤销一切赔偿手续，收回全部赔款。如托运人或收货人不同意领取时，按无法交付物品处理。如发现有欺诈行为不肯退回赔款时，可通过行政或法律手段追索。

第一百二十三条　暂存物品发生丢失、损坏时，应参照行李、包裹事故赔偿有关规定办理。赔偿款额协商确定。

第一百二十四条　承运人与旅客、托运人、收货人因合同纠纷产生索赔或互相间要求办理退补费用的有效期为一年。有效期从下列日期起计算：

1. 身体损害和随身携带品损失时，为发生事故的次日；

2. 行李、包裹全部损失时为运到期终了的次日；部分损失时为交付的次日；

3. 给铁路造成损失时，为发生事故的次日；

4. 多收或少收运输费用时，为核收该项费用的次日。责任方自接到

赔偿要求书的次日起，一般应于 30 天内向赔偿要求人做出答复并尽快办理赔偿。多收或少收应于 30 天内退补完毕。

第六章　附　则

第一百二十五条　本规程由国务院铁路主管部门负责修改、解释。

第一百二十六条　本规程自 1997 年 12 月 1 日起施行。铁道部 1991 年 4 月 2 日发布的《铁路旅客及行李包裹运输规程》（铁运〔1991〕57 号）届时废止。

铁路旅客运输办理细则

关于公布修改《铁路旅客运输规程》和
《铁路旅客运输办理细则》内容的通知
铁运〔2010〕190 号

为适应铁路旅客运输发展，决定修改《铁路旅客运输规程》
和《铁路旅客运输办理细则》，自 2010 年 12 月 1 日起施行。各
铁路局要组织广大职工认真学习规章修改内容，并认真贯彻执
行，同时要将本次主要修改内容摘编后在车站、列车等场所进行
公告。

中华人民共和国铁道部
2010 年 10 月 13 日

第一章 总 则

第一条 为规范铁路运输企业内部办理旅客及行李、包裹运送工作，
依据《铁路旅客运输规程》（以下简称《客规》）制定本细则。

第二条 除另有规定者外，本细则适用于国家铁路和与国家铁路办理
直通运输业务的其他铁路。

第三条 《客规》内定义的用语意义适用于本细则。

第四条 客运营业站的启用、封闭和变更时，由所属铁路局（含集
团公司，以下同）于实施前 60 天报国务院铁路主管部门审批。

第五条 车站各营业处所除应有《客规》规定的揭示内容外，为方
便旅客，还应有铁路旅行常识，全国铁路营业站示意图，严禁携带危险
品进站、上车的图例或文字说明，列车开车、中转换乘时刻，全国主要
站中转换乘时刻表。在候车区域或上、下车通道还应有相应的车次、车
厢顺号指引牌、检票车次牌等导向标志。行李包裹承运处应有行包托运
须知，行包包装标准，禁止托运和夹带违禁品的图例或文字说明，服务
项目等。

第六条 在不违反本细则的前提下，各铁路局可根据具体情况制订补
充规定在本局管内实行。补充规定须报国务院铁路主管部门备案。

第二章 旅客运输

第一节 铁路旅客运输组织

第七条 旅客运输组织工作要从方便旅客出发，全面安排，按照长短途列车分工、换乘优先、保证重点的原则，合理、经济地使用运输能力，均衡地组织运输。

站、车间应协调、配合，发生问题应本着以站保车的原则积极处理。站、车发生纠纷，在责任、原因不明时，站、车双方均不得以任何理由阻碍开车，造成列车晚点。

第八条 要本着旅客至上的原则，坚持人民铁路为人民的服务宗旨，周到热情为旅客服务。对旅客在旅行中发生的困难应千方百计予以解决。

站车服务设施和引导标志应采用《铁路客运服务图形标志》或国家标准规定的图形标志。标准没有规定时，自行设计的标志应易于识别并附加汉字。

第二节 车票和其他乘车凭证

第九条 车票是旅客乘车的凭证，同时也是旅客加入铁路旅客意外伤害强制保险的凭证。

第十条 除车票外，还可以持铁路乘车证和特种乘车证乘车。特种乘车证包括：

1. 全国铁路通用乘车证。

2. 中央和各省、市、自治区机要部门使用的软席乘车证（限乘指定的乘车位置）。

3. 邮政部门使用的机要通信人员免费乘车证，包括押运员、检查员（只限乘坐邮车及铁路指定的位置）。

4. 邮局押运人员免费乘车证（只限乘坐邮车及铁路指定的位置）。

5. 邮局视导员免费乘车证（只限乘坐邮车及铁路指定的位置）。

6. 口岸站的海关、边防军、银行使用的往返免费乘车书面证明。

7. 我国铁路邀请的外国铁路代表团使用的中华人民共和国铁路免费乘车证。

8. 用于到外站装卸作业及抢险的调度命令。

第十一条 为了加强对铁路运输企业执行国家政策法令的监督，国务院铁路主管部门邀请的其他政府部门和新闻单位检查铁路工作时,凭"中国铁路免费乘车证"可乘坐除国际列车以外各种等级、席别的列车。

"中国铁路免费乘车证"由国务院铁路主管部门制发和管理。

第三节 售票与购票

第十二条 车票由车站或铁路运输企业设立的其他售票处所发售。为了方便旅客,也可委托其他部门代售车票。

第十三条 有计算机售票设备的车站,除系统设备故障等特殊情况外,不得发售手工车票。发售车票按以下规定办理:

1. 车站发售客票时,不能使用到站不同但票价相同的车票互相代替。

2. 在软卧车有空余包房的条件下,车站可根据列车长的预报发售软座车票。发站给中途站预留的包房,可利用其发售最远至预留站的软座车票,但涉及夜间(20点-7点)乘车,不得超过2小时。

3. 发售去边境地区的车票时,应要求旅客出示国务院铁路主管部门、公安部规定的边境居民证、身份证或边境通行证。

第十四条 发售加快票时,应在符合《客规》规定的前提下,其发到站之间全程都应有快车运行。如中间有无快车运行的区段时,则不能发售全程加快票。

第十五条 购买卧铺票的旅客要求在中途站开始乘车时,售票员须在客票背面签注某站上车,加盖站名戳,并在"中途预留卧铺通知单"上注明,以便通知列车预留。

第十六条 为测量儿童的身高,在售票窗口、检票口、出站口、列车端门口应涂有测量儿童身高的标准线。通学的小学生不论身高多少,均按学生票办理。成人无论身高多少均应购买全价票。

第十七条 发售学生票除要求出示相应的证件外,还应按如下原则发售:

1. 普通大、专院校,中、小学和中等专业学校、技工学校是指符合政府教育部门所规定的年限、学期和课程等制度并经相应级别的教育机关注册的院校,不包括各类职工大学、电视大学、业余广播大学、函授学校。

2. "没有工资收入的学生",是指没有固定工资收入的学生。学生有无工资收入,由学校确定,铁路凭学校发给的减价优待证售票。如能够确认有工资收入的学生持减价优待证购票时,车站可以拒绝发售学生票,并通知学校处理。

3. 学生父、母都不在学校所在地，并分两处居住时，由学生选择其中一处，并登记在学生减价优待证上。如学生父母迁居时，根据学生申请，经学校确认，可将学生减价优待证上的乘车区间更改并加盖公章或更换新证。学生回家后，院校迁移或调整，也可凭学校证明和学生减价优待证，发售从家庭所在地到院校新所在地的学生票。

4. 学生每年仅限于购买四次单程减价票，当年未使用的次数，不能留作下年使用。

5. 学生票应按近径路发售，但有直达列车或换乘次数少的远径路也可发售。学生购买联程票或乘车区间涉及动车组列车的，可分段购票。学生票分段发售时，由发售第一段车票的车站在学生优惠卡中划销次数，中转站凭上一段车票售票，不再划销乘车次数。

6. 在乘降所上车的学生（其减价优待证上注明上车地点为乘降所），可以在列车上售给全程学生票，并在减价优待证相当栏内，由列车长注明"×年×月×日乘××列车"，加盖名章，作为登记一次乘车次数。

7. 减价优待证记载的车站是没有快车或直通车停靠的车站时，离该站最近的大站（可以超过减价优待证规定的区间）可以发售学生票。

8. 超过减价优待证上记载的区间乘车时，对超过区间按一般旅客办理，核收全价。

9. 华侨学生和港澳台学生回家时，车票发售至边境车站。

10. 符合减价优待条件的学生无票乘车时，除补收票款外，同时应在减价优待证上登记盖章，作为登记一次乘车次数。

第十八条 "中华人民共和国残疾军人证"和"中华人民共和国伤残人民警察证"由国家有关部门颁发。持有其他抚恤证的人员，如革命工作人员残废证，参战民兵、民工残废证等，均不能享受减价待遇。伤残军人、伤残警察乘坐棚车市郊车时，客票不再减价。但棚车加快票价应按普通加快票价减成50%核收。

第十九条 为便于进站接送旅客，车站应积极发售站台票。对确有需要的单位，可发售定期站台票。定期站台票可按实际需要分为季票和月票。季度站台票的式样和价格由国务院铁路主管部门统一制定。月度站台票的式样和价格由铁路局自定，价格应不少于每日一次。

第二十条 对团体旅客乘车时，车站在编制旅客日计划时应优先安排。

第二十一条 发售各种硬纸卡片式常备车票时，应在票面左端轧印乘车日期。发售卧铺票时，另在卧铺票背面添注车厢号和铺位号或粘贴印有车次、日期、车厢号、铺位号的小票。

用卡片式车票发售半价票时，应当在适当的剪断线处剪下票根。

第二十二条 发售区段票时，必须用墨汁、黑色墨水或圆珠笔填写并根据相应的运价里程以下的横线剪断（发售半价票时，其剪断线还应沿相应的栏向上剪断），剪下的上部交旅客，下部存根报缴。

第二十三条 发售代用票应按如下方法填写：

1. 在事由栏填写相应的略语：

（1）客票"客"；

（2）加快票"普快"或"特快"；

（3）卧铺票"卧"；

（4）客快联合票普快或特快分别为"客快"或"客特快"；

（5）客快卧联合票分别为"客快卧"或"客特快卧"；

（6）儿童超高"超高"；

（7）丢失车票"丢失"；

（8）变更座别、铺别、径路分别为"变座"、"变铺"、"变径"；

（9）无普快或无特快分别为"无快"或"无特快"；

（10）改乘高等级列车为"补价"；

（11）乘车日期、车次、径路不符"不符"；

（12）误撕车票"误撕"；

（13）不符合减价规定"减价不符"；

（14）有效期终了"过期"；

（15）退加快票"退快"；

（16）退卧铺票"退卧"；

（17）持站台票来不及下车"送人"；

（18）空调、包车、无票、越席、误售、误购、越站、分乘、团体按本项定语填写。

2. 原票栏按收回的原票转记。

3. 乘车区间栏填写发到站站名、经由、乘车里程。

4. 人数栏分别全价、半价、儿童栏内用大写字体填写，不用栏用"#"划消。

5. 票价栏按收费种别分别填写在适当栏内。其他费用应在空白栏内注明收费种别和款额，卧铺栏前加"上、中、下"，不用栏用斜线划消，合计栏为所收款总计。补收过程中有退款相冲抵时，退款金额前用减号表示。发生退款时在空白栏注明退款种别，在合计栏的金额数前用减号表示退款额。

6. 记事栏内记载下列事项：

（1）发售学生票时，记载"学"字。

（2）发售包车时，注明包车的车种、车号和定员数。

（3）办理团体票时，注明团体旅客证的起止号。

（4）在列车上发生退款时，应注明"到站净退××元"。

（5）其他需记载的事项。

7. 票面填写禁止涂改，乙联按合计栏款额在相应的剪断线剪断后交旅客，其余随丙联上报。

第四节　车票的有效期

第二十四条　因列车满员或意外事件列车停止运行，旅客不能按票面指定的日期、车次乘车时，车站应积极为旅客办理签证及通票有效期延长手续。办理时，应在通票背面注明"因××延长有效期×日"并加盖站名戳。旅客如托运行李时，还应在行李票上签注"因××原因改乘×月×日××车次"，加盖站名戳，作为到站提取行李时，计算免费保管日数的凭证。

中途站办理动车组列车退票的公式：应退票款＝原票价－（原票价÷原票里程×已乘区间里程）

第五节　检票、验票和收票

第二十五条　车站的检票口、出站口应有明显的标志。车站对进站人员持用的车票、站台票经确认后加剪（市郊定期客票、卧铺票不剪）。计算机票、代用票、区段票应销角后交给旅客。出站人员的站台票应将其副券撕下。误撕车票时，应换发代用票。

第二十六条　列车车门口验票由列车员负责，列车内的验票工作由列车长负责组织实施，由乘警、列车值班员等有关人员配合。验票原则上每400千米一次，运行全程不足400千米的列车应查验一次，特殊区段由列车长决定查验次数的增减。

第二十七条　铁路稽查执行任务时，应事先与列车长取得联系，特殊情况可先执行任务。列车长、乘警及其他列车工作人员对稽查的工作应予以配合。

第六节 乘车条件

第二十八条 对乘坐卧铺的旅客，卧车列车员应及时收票换发卧铺证。列车开车后，还应该通过广播提示持卧铺票的旅客及时到卧铺车换票。

第二十九条 列车员对保持卧铺车的良好秩序负有责任，对轮流使用卧铺的行为应予以制止。

有剩余卧铺时，列车员应及时通报列车长，列车长应在车内组织发售或预报前方站发售。

第三十条 对烈性传染病患者（尤其是对人身健康危害严重、有暴发性流行可能的疾病患者），车站发现时应告之铁路规定并给予办理退票手续。列车上发现时，列车长编制客运记录交车站。必要时，应通知铁路防疫部门处理污染现场。

第七节 变 更

第三十一条 1.旅客在发站办理车票改签时，应收回原票换发新票，票面打印"始发改签"字样。计算票价时，在联合票价基础上计算。

旅客在中途站办理签证不需补差价时，只打印签证号；需补差价时，发售有价签证票。

2.除售票系统设备故障等特殊情况外，不得手工改签车票。

第三十二条 旅客在列车上要求变更座位、铺位时，在列车有能力的情况下应当予以办理。需补收差价时，发售一张补价票，随同原票使用有效。

第三十三条 旅客要求变径需补收票价时，车站可使用常备专用补价票或计算机票补价。补价时，应收回原票。

符合使用原票乘车的规定时，可在原票背面注明"变更经由××站"，加盖站名戳或列车长名章，凭原票乘车。

第三十四条 旅客在到站前要求越过到站继续旅行时，在列车有能力的情况下应予以办理。办理时核收越站区间的票价，不足起码里程时，按起码里程计算；旅客同时提出变更座别、铺别和越站时，应先办理越站，后办理变更，使用一张代用票，核收一次手续费。遇有下列情况不能办理越站：

1. 列车严重超员；

2. 乘坐卧铺的旅客买的是给中途站预留的卧铺；

3. 乘坐的回转车，途中需要甩车。

第三十五条 二人以上旅客使用一张代用票，要求分开乘车时，应收回原票，换发代用票。分乘与旅行变更同时发生时，按变更人数核收一次手续费。

第八节 误售、误购、误乘的处理

第三十六条 因站名相似或口音不同发生误售、误购时，站、车均应积极主动处理。应补收时，补收正当到站票价与已收票价的差额，收回原票。换发代用票。应退还时，凭原票和客运记录乘车至到站退款。

第三十七条 旅客因误售、误购、误乘或坐过了站需送回时，列车长应编制客运记录交前方停车站。车站应在车票背面注明"误乘"并加盖站名戳，指定最近列车免费返回。在免费送回区间，站车均应告之旅客不得自行中途下车。如中途下车，对往返乘车的免费区间，按返程所乘列车等级分别核收往返区间的票价，核收一次手续费。

第九节 丢失车票的处理

第三十八条 旅客丢失车票另行购票时，车站另发新票。列车上补票时，注明丢失。由于站车工作人员工作失误，造成旅客车票丢失时，站车均应填发代用票，在记事栏内注明"因某某原因丢失"，将款额剪断线全部剪下随丙联上报。

第三十九条 旅客丢失车票另行补票后又找到原票时，列车长应编制客运记录，连同原票和后补车票一并交给旅客，作为旅客在到站出站前退还后补车票的依据。列车长与车站办理交接时，车站不得拒绝。处理站在办理时，填写退票报告，并核收退票费，列车编制的客运记录随报告联一并上报。

第十节 不符合乘车条件的处理

第四十条 对不符合乘车条件的旅客、人员，站车均应了解原因，区别不同情况予以处理。对有意应不履行义务的，应补收票款并加收票款。对主动补票并经站、车同意上车的人员或儿童，只补收票价，核收手续费。

对持定期客票违章需按往返及天数加收票价时，按下列公式计算：加收票价＝单程应收票价×2×天数。

第四十一条 对需补收票款差额的，办理时，发售补价票或收回原票，换发代用票。换发代用票时，补收的差额票价填写在代用票补收栏内，收回的原票随代用票丙联上报。

第四十二条 列车内发现旅客车票漏剪口时应补剪并核收手续费；如漏剪是由车站责任造成的，责列车补剪不收手续费。到站发现车票漏剪则不予追究。

第四十三条 旅客持票提前乘车并已经过车站剪口时，列车应予补签，或者收回原票、换发代用票。代用票上记载实际乘车的日期、车次，原票栏按原票实际填写，原票随丙联上报。

第十一节　拒绝运送和运输合同的终止

第四十四条 列车上对拒绝补票的人，应编制客运记录交列车前方县、市三等以上车站处理，但不能超过无票人员的到站。车站对列车移交和本站发现的人员应按章追补票价，对当时无力补票的应设法通知其单位或家属帮助补交票款。

第四十五条 对于在列车内寻衅滋事，扰乱公共秩序被列车工作人员责令下车的旅客，列车应编制客运记录交车站。车站工作人员对在站内发现的和列车移交的上述旅客应带出站外，情节严重者应送交公安部门处理。对被站、车拒绝乘车和责令下车旅客的车票应在车票背面做相应记载，作为不予改签或退票的依据。

第十二节　退　票

第四十六条 旅客要求退票时，按下列规定办理：

1. 在车站退还带有"行"字戳记车票时，应先将托运的行李取消托运或改按包裹托运。

2. 在列车上，旅客因病不能继续旅行时，列车长应编制客运记录交中途有医疗条件的车站，同行人同样办理。

第四十七条 因铁路责任造成旅客退票时，无论在发站、中途站还是到站，均应积极为旅客办理，不得互相推诿，继续给旅客造成困难。同时产生应补收时不补收。不收退票费。

第四十八条 因线路中断致使旅客中途退票时，应退还已收票价与已乘区间票价差额，已乘区间不足起码里程时，按起码里程计算，不收退票费。

第四十九条 退还票价时，按客、快、卧起码里程分别计算。旅客需报销退票费时，应开具退票费报销凭证。

第十三节 携带品

第五十条 对旅客随身携带品应动员放在行李架上或座位下面，并做到平稳牢固，不妨碍其他旅客乘坐或通行。

对旅客按《客规》规定携带少量带有危险性质的物品或佩带枪支、子弹乘车时，应告之妥善保管，避免发生意外。

第五十一条 发现旅客违章携带物品（包括几人同时携带一件超更或超大物品）时，在车站，应拒绝进站或动员旅客办理托运；对已带入车内的，应补收运费，妥善安排，必要时可放入行李车内。

对已带入车内的猫、狗、猴等宠物，应安排在列车通过台由旅客自己照看，宠物发生意外或伤害其他旅客时，由携带者负责。

第五十二条 对违章携带的物品补收运费时，一律填写客运运价杂费收据，注明日期、发到站、车次、事由、件数、重量。具体处理过程中，应本着实事求是的态度，区别不同的违章情况，妥善处理。对携带品超重不足 5 千克时，应免收运费。

第五十三条 三等及其以上车站应设携带品暂存处。暂存处应公布收费标准和注意事项。暂存物品需包装良好，箱袋必须加锁，包装不良的，不予存放。办理暂存手续时，必须填写暂存票，注明品名、包装、日期、件数等。提取时还应注明提取日期、寄存日数和核收款额，并在暂存票乙票上加盖戳记后交给旅客。暂存票应按顺号装订，保管一年。

第五十四条 客流量较大的车站应开展旅客携带品搬运业务。搬运员必须穿着统一制服，佩戴标志。搬运车辆应有明显标记，易于识别。收费时应给旅客收费凭证。搬运服务不得违反铁路规章。车站对非车站人员进站经营搬运业务的应予以制止和清理。

第十四节 旅客遗失物品的处理

第五十五条 对旅客遗失物品应设法归还失主。如旅客已经下车，应编制客运记录，详细注明品名、件数等移交下车站，不能判明旅客下车站时，移交列车终点站。

车站对本站发现或列车移交的遗失物品，应在遗失物品登记簿上详细登记，注明日期、地点、移交车次、品名、包装及内含物品、数量、重量、交物人、经办人、处理结果等内容。

第五十六条 客流量较大的车站应设遗失物品招领处，遗失物品招领处应有明显的招领揭示。对遗失物品应妥善保管，正确交付。失主来领取时，应查验身份证，核对时间、地点、车次、品名、件数、重量，确认无误后，由失主签收，并记录身份证号码。

拾到现金应开具"客运运价杂费收据"（以下简称"客杂"）上交，并在登记簿上注明"客杂"收据号码，当失主来领取时，开具退款证明书办理退款。

遗失物品需要通过铁路向失主所在站转送时，内附清单，物品加封，填写客运记录和行李、包裹交接证，交列车行李员签收。

遗失物品中的危险品、国家禁止或限制运输的物品、机要文件应立即移交公安机关或有关部门处理，不办理转送。

鲜活易腐物品和食品不负责保管和转送。

第三章 行李、包裹运输

第一节 行李、包裹运输组织

第五十七条 对行李、包裹运输，承运人应采取送货上门、多式联运、快运等多种方式，以满足托运人不同的需求。车站行包房应为旅客、托运人提供填单、打包等必需服务。

第五十八条 行李、包裹运输应按照先行李后包裹、先中转后始发和长短途列车分工、安全、经济的原则，合理、均衡地组织运输。

行李应随旅客所乘列车装运或提前装运；包裹应尽量以直达列车或中转次数少的列车装运。对抢险救灾物资、急救药品、零星支农物资应优先安排装运。

第二节 行李的范围

第五十九条 行李仅指为方便旅客的旅行生活所限定的少量物品和残疾旅客代步所用的残疾人车。超过规定范围应按包裹运输。

第六十条 行李中不得夹带的物品一般是指：

货币：含各币种的纸币和金属辅币；

证券：含股票、彩券、国库券及具有支付、清偿功能的票据等；

珍贵文物：指具有一定年代的有收藏、研究或观赏价值的物品；

档案材料：指人事、技术档案，组织关系，户口簿或户籍关系，各种证件、证书、合同、契约等；

危险品：指国务院铁路主管部门公布的《危险货物品名表》内的品名。对其性质有怀疑的物品也按危险品处理。

第三节　包裹的范围

第六十一条　包裹中下列品名是指：

报纸为有国务院或省级新闻出版管理部门的统一刊号（CNxxx）的报纸。宣传用非卖品为中央、省级政府（含国务院各部委和解放军各大军区）宣传国家政策、法律、法规的挂图、图片、图板等。中、小学生课本仅为教育部门规定的教学课本，不含各种教学参考书。

杂志、书籍应为有国家规定的统一书刊号的各种刊物、著作、工具书以及内部发行的规章等。

国务院铁路主管部门可以调度命令或运输命令特许运输某种物品。

第六十二条　不能按行李、包裹运输的物品范围主要为：妨碍公共卫生和安全的物品；国家政策法令规定禁止运输的物品。国家禁止和限制运输的物品以国务院及各部委颁发的文件为准。活动物中能够主动攻击伤害人的猛兽、猛禽和蛇、蝎子、蜈蚣、蜂等以及大动物不能承运。

第四节　行李、包裹的托运与承运

第六十三条　承运行李应要求旅客出具车票。市郊定期客票不能托运行李，铁路乘车证不能免费托运行李。

第六十四条　下列物品应提供的运输证明为：

1. 托运金银珠宝、货币证券应提供中国人民银行的正式文件或当地铁路公安局（处）或公安分局（分处）的免检证明。

2. 托运枪支应提出运往地市（县）公安局的运输证明。

3. 托运警犬应提出公安部门的书面证明；国家法律保护的野生动物应提出国家林业主管部门的运输证明。

4. 托运免检物品应提出当地铁路公安局（处）、公安分局（分处）

的免检证明。

5. 托运国家禁止或限制运输的物品应提供主管部门的运输证明。如精神和麻醉药品应提出国家卫生主管部门的运输证明。

6. 托运动、植物时应提出动、植物检疫证明。办理时，将检疫证明的二联附在运输报单上以便运输过程中查验。

7. 托运 I 级或辐射水平 H≤1mrem/h 的 II 级放射性同位素时（气体放射性物质除外），应提出经铁路卫生防疫部门核查签发的"铁路运输放射性物品包装件表面污染及辐射水平检查证明书"，包装件表面放射性污染及其内容物的放射性活度均不得超过《铁路危险货物运输规则》表 1 与表 2 规定的限值。

一批或一辆行李车内装载的件数不得超过 20 件，每件重量不得超过 50 千克，并不得与感光材料以及活动物配装，与食品配装需要隔开 2 米以上的距离。

8. 托运油样箱时，必须使用铁路规定的专用油样箱并提出国务院铁路主管部门签发的油样箱使用证。到站后由收货人直接到行李车提取。

第六十五条 办理承运行李、包裹时，应确认品名、件数、包装并进行检查核对，正确检斤。承运加水、加冰的物品或途中喂养动物的饲料应单独检斤，作为到站因此产生减量或重量消失的依据。

第六十六条 车站在办理承运手续时应填写行李、包裹票，填写时应逐项正确填写，字迹清楚，使用规范文字，加盖规定印章。

下列情况应在行李、包裹票记事栏内填记有关内容：

1. 承运自行车、助力机动车、摩托车时，应注明车牌名、车牌号、车型、新或旧等车况。

2. 承运加冰、加水物品或喂养饲料时注明"加冰""加水"或"附饲料"等。

3. 承运经客调或部令批准的超重超大物品时，在包裹票记事栏内填记"×月×日经部令××号（客调××号命令）批准"。

4. 承运需提出运输证明文件的物品时，应将运输证明文件附在包裹票运输报单上以便途中和到站查验，并在包裹票记事栏内注明"附××（机关）×月×日发××号文件"。

5. 承运的包裹有人押运时，在包裹票注明"押运人×名"。

6. 承运凭书面证明免费托运的铁路砝码和衡器配件时，应在包裹票记事栏内注明"衡器检修，免费"字样，收回书面证明报铁路局。

7. 承运中国铁路文工团和中国铁道建筑总公司文工团开具的证明办理免费运送的演出服装、道具、布景时，按本条第6项办法办理。

8. 其他需记载的事项。

第五节　保价运输

第六十七条　对按保价运输办理的行李、包裹，除应检查其声明价格与实际价格是否相符外，必要时应施封。施封所需物品的费用列保价费支出。

第六十八条　按保价办理的行李、包裹其声明价格和重量分别填写，并对每件进行编号，在行李、包裹票和每件货签、包装上写明"总件数之几"字样。

第六节　包装和货签

第六十九条　行李、包裹的包装必须完整牢固，不能有开口、破裂、短缺等现象。包装不符合要求时，应动员其改善包装。托运人拒绝改善包装的，车站可以拒绝承运。

第七十条　货签的质量应符合国务院铁路主管部门规定的技术标准，不符合标准的货签不得使用。

第七十一条　行李、包裹上的铁路货签应与行李、包裹托运单及行李、包裹票有关内容相符，不得省略和使用代码、代号。货签上的行李、包裹票号栏应用号码机或号码戳打印，其他各栏如填写时应整洁、清晰、使用规范的文字。如分件保价的物品还应在件数栏注明"总件数之几"字样。

第七十二条　承运后交付前发生包装破损、松散时，承运人应及时修整。修整后编制客运记录，详细记载破损原因、状况和整修后状态，并在行李、包裹运输报单的记事栏内注明"××站整修"，加盖站名戳。整修费用列车站运营成本。

第七节　包裹的押运

第七十三条　托运金银珠宝、货币证券、文物、枪支、鱼苗、蚕种和途中需要饲养的动物，必须派人押运。对运输距离在200千米以内、不需要饲养的家禽、家畜，托运人提出不派人押运时，也可以办理托运。车站应向托运人说明并在托运单上注明"途中逃逸、死亡铁路免责"。

押运的包裹应装行李车，由押运人自行看管，车站负责装车和卸车。在行李车押运时，列车行李员应将押运人姓名、人数、工作单位、住址和品名、件数、发到站登记在押运人员登记簿内，并向押运人员说明以下事项：

1. 行李车内严禁吸烟；

2. 不准打开车门乘凉；

3. 不得移动车内备品、物件；

4. 不要靠近放射性物品。

第八节　运到期限

第七十四条　运到期限一般以运输里程计算，在运输过程中发生水灾、地震、飓风、雪害、冰雹、风沙等人力不能抗拒的灾害或疫情、战争、执法机关扣留等，发生的停留时间应加算在行李、包裹的运到期限内，由停留的车站或列车行李员在行李、包裹票背面注明"因...原因停留×天"，并加盖站名戳或规定的行李员名章。

第七十五条　行李、包裹超过规定的运到期限时，到站应凭行李、包裹票向收货人支付逾期运到的违约金。部分逾期时，到站应收回行李、包裹票，给收货人开具客运记录，作为领取部分逾期行李、包裹和要求支付违约金的依据。违约金按所收运费的百分比计算，不足 0.1 元的尾数按四舍五入处理到 0.1 元。

支付逾期违约金时，填写"退款证明书"。

第七十六条　旅客要求将逾期到达的行李运至新到站时，应分别按下述办理：

1. 行李逾期到达或逾期尚未到达，旅客需继续旅行，凭新购客票及原行李票要求铁路免费转运至新到站时，车站开具新行李票，新行李票运费栏划斜线抹消，记事栏填写"逾期到达、免费转运"字样。

2. 行李未到，当时又未超过运到期限，旅客需继续旅行并凭新购车票办理转运新到站的手续，交付运费之后，发现行李逾期到达原到站，车站应编制客运记录，随同运输报单一并送交新到站，作为退还已收转运区间运费的凭证，保价费不退。

3. 逾期行李办理免费转运的，不再支付违约金。逾期包裹不办免费转运。

第九节 到达保管、通知和查询

第七十七条 行李、包裹到达到站后，在规定的免费保管期限内应在票面指定的到站行李房保管，不得易地保管。超过免费保管期限，行李房仓库没有能力时，包裹可以易地保管，易地保管产生的费用由铁路负责。

第七十八条 包裹到达后，应及时以明信片或电话等方式通知收货人领取。通知应以文字或录音等形式记录备查。

第七十九条 因事故或不可抗力等原因而延长车票有效期的行李，应按客票延期的日数延长行李免费保管的日数。超过免费保管日数，按规定核收保管费，出具保管费收据或填发客运运价杂费收据。遇特殊情况，车站站长有权减收保管费。

第十节 装卸、交付和转运

第八十条 除带运包裹由旅客自行装卸外，由行李房收货地点至行李车以及从行李车至行李房交付地点的行李、包裹装卸工作由承运人负责。

第八十一条 向收货人办理交付时，应认真核对票货，确认票据号码、发站、到站、托运人、收货人、品名、件数、重量、包装无误后在运输报单上加盖"交付讫"戳予以交付，同时收回领取凭证。

第八十二条 对凭印鉴领取的包裹，车站应建立印鉴领取登记簿。领取包裹时认真核对印鉴，由领取人在登记簿上签字并加盖备案的印鉴交付。对要求凭传真件领取的包裹应认真核对记事栏内记载的内容，确认无误后，由领收人在运输报单上签注"凭传真件领取"并记录身份证号码、姓名。对凭印鉴和传真件领取的均不再给运输报单。

第八十三条 对丢失行李、包裹票的收货人，应要求其提出身份证和担保人的书面担保以及物品所有权的证明。车站应慎重审查担保人的担保资格。收货人提不出担保人时，可以出具押金自行担保。押金数额应与行李、包裹的价值相当，抵押时间由车站与收货人协商确定。车站收取押金应向收货人出具书面证明，书面证明的式样由车站自定。

第八十四条 收货人领取行李、包裹时，如提出包装有异状，车站应检斤复磅，必要时可开包检查。构成事故时，应编制事故记录交收货人作为要求赔偿的依据。

第八十五条 旅客继续旅行，要求将行李转运时，按照逾期转运的方式办理。

第八十六条 收货人向车站查找行李、包裹时，应认真予以查找。未到时，在行李、包裹票背面记载查询日期。如已逾期，应向有关站段发电报查询。如已经领取，应收取查询费。

第十一节　变更运输

第八十七条 行李、包裹变更，按下列办法办理：

1. 行李、包裹托运后至装车前，托运人要求取消托运时，车站应收回行李、包裹票注销，注明"取消托运"字样。办理时，另以车站退款证明书办理退款，收回的行李、包裹票报销联随车站退款证明书上报。因取消托运发生的各项杂费另填发"客杂"核收，并将"客杂"号码及核收的费用名称、金额填注在取消托运的行李、包裹票上。

取消托运的行李、包裹，已收运费低于变更手续和保管费时，运费不退也不再补收，收回原行李、包裹票，在报单页、旅客页和报销页注明"取消托运、运费不退"字样。旅客页贴在存根页上。

2. 行李、包裹装运后，收货人要求变更运输时，只能在发站、行李和包裹所在中转站、装运列车和中止旅行站提出。

托运人在发站取消托运时，发站对要求运回发站的行李、包裹，应收回行李、包裹票，编制客运记录，写明原票内容，交托运人作为领取行李、包裹的凭证，并发电报通知有关站、车。

托运人在发站要求变更行李、包裹的到站时，车站在行李票、包裹票旅客页和报销页上注明"变更到××站"，更正到站站名及收货人单位、姓名，加盖站名戳，注明日期，交给托运人，作为在新到站领取行李、包裹和办理变更运输后产生运费差额的凭证，同时发电报通知有关车站和列车。

3. 旅客在发站或中途站停止旅行，要求将行李运至原到站时，凭原行李票运送，旅客凭原行李票在到站提取行李。

4. 在中途站、原票到站或列车内处理误购、误售车票时，如果旅客还托运了行李，应同时编制客运记录或发电报通知行李所在站，将误办的行李运至正当到站。到站需要补收行李运费差额时，使用"客杂"核收，并在原行李票运输报单页、报销页和旅客页记事栏注明"误运"，报单页加盖"交付讫"戳交旅客报销；需要退款时，使用"退款证明书"退还，原行李票收回附在"退款证明书"的背面上报。

第八十八条 发站或新到站收到行李、包裹后，补收或退还已收运费与应收运费差额，核收变更手续费和保管费（保管费指行李、包裹运至发站、新到站超过 3 天，折返站 1 天或原到站自行李、包裹到达日起至收到电报日止产生的保管费。保管日数分别计算）。补收时以"客杂"核收，退还时使用"退款证明书"退款，原票贴在"客杂"或"退款证明书"报告页上报。

第十二节　品名重量不符及无票运输的处理

第八十九条　发现品名不符应区别性质，实事求是，正确处理。装车前应重新制票，装车后由到站处理。如将国家禁止、限制运输的物品或危险品伪报其他品名托运或在货件中夹带时，按下列规定处理：

1. 在发站停止装运，通知托运人领取，运费不退，将原票收回，在记事栏内注明"伪报品名，停止装运，运费不退"。将报销页交托运人作报销凭证。

2. 在中途站停止运送，发电报通知发站转告托运人领取，运费不退，并对品名不符货件按实际运送区间补收四类包裹运费。

3. 在到站，补收全程四类包裹运费。

4. 在列车上发现时，应编制客运记录，交前方停车站处理。

必要时还应交有关部门按国家有关规定处理。

第九十条　到站发现行李、包裹重量不符，应退还时，开具退款证明书将多收款退还收货人；应补收时，开具"客杂"补收正当运费，同时开具客运记录附收回的行李、包裹票报铁路局收入部门，由铁路局收入部门列应收账款向检斤错误的车站再核收与应补运费等额的罚款。

第九十一条　发现无票运输行李、包裹，发站和列车应拒绝装运；列车已装运发现的，应编制客运记录，交到站处理。到站对列车移交和本站发现的无票运输行李、包裹，应加倍补收四类包裹运费。

第九十二条　以上补收运费、运费差额或保管费均用"客杂"核收，并在记事栏内注明核收事由。

第十三节　无法交付物品的处理

第九十三条　无法交付物品是指无主的行李、包裹，旅客的遗失物品和无人领取的暂存物品。车站对无法交付的物品，应按其开始日期、来源、品名、件数、重量、规格、特征等登入无法交付物品登记簿内，登记簿内的编号、移交收据的编号及物品上的编号应一致，以便查找。

　　对无法交付物品应由专人分管，做到账物相符。物品在保管期间发生丢失、损坏时，可参照行李、包裹事故处理的有关规定办理。

　　第九十四条　铁路应指定设立无法交付物品集中处理站。对超过规定保管期限的物品报铁路局，经批准后交拍卖行拍卖。拍卖所得款冲抵发生的费用后填"客杂"上缴。拍卖后在规定的期限内物主来领取时，应认真审查所有权证明，填写"退款证明书"退还剩余款。

第四章　特定运输

第一节　包　车

　　第九十五条　包车人要求包车或单独使用加挂车辆时，一般应于开车前15日，要求单独使用专用列车时应于开车前30日向乘车站或其上级主管部门联系，并提交全程路程单，经同意后签订合同、交付定金。

　　第九十六条　车站接到包车单位提出的全程路程单后报请上级批准，批准命令应于开车前4天以调度命令形式下达车站。车站应于开车前3日通知包车人前来办理运输费用的交纳手续。包用专用列车的编组中作隔离或宿营的车辆不另计费，但用隔离车装运行李、包裹时则应按包车办理。

　　第九十七条　包车停留费是指包用人要求在发站、中途站、折返站停留时应付的费用。由于车辆换挂接续列车或铁路指定开车时间所产生的停留时间不收停留费。停留费按日计算，自0时起至24小时为一日，不足12小时按半日计算。停留时间以列车到达时刻至开车时刻为准。

　　第九十八条　空驶费是指在包用人指定日期内乘车站没有所需车辆，需从外站向乘车站调送车辆以及使用完毕后将车辆回送至原车辆所在站或单程使用后由到站回送车辆所在站所产生的费用。空驶费按最短径路并全程通算。

　　第九十九条　办理包车不受加挂列车终到站及往返乘车限制。车票有效期按所提路程单日期计算。

　　第一百条　包车单位在未交付运费前取消用车计划时，定金不退。交付运费后取消用车计划时，应核收因调用车辆产生的空驶区间空驶费和停止使用费。应核收的空驶费和停止使用费均填写"客杂"。

　　包车单位在中途站请求变更到站、延长或缩短使用时，由中途变更站报请上级批准后，核收变更到站产生的已收和应收运费差额或延长使用区间的运输费用。缩短使用时，已收费用不退。

第二节　租车及自备车辆的挂运和行驶

第一百零一条　租车是指租用人租用铁路车辆自用，出租车辆核收租车费。

办理租车手续时，使用租车合同并按下列规定办理：

1. 承运人租出的车辆必须技术状态良好，保证安全，符合列车运行条件，设备、配件应齐全。租用时双方办理交接手续。

2. 车辆交付租用人使用后，因租用人责任造成车辆损坏修车所需费用，由租用人负担。定检的车辆，由租用人提前提出计划，由路方进行定检，所发生的费用均由路方车辆配属段负担。

第一百零二条　租用车或企业自备机车、车辆利用铁路线路运行时，按下列规定办理：

1. 向所在地车站提出书面要求，注明挂车（开行）日期、区间、空车或重车，挂客车或货车以及挂车（开行）目的。自备动力运行时应注明日期和区间并注明按客运还是按货运办理。

2. 车站接到租车人的书面要求后应报请铁路局，由铁路局与有关单位签订合同，并向车站下达调度命令。

3. 车站接到挂车（开行）调度命令后应先办理收费手续。由货运办理时，货运负责收费，填写货票，票据由运转车长转交到站。随货物列车挂运的空客车如有随车押运人员，按货运押运人收费标准核收押运费；随客运列车挂运的空客车随车押运人员应购买所挂列车等级的硬座车票。

4. 铁路机车车辆工厂（包括车辆研究所）新造车或检修车出厂在正式营业线上进行试验时，同样收取挂运费或行驶费。

5. 军运、邮政部门租车和自备车辆挂运及行驶的收费办法，按军运和邮运有关规定办理。

第五章　运输事故的处理

第一节　线路中断对旅客的安排

第一百零三条　线路中断造成列车不能继续运行时，列车长应迅速了解停运的原因，组织列车工作人员稳定车内秩序。发生火灾爆炸等事故时，应组织旅客撤离现场，抢救伤员，扑救火灾（必要时应分解列车），调查取证并迅速与就近车站联系，向客调及上级有关领导报告情况。

第一百零四条 列车停运且不能在短时间内恢复运行时，站车应做好服务工作，解决旅客的困难，做好饮食供应工作；必要时，向地方政府报告请求援助。

事故发生局还应向国务院铁路主管部门请求命令后向全路发出停办客运业务的电报。恢复通车时也照此办理。

第一百零五条 对旅客车票按如下规定处理：

1. 停止运行站和被阻列车应在车票背面注明"日期、原因、返回××站"字样或贴同样内容的小条，加盖站名戳或列车长名章，作为旅客免费返回发站或中途站办理退票或改签的凭证。

2. 在发站或由中途站返回发站停止旅行时，退还全部票价，其中包括在列车上补购的车票，但罚款、手续费和携带品超重、超大补收的费用不退。已使用至到站的车票不退。

3. 在停止运行站或返回中途站退票时，退还已收票价与发站至停止旅行站的票价差额，不足起码里程按起码里程计算。

4. 铁路组织已购票的被阻旅客乘原列车绕道运输时持原票有效。组织旅客换乘其他列车绕道运输，车站应为旅客办理签证手续，在车票背面注明"因××绕道××站（线）乘车"并加盖站名戳。绕道运输乘坐原座别、铺别时票价不补不退，变更座别、铺别时，补收或退还差额。中途下车车票失效。

5. 旅客要求在发站或一个中途站（返回途中自行下车无效）等候继续旅行，凭原票在通车 10 日内可恢复旅行。旅客要求恢复旅行时，车站应办理签证手续。

6. 由于线路中断影响旅行旅客要证明时，车站应开具文字证明，加盖站名戳。

第二节 线路中断对行李、包裹的安排

第一百零六条 线路中断后，对已承运行李、包裹按下列规定办理：

1. 未装运的行李、包裹留在发站待运或备托运人办理取消托运。

2. 已装运在途被阻的行李、包裹，列车折返时由折返局根据具体情况指定卸在折返站或临近较大车站（列车不折返、待命继续运行的不卸）。如折返区段均为中间小站时，可与邻局协商，返回邻局较大的车站卸下保管。线路恢复后，应优先装运被阻的行李、包裹，并在票据记事栏注明被阻日数，加盖站名戳。

3. 根据托运人的要求，在发站和由中途站返回发站的行李、包裹取消托运时，收回行李、包裹票，在旅客页和报单页记事栏注明"线路中断，取消托运"，填开"退款证明书"退还全部运费并将收回的行李、包裹票附在"退款证明书"，报告页上报。

4. 旅客或收货人、托运人在中途站领取时，收回行李、包裹票，填写"退款证明书"，退还已收运费与发站至领取站间的运费差额，不足起码里程按起码里程计算，并在行李、包裹票旅客页、报单页、记事栏注明"线路中断、中途提取"，附在"退款证明书"报告页上报。

5. 旅客在发站停止旅行，行李已运至到站，要求将行李运回发站取消托运时，在行李票报销页加盖"交付讫"戳，在记事栏注明"因线路中断、行李运至到站返回，运费不退"，交旅客作为报销凭证。

6. 旅客在发站或中途站停止旅行，要求仍将行李运到站时，补收全程或中止旅行站至到站的行李和包裹差价。

7. 包裹在中途被阻，托运人要求变更到站，补收或退还已收运费与发站至新到站的运费差额，不收变更手续费。在"客杂"或"退款证明书"记事栏注明"因××线路中断，变更到站"。

8. 鲜活包裹在运输途中被阻，卸车站应及时与发站联系，征求托运人处理意见。要求返回发站或变更到站时，按上述办法处理。托运人要求铁路处理时，卸车站应处理，处理所得款填"客杂"上交，在记事栏内注明情况，并编制客运记录写明情况，附处理单据寄送发站，处理所得款由处理站所属铁路局收入部门汇付发站所属铁路局收入部门。发站凭记录和单据填写"退款证明书"退还已收运费与发站至处理站间运费差额和物品处理所得款。记录、处理单据及收回的包裹票随"退款证明书"报告页上报。

9. 组织行李、包裹绕道运输时，应在行李、包裹记事栏注明"线路中断，绕道运输被阻×日"并加盖站名戳，原车绕道时加盖列车行李员名章，到站根据实际运输里程加上被阻日数计算运到期限。

10. 线路中断后承运包裹，经铁路局批准，按实际经路计算运费。

第三节　事故赔偿、索赔时效及纠纷处理

第一百零七条　发生旅客人身伤害或急病时，站、车均应千方百计抢救。列车须向车站移交时，旅客急病和无票人员发生伤害时，开具客运记录；旅客伤害时，开具旅客伤亡事故记录。

第一百零八条 行李、包裹事故的立案调查和处理一般由到站办理。行李、包裹在发站装车前全部灭失、毁损时，由发站办理。

事故立案时，车站应会同有关人员编制行李、包裹事故记录一式三份，一份留站存查，一份调查用，一份交托运人或收货人作为提出赔偿要求书的凭证。

第一百零九条 行李、包裹事故立案后，处理站应向有关站、段立即发出查询电报或事故查复书。有关站段接到电报或事故查复书后应立即调查并在规定的时间内答复处理站。如不是本单位责任时，还应顺序向下一个运输环节查找。查询电报和事故查复书应抄送铁路局；跨铁路局时，应抄送有关铁路局。

第一百一十条 行李、包裹事故经过调查能够确认是铁路运输企业需要承担责任范围的，不论责任单位是否确定，均应先行办理赔偿。

第一百一十一条 车站受理赔偿要求时，应审查赔偿要求人提出的有关资料和受偿资格。接受赔偿要求后应在赔偿要求书收据上加盖站名戳和经办人规定的名章，交给赔偿要求人，并抄知有关单位。

第一百一十二条 经确认责任不属铁路不予赔偿时，处理站应使用正式文件，说明理由和依据，连同全部赔偿材料（赔偿要求书除外）退给赔偿要求人，抄知有关单位。

第一百一十三条 行李、包裹事故案卷内应有如下内容：

1. 行李、包裹票；
2. 行李、包裹事故记录；
3. 损失物品清单；
4. 物品所有权证明；
5. 查询电报或事故查复书；
6. 赔偿要求书；
7. 事故结论；
8. 赔偿通知书。

事故案卷一案一卷。协议赔偿案卷保存3年，诉讼案卷保存4年。

第六章　附　则

第一百一十四条 本细则由国务院铁路主管部门负责修改、解释。

第一百一十五条 本细则自1997年12月1日起施行。

铁路旅客运输安全检查管理办法

中华人民共和国交通运输部令
2014 年第 21 号

《铁路旅客运输安全检查管理办法》已于 2014 年 11 月 15 日
经第 12 次部务会议通过，现予公布，自 2015 年 1 月 1 日起
施行。

交通运输部部长
2014 年 12 月 8 日

第一条 为了保障铁路运输安全和旅客生命财产安全，加强和规范铁路旅客运输安全检查工作，根据《中华人民共和国铁路法》、《铁路安全管理条例》等法律、行政法规和国家有关规定，制定本办法。

第二条 本办法所称铁路旅客运输安全检查是指铁路运输企业在车站、列车对旅客及其随身携带、托运的行李物品进行危险物品检查的活动。

前款所称危险物品是指易燃易爆物品、危险化学品、放射性物品和传染病病原体及枪支弹药、管制器具等可能危及生命财产安全的器械、物品。禁止或者限制携带物品的种类及其数量由国家铁路局会同公安部规定并发布。

第三条 铁路运输企业应当在车站和列车等服务场所内，通过多种方式公告禁止或者限制携带物品种类及其数量。

第四条 铁路运输企业是铁路旅客运输安全检查的责任主体，应当按照法律、行政法规、规章和国家铁路局有关规定，组织实施铁路旅客运输安全检查工作，制定安全检查管理制度，完善作业程序，落实作业标准，保障旅客运输安全。

第五条 铁路运输企业应当在铁路旅客车站和列车配备满足铁路运输安全检查需要的设备，并根据车站和列车的不同情况，制定并落实安全检查设备的配备标准，使用符合国家标准、行业标准和安全、环保等要求的安全检查设备，并加强设备维护检修，保障其性能稳定，运行安全。

第六条 铁路运输企业应当在铁路旅客车站和列车配备满足铁路运输安全检查需要的人员，并加强识别和处置危险物品等相关专业知识培训。从事安全检查的人员应当统一着装，佩戴安全检查标志，依法履行安全检查职责，爱惜被检查的物品。

第七条 旅客应当接受并配合铁路运输企业的安全检查工作。拒绝配合的，铁路运输企业应当拒绝其进站乘车和托运行李物品。

第八条 铁路运输企业可以采取多种方式检查旅客及其随身携带或者托运的物品。

对旅客进行人身检查时，应当依法保障旅客人身权利不受侵害；对女性旅客进行人身检查，应当由女性安全检查人员进行。

第九条 安全检查人员发现可疑物品时可以当场开包检查。开包检查时，旅客应当在场。

安全检查人员认为不适合当场开包检查或者旅客申明不宜公开检查的，可以根据实际情况，移至适当场合检查。

第十条 铁路运输企业应当采取有效措施，加强旅客车站安全管理，为安全检查提供必要的场地和作业条件，提供专门处置危险物品的场所。

第十一条 铁路运输企业应当制定并实施应对客流高峰、恶劣气象及设备故障等突发情况下的安全检查应急措施，保证安全检查通道畅通。

第十二条 铁路运输企业在旅客进站或托运人托运前查出的危险物品，或旅客携带禁止携带物品、超过规定数量的限制携带物品的，可由旅客或托运人选择交送行人员带回或自弃交车站处理。

第十三条 对怀疑为危险物品，但受客观条件限制又无法认定其性质的，旅客或托运人又不能提供该物品性质和可以经旅客列车运输的证明时，铁路运输企业有权拒绝其进站乘车或托运。

第十四条 安全检查中发现携带枪支弹药、管制器具、爆炸物品等危险物品，或者旅客声称本人随身携带枪支弹药、管制器具、爆炸物品等危险物品的，铁路运输企业应当交由公安机关处理，并采取必要的先期处置措施。

第十五条 列车上发现的危险物品应当妥善处置，并移交前方停车站。鞭炮、发令纸、摔炮、拉炮等易爆物品应当立即浸湿处理。

第十六条 铁路运输企业在安全检查过程中，对扰乱安全检查工作秩序、妨碍安全检查人员正常工作的，应当予以制止；不听劝阻的，交由公安机关处理。

第十七条 公安机关应当按照职责分工，维护车站、列车等铁路场所和铁路沿线的治安秩序。

旅客违法携带、夹带管制器具或者违法携带、托运烟花爆竹、枪支弹药等危险物品或者其他违禁物品的，由公安机关依法给予治安管理处罚；构成犯罪的，依法追究刑事责任。

第十八条 铁路监管部门应当对铁路运输企业落实旅客运输安全检查管理制度情况加强监督检查，依法查处违法违规行为。

第十九条 铁路运输企业及其工作人员违反有关安全检查管理规定的，铁路监管部门应当责令改正。

第二十条 铁路监管部门的工作人员对旅客运输安全检查情况实施监督检查、处理投诉举报时，应当恪尽职守，廉洁自律，秉公执法。对失职、渎职、滥用职权、玩忽职守的，依法给予行政处分；构成犯罪的，依法追究刑事责任。

第二十一条 随旅客列车运输的包裹的安全检查，参照本办法执行。

第二十二条 本办法自 2015 年 1 月 1 日起施行。

中国民用航空旅客、行李国内运输规则

中国民用航空总局令
第 124 号

《中国民用航空总局关于修订〈中国民用航空旅客、行李国内运输规则〉的决定》已经 2004 年 6 月 28 日中国民用航空总局局务会议通过，现予公布，自 2004 年 8 月 12 日起施行。

中国民用航空总局
二〇〇四年七月十二日

（1985 年 1 月 1 日制定；1996 年 2 月 28 日第一次修订；根据 2004 年 07 月 12 日《中国民用航空总局关于修订中国民用航空旅客、行李国内运输规则的决定》第二次修订）

第一章 总 则

第一条 为了加强对旅客、行李国内航空运输的管理，保护承运人和旅客的合法权益，维护正常的航空运输秩序，根据《中华人民共和国民用航空法》制定本规则。

第二条 本规则适用于以民用航空器运送旅客、行李而收取报酬的国内航空运输及经承运人同意而办理的免费国内航空运输。

本规则所称"国内航空运输"，是指根据旅客运输合同，其出发地、约定经停地和目的地均在中华人民共和国境内的航空运输。

第三条 本规则中下列用语，除具体条款中有其他要求或另有明确规定外，含义如下：

（一）"承运人"指包括填开客票的航空承运人和承运或约定承运该客票所列旅客及其行李的所有航空承运人。

（二）"销售代理人"指从事民用航空运输销售代理业的企业。

（三）"地面服务代理人"指从事民用航空运输地面服务代理业务的企业。

（四）"旅客"指经承运人同意在民用航空器上载运除机组成员以外的任何人。

（五）"团体旅客"指统一组织的人数在 10 人以上（含 10 人），航程、乘机日期和航班相同的旅客。

（六）"儿童"指年龄满两周岁但不满十二周岁的人。

（七）"婴儿"指年龄不满两周岁的人。

（八）"定座"指对旅客预定的座位、舱位等级或对行李的重量、体积的预留。

（九）"合同单位"指与承运人签订定座、购票合同的单位。

（十）"航班"指飞机按规定的航线、日期、时刻的定期飞行。

（十一）"旅客定座单"指旅客购票前必须填写的供承运人或其销售代理人据以办理定座和填开客票的业务单据。

（十二）"有效身份证件"指旅客购票和乘机时必须出示的由政府主管部门规定的证明其身份的证件。如：居民身份证、按规定可使用的有效护照、军官证、警官证、士兵证、文职干部或离退休干部证明，16 周岁以下未成年人的学生证、户口簿等证件。

（十三）"客票"指由承运人或代表承运人所填开的被称为"客票及行李票"的凭证，包括运输合同条件、声明、通知以及乘机联和旅客联等内容。

（十四）"联程客票"指列明有两个（含）以上航班的客票。

（十五）"来回程客票"指从出发地至目的地并按原航程返回原出发地的客票。

（十六）"定期客票"指列明航班、乘机日期和定妥座位的客票。

（十七）"不定期客票"指未列明航班、乘机日期和未定妥座位的客票。

（十八）"乘机联"指客票中标明"适用于运输"的部分，表示该乘机联适用于指定的两个地点之间的运输。

（十九）"旅客联"指客票中标明"旅客联"的部分，始终由旅客持有。

（二十）"误机"指旅客未按规定时间办妥乘机手续或因旅行证件不符合规定而未能乘机。

（二十一）"漏乘"指旅客在航班始发站办理乘机手续后或在经停站过站时未搭乘上指定的航班。

（二十二）"错乘"指旅客乘坐了不是客票上列明的航班。

（二十三）"行李"指旅客在旅行中为了穿着、使用、舒适或方便的需要而携带的物品和其他个人财物。除另有规定者外，包括旅客的托运行李和自理行李。

（二十四）"托运行李"指旅客交由承运人负责照管和运输并填开行李票的行李。

（二十五）"自理行李"指经承运人同意由旅客自行负责照管的行李。

（二十六）"随身携带物品"指经承运人同意由旅客自行携带乘机的零星小件物品。

（二十七）"行李牌"指识别行李的标志和旅客领取托运行李的凭证。

（二十八）"离站时间"指航班旅客登机后，关机门的时间。

第四条 承运人的航班班期时刻应在实施前对外公布。承运人的航班班期时刻不得任意变更。但承运人为保证飞行安全、急救等特殊需要，可依照规定的程序进行调整。

第二章 定 座

第五条 旅客在定妥座位后，凭该定妥座位的客票乘机。

承运人可规定航班开始和截止接受定座的时限，必要时可暂停接受某一航班的定座。

不定期客票应在向承运人定妥座位后才能使用。

合同单位应按合同的约定定座。

第六条 已经定妥的座位，旅客应在承运人规定或预先约定的时限内购买客票，承运人对所定座位在规定或预先约定的时限内应予以保留。

承运人应按旅客已经定妥的航班和舱位等级提供座位。

第七条 旅客持有定妥座位的联程或来回程客票，如在该联程或回程地点停留 72 小时以上，须在联程或回程航班离站前两天中午 12 点以前，办理座位再证实手续，否则原定座位不予保留。如旅客到达联程或回程地点的时间离航班离站时间不超过 72 小时，则不需办理座位再证实手续。

第三章　客　票

第八条　客票为记名式，只限客票上所列姓名的旅客本人使用，不得转让和涂改，否则客票无效，票款不退。

客票应当至少包括下列内容：

（一）承运人名称；

（二）出票人名称、时间和地点；

（三）旅客姓名；

（四）航班始发地点、经停地点和目的地点；

（五）航班号、舱位等级、日期和离站时间；

（六）票价和付款方式；

（七）票号；

（八）运输说明事项。

第九条　旅客应在客票有效期内，完成客票上列明的全部航程。

旅客使用客票时，应交验有效客票，包括乘机航段的乘机联和全部未使用并保留在客票上的其他乘机联和旅客联，缺少上述任何一联，客票即为无效。

国际和国内联程客票，其国内联程段的乘机联可在国内联程航段使用，不需换开成国内客票；旅客在我国境外购买的用国际客票填开的国内航空运输客票，应换开成我国国内客票后才能使用。

承运人及其销售代理人不得在我国境外使用国内航空运输客票进行销售。

定期客票只适用于客票中列明的乘机日期和航班。

第十条　客票的有效期为：

（一）客票自旅行开始之日起，一年内运输有效。如果客票全部未使用，则从填开客票之日起，一年内运输有效。

（二）有效期的计算，从旅行开始或填开客票之日的次日零时起至有效期满之日的次日零时为止。

第十一条　承运人及其代理人售票时应该认真负责。

由于承运人的原因，造成旅客未能在客票有效期内旅行，其客票有效期将延长到承运人能够安排旅客乘机为止。

第四章　票　价

第十二条　客票价指旅客由出发地机场至目的地机场的航空运输价格，不包括机场与市区之间的地面运输费用。

客票价为旅客开始乘机之日适用的票价。客票出售后，如票价调整，票款不作变动。

运价表中公布的票价，适用于直达航班运输。如旅客要求经停或转乘其他航班时，应按实际航段分段相加计算票价。

第十三条　旅客应按国家规定的货币和付款方式交付票款，除承运人与旅客另有协议外，票款一律现付。

第五章　购　票

第十四条　旅客应在承运人或其销售代理人的售票处购票。

旅客购票凭本人有效身份证件或公安机关出具的其它身份证件，并填写《旅客定座单》。

购买儿童票、婴儿票，应提供儿童、婴儿出生年月的有效证明。

重病旅客购票，应持有医疗单位出具的适于乘机的证明，经承运人同意后方可购票。

每一旅客均应单独填开一本客票。

第十五条　革命伤残军人和因公致残的人民警察凭《中华人民共和国革命伤残军人证》和《中华人民共和国人民警察伤残抚恤证》，按照同一航班成人普通票价的50%购票。

儿童按照同一航班成人普通票价的50%购买儿童票，提供座位。

婴儿按照同一航班成人普通票价的10%购买婴儿票，不提供座位；如需要单独占座位时，应购买儿童票。

航空公司销售以上优惠客票，不得附加购票时限等限制性条件。

每一成人旅客携带婴儿超过一名时，超过的人数应购儿童票。

第十六条　承运人或其销售代理人应根据旅客的要求，出售联程、来回旅客票。

第十七条　售票场所应设置班期时刻表、航线图、航空运价表和旅客须知等必备资料。

第六章　客票变更

第十八条　旅客购票后，如要求改变航班、日期、舱位等级，承运人及其销售代理人应根据实际可能积极办理。

第十九条　航班取消、提前、延误、航程改变或不能提供原定座位时，承运人应优先安排旅客乘坐后续航班或签转其他承运人的航班。

因承运人的原因，旅客的舱位等级变更时，票款的差额多退少不补。

第二十条　旅客要求改变承运人，应征得原承运人或出票人的同意，并在新的承运人航班座位允许的条件下予以签转。

本规则第十九条第一款所列情况要求旅客变更承运人时，应征得旅客及被签转承运人的同意后，方可签转。

第七章　退　票

第二十一条　由于承运人或旅客原因，旅客不能在客票有效期内完成部分或全部航程，可以在客票有效期内要求退票。

旅客要求退票，应凭客票或客票未使用部分的"乘机联"和"旅客联"办理。

退票只限在出票地、航班始发地、终止旅行地的承运人或其销售代理人售票处办理。

票款只能退给客票上列明的旅客本人或客票的付款人。

第二十二条　旅客自愿退票，除凭有效客票外，还应提供旅客本人的有效身份证件，分别按下列条款办理：

（一）革命残废军人要求退票，免收退票费。

（二）持婴儿客票的旅客要求退票，免收退票费。

（三）持不定期客票的旅客要求退票，应在客票的有效期内到原购票地点办理退票手续。

（四）旅客在航班的经停地自动终止旅行，该航班未使用航段的票款不退。

第二十三条　航班取消、提前、延误、航程改变或承运人不能提供原定座位时，旅客要求退票，始发站应退还全部票款，经停地应退还未使用航段的全部票款，均不收取退票费。

第二十四条　旅客因病要求退票，需提供医疗单位的证明，始发地应退还全部票款，经停地应退还未使用航段的全部票款，均不收取退票费。

患病旅客的陪伴人员要求退票，按本条第一款规定办理。

第八章　客票遗失

第二十五条　旅客遗失客票，应以书面形式向承运人或其销售代理人申请挂失。

在旅客申请挂失前，客票如已被冒用或冒退，承运人不承担责任。

第二十六条　定期客票遗失，旅客应在所乘航班规定离站时间一小时前向承运人提供证明后，承运人可以补发原定航班的新客票。补开的客票不能办理退票。

第二十七条　不定期客票遗失，旅客应及时向原购票的售票地点提供证明后申请挂失，该售票点应及时通告各有关承运人。经查证客票未被冒用、冒退，待客票有效期满后的 30 天内，办理退款手续。

第九章　团体旅客

第二十八条　团体旅客定妥座位后，应在规定或预先约定的时限内购票，否则，所定座位不予保留。

第二十九条　团体旅客非自愿或团体旅客中部分成员因病要求变更或退票，分别按照本规则第十九条、第二十三条或第二十四条的规定办理。

第十章　乘　机

第三十条　旅客应当在承运人规定的时限内到达机场，凭客票及本人有效身份证件按时办理客票查验、托运行李、领取登机牌等乘机手续。

承运人规定的停止办理乘机手续的时间，应以适当方式告知旅客。

承运人应按时开放值机柜台，按规定接受旅客出具的客票，快速、准确地办理值机手续。

第三十一条 乘机前，旅客及其行李必须经过安全检查。

第三十二条 无成人陪伴儿童、病残旅客、孕妇、盲人、聋人或犯人等特殊旅客，只有在符合承运人规定的条件下经承运人预先同意并在必要时做出安排后方予载运。

传染病患者、精神病患者或健康情况可能危及自身或影响其他旅客安全的旅客，承运人不予承运。

根据国家有关规定不能乘机的旅客，承运人有权拒绝其乘机，已购客票按自愿退票处理。

第三十三条 旅客误机按下列规定处理：

（一）旅客如发生误机，应到乘机机场或原购票地点办理改乘航班、退票手续。

（二）旅客误机后，如要求改乘后续航班，在后续航班有空余座位的情况下，承运人应积极予发安排，不收误机费。

（三）旅客误机后，如要求退票，承运人可以收取适当的误机费。

旅客漏乘按下列规定处理：

（一）由于旅客原因发生漏乘，旅客要求退票，按本条第一款的有关规定办理。

（二）由于承运人原因旅客漏乘，承运人应尽早安排旅客乘坐后续航班成行。如旅客要求退票，按本规则第二十三条规定办理。

旅客错乘按下列规定处理：

（一）旅客错乘飞机，承运人应安排错乘旅客搭乘最早的航班飞往旅客客票上的目的地，票款不补不退。

（二）由于承运人原因旅客错乘，承运人应早安排旅客乘坐后续航班成行。如旅客要求退票，按本规则第二十三条规定办理。

第十一章　行李运输

第三十四条 承运人承运的行李，只限于符合本规则第三条第二十三项定义范围内的物品。

承运人承运的行李，按照运输责任分为托运行李、自理行李和随身携带物品。

重要文件和资料、外交信袋、证券、货币、汇票、贵重物品、易碎易腐物品，以及其他需要专人照管的物品，不得夹入行李内托运。承运人对托运行李内夹带上述物品的遗失或损坏按一般托运行李承担赔偿责任。

国家规定的禁运物品、限制运输物品、危险物品，以及具有异味或容易污损飞机的其他物品，不能作为行李或夹入行李内托运。承运人在收运行李前或在运输过程中，发现行李中装有不得作为行李或夹入行李内运输的任何物品，可以拒绝收运或随时终止运输。

旅客不得携带管制刀具乘机。管制刀具以外的利器或钝器应随托运行李托运，不能随身携带。

第三十五条 托运行李必须包装完善、锁扣完好、捆扎牢固，能承受一定的压力，能够在正常的操作条件下安排装卸和运输，并应符合下列条件，否则，承运人可以拒绝收运：

（一）旅行箱、旅行袋和手提包等必须加锁；

（二）两件以上的包件，不能捆为一件；

（三）行李上不能附插其他物品；

（四）竹篮、网兜、草绳、草袋等不能作为行李的外包装物；

（五）行李上应写明旅客的姓名、详细地址、电话号码。

托运行李的重量每年不能超过 50 公斤，体积不能超过 40×60×100 厘米，超过上述规定的行李，须事先征得承运人的同意才能托运。

自理行李的重量不能超过 10 公斤，体积每件不超过 20×40×55 厘米。

随身携带物品的重量，每位旅客以 5 公斤为限。持头等舱客票的旅客，每人可随身携带两件物品；持公务舱或经济舱客票的旅客，每人只能随身携带一件物品。每件随身携带物品的体积均不得超过 20×40×55 厘米。超过上述重量、件数或体积限制的随身携带物品，应作为托运行李托运。

第三十六条 每位旅客的免费行李额（包括托运和自理行李）：持成人或儿童票的头等舱旅客为 40 公斤，公务舱旅客为 30 公斤，经济舱旅客为 20 公斤。持婴儿票的旅客，无免费行李额。

搭乘同一航班前往同一目的地的两个以上的同行旅客，如在同一时间、同一地点办理行李托运手续，其免费行李额可以按照各自的客票价等级标准合并计算。

构成国际运输的国内航段，每位旅客的免费行李额按适用的国际航线免费行李额计算。

第三十七条 旅客必须凭有效客票托运行李。承运人应在客票及行李票上注明托运行李的件数和重量。

承运人一般应在航班离站当日办理乘机手续时收运行李；如团体旅客的行李过多，或因其他原因需要提前托运时，可与旅客约定时间、地点收运。

承运人对旅客托运的每件行李应拴挂行李牌，并将其中的识别联交给旅客。经承运人同意的自理行李应与托运行李合并计重后，交由旅客带入客舱自行照管，并在行李上拴挂自理行李牌。

不属于行李的物品应按货物托运，不能作为行李托运。

第三十八条　旅客的逾重行李在其所乘飞机载量允许的情况下，应与旅客同机运送。旅客应对逾重行李付逾重行李费，逾重行李费率以每公斤按经济舱票价的 1.5% 计算，金额以元为单位。

第三十九条　承运人为了运输安全，可以会同旅客对其行李进行检查；必要时，可会同有关部门进行检查。如果旅客拒绝接受检查，承运人对该行李有权拒绝运输。

第四十条　旅客的托运行李，应与旅客同机运送，特殊情况下不能同机运送时，承运人应向旅客说明，并优先安排在后续的航班上运送。

第四十一条　旅客的托运行李，每公斤价值超过人民币 50 元时，可办理行李的声明价值。

承运人应按旅客声明的价值中超过本条第一款规定限额部分的价值的 5‰ 收支声明价值附加费。金额以元为单位。

托运行李的声明价值不能超过行李本身的实际价值。每一旅客的行李声明价值最高限额人民币 8,000 元。如承运人对声明价值有异议而旅客又拒绝接受检查时，承运人有权拒绝收运。

第四十二条　小动物是指家庭饲养的猫、狗或其它小动物。小动物运输，应按下列规定办理：

旅客必须在定座或购票时提出，并提供运输检疫证明，经承运人同意后方可托运。

旅客应在乘机的当日，按承运人指定的时间，将小动物自行运到机场办理托运手续。

装运小动物的容器应符合下列要求：

（一）能防止小动物破坏、逃逸和伸出容器以外损伤旅客、行李或货物。

（二）保证空气流通，不致使小动物窒息。

（三）能防止粪便渗溢，以免污染飞机、机上设备及其他物品。

旅客携带的小动物,除经承运人特许外,一律不能放在客舱内运输。小动物及其容器的重量应按逾重行李费的标准单独收费。

第四十三条 外交信袋应当由外交信使随身携带,自行照管。根据外交信使的要求,承运人也可以按照托运行李办理,但承运人只承担一般托运行李的责任。

外交信使携带的外交信袋和行李,可以合并计重或计件,超过免费行李额部分,按照逾重行李的规定办理。

外交信袋运输需要占用座位时,必须在定座时提出,并经承运人同意。

外交信袋占用每一座位的重量限额不得超过 75 公斤,每件体积和重量的限制与行李相同。占用座位的外交信袋没有免费行李额,运费按下列两种办法计算,取其高者:

(一)根据占用座位的外交信袋实际重量,按照逾重行李费率计算运费;

(二)根据占用座位的外交信袋占用的座位数,按照运输起讫地点之间,与该外交信使所持客票票价级别相同的票价计算运费。

第四十四条 旅客的托运行李、自理行李和随身携带物品中,凡夹带国家规定的禁运物品、限制携带物品或危险物品等,其整件行李称为违章行李。对违章行李的处理规定如下:

(一)在始发地发现违章行李,应拒绝收运;如已承运,应取消运输,或将违章夹带物品取出后运输,已收逾重行李费不退。

(二)在经停地发现违章行李,应立即停运,已收逾重行李费不退。

(三)对违章行李中夹带的国家规定的禁运物品、限制携带物品或危险物品,交有关部门处理。

第四十五条 由于承运人的原因,需要安排旅客改乘其他航班,行李运输应随旅客作相应的变更,已收逾重行李费多退少不补;已交付的声明价值附加费不退。

行李的退运按如下规定办理:

(一)旅客在始发地要求退运行李,必须在行李装机前提出。如旅客退票,已托运的行李也必须同时退运。以上退运,均应退还已收逾重行李费。

(二)旅客在经停地退运行李,该航班未使用航段的已收逾重行李费不退。

（三）办理声明价值的行李退运时，在始发地退还已交付的声明价值附加费，在经停地不退已交付的声明价值附加费。

第四十六条 旅客应在航班到达后立即在机场凭行李牌的识别联领取行李。必要时，应交验客票。

承运人凭行李牌的识别联交付行李，对于领取行李的人是否确系旅客本人，以及由此造成的损失及费用，不承担责任。

旅客行李延误到达后，承运人应立即通知旅客领取，也可直接送达旅客。

旅客在领取行李时，如果没有提出异议，即为托运行李已经完好交付。

旅客遗失行李牌的识别联，应立即向承运人挂失。旅客如要求领取行李，应向承运人提供足够的证明，并在领取行李时出具收据。如在声明挂失前行李已被申领，承运人不承担责任。

第四十七条 无法交付的行李，自行李到达的次日起，超过 90 天仍无人领取，承运人可按照无法交付行李的有关规定处理。

第四十八条 行李运输发生延误、丢失或损坏，该航班经停地或目的地的承运人或其代理人应会同旅客填写《行李运输事故记录》，尽快查明情况和原因，并将调查结果答复旅客和有关单位。如发生行李赔偿，在经停地或目的地办理。

因承运人原因使旅客的托运行李未能与旅客同机到达，造成旅客旅途生活的不便，在经停地或目的地应给予旅客适当的临时生活用品补偿费。

第四十九条 旅客的托运行李全部或部分损坏、丢失，赔偿金额每公斤不超过人民币 50 元。如行李的价值每公斤低于 50 元时，按实际价值赔偿。已收逾重行李费退还。

旅客丢失行李的重量按实际托运行李的重量计算，无法确定重量时，每一旅客的丢失行李最多只能按该旅客享受的免费行李额赔偿。

旅客的丢失行李如已办理行李声明价值，应按声明的价值赔偿，声明价值附加费不退。行李的声明价值高于实际价值时，应按实际价值赔偿。

行李损坏时，按照行李降低的价值赔偿或负担修理费用。

由于发生在上、下航空器期间或航空器上的事件造成旅客的自理行李和随身携带物品灭失，承运人承担的最高赔偿金额每位旅客不超过人民币 2000 元。

构成国际运输的国内航段，行李赔偿按适用的国际运输行李赔偿规定办理。

已赔偿的旅客丢失行李找到后，承运人应迅速通知旅客领取，旅客应将自己的行李领回，退回全部赔款。临时生活用品补偿费不退。发现旅客有明显的欺诈行为，承运人有权追回全部赔偿。

第五十条 旅客的托运行李丢失或损坏，应按法定时限向承运人或其代理人提出赔偿要求，并随附客票（或影印件）、行李牌的识别联、《行李运输事故记录》、证明行李内容和价值的凭证以及其它有关的证明。

第十二章 旅客服务

第一节 一般服务

第五十一条 承运人应当以保证飞行安全和航班正常，提供良好服务为准则，以文明礼貌、热情周到的服务态度，认真做好空中和地面的旅客运输的各项服务工作。

第五十二条 从事航空运输旅客服务的人员应当经过相应的培训，取得上岗合格证书。

未取得上岗合格证书的人员不得从事航空运输旅客服务工作。

第五十三条 在航空运输过程中，旅客发生疾病时，承运人应积极采取措施，尽力救护。

第五十四条 空中飞行过程中，承运人应根据飞行时间向旅客提供饮料或餐食。

第二节 不正常航班的服务

第五十五条 由于机务维护、航班调配、商务、机组等原因，造成航班在始发地延误或取消，承运人应当向旅客提供餐食或住宿等服务。

第五十六条 由于天气、突发事件、空中交通管制、安检以及旅客等非承运人原因，造成航班在始发地延误或取消，承运人应协助旅客安排餐食和住宿，费用可由旅客自理。

第五十七条 航班在经停地延误和取消，无论何种原因，承运人均应负责向经停旅客提供膳宿服务。

第五十八条 航班延误或取消时，承运人应迅速及时将航班延误或取消等信息通知旅客，做好解释工作。

第五十九条 承运人和其他各保障部门应相互配合，各司其职，认真负责，共同保障航班正常，避免不必要的航班延误。

第六十条 航班延误或取消时，承运人应根据旅客的要求，按本规则第十九条、第二十三条的规定认真做好后续航班安排或退票工作。

第十三章 附 则

第六十一条 本规则自 1996 年 3 月 1 日起施行。中国民用航空局1985 年 1 月 1 日制定施行的《旅客、行李国内运输规则》同时废止。

中华人民共和国邮政法

中华人民共和国主席令
第二十五号

《全国人民代表大会常务委员会关于修改〈中华人民共和国义务教育法〉等五部法律的决定》已由中华人民共和国第十二届全国人民代表大会常务委员会第十四次会议于 2015 年 4 月 24 日通过，现予公布，自公布之日起施行。

中华人民共和国主席 习近平
2015 年 4 月 24 日

(1986 年 12 月 2 日第六届全国人民代表大会常务委员会第十八次会议通过；2009 年 4 月 24 日第十一届全国人民代表大会常务委员会第八次会议修订；根据 2012 年 10 月 26 日第十一届全国人民代表大会常务委员会第二十九次会议《关于修改〈中华人民共和国邮政法〉的决定》修正 根据 2015 年 4 月 24 日第十二届全国人民代表大会常务委员会第十四次会议全国人民代表大会常务委员会《关于修改〈中华人民共和国义务教育法〉等五部法律的决定》修正)

第一章 总 则

第一条 为了保障邮政普遍服务，加强对邮政市场的监督管理，维护邮政通信与信息安全，保护通信自由和通信秘密，保护用户合法权益，促进邮政业健康发展，适应经济社会发展和人民生活需要，制定本法。

第二条　国家保障中华人民共和国境内的邮政普遍服务。

邮政企业按照国家规定承担提供邮政普遍服务的义务。

国务院和地方各级人民政府及其有关部门应当采取措施，支持邮政企业提供邮政普遍服务。

本法所称邮政普遍服务，是指按照国家规定的业务范围、服务标准，以合理的资费标准，为中华人民共和国境内所有用户持续提供的邮政服务。

第三条　公民的通信自由和通信秘密受法律保护。除因国家安全或者追查刑事犯罪的需要，由公安机关、国家安全机关或者检察机关依照法律规定的程序对通信进行检查外，任何组织或者个人不得以任何理由侵犯公民的通信自由和通信秘密。

除法律另有规定外，任何组织或者个人不得检查、扣留邮件、汇款。

第四条　国务院邮政管理部门负责对全国的邮政普遍服务和邮政市场实施监督管理。

省、自治区、直辖市邮政管理机构负责对本行政区域的邮政普遍服务和邮政市场实施监督管理。

按照国务院规定设立的省级以下邮政管理机构负责对本辖区的邮政普遍服务和邮政市场实施监督管理。

国务院邮政管理部门和省、自治区、直辖市邮政管理机构以及省级以下邮政管理机构（以下统称邮政管理部门）对邮政市场实施监督管理，应当遵循公开、公平、公正以及鼓励竞争、促进发展的原则。

第五条　国务院规定范围内的信件寄递业务，由邮政企业专营。

第六条　邮政企业应当加强服务质量管理，完善安全保障措施，为用户提供迅速、准确、安全、方便的服务。

第七条　邮政管理部门、公安机关、国家安全机关和海关应当相互配合，建立健全安全保障机制，加强对邮政通信与信息安全的监督管理，确保邮政通信与信息安全。

第二章　邮政设施

第八条　邮政设施的布局和建设应当满足保障邮政普遍服务的需要。

地方各级人民政府应当将邮政设施的布局和建设纳入城乡规划，对提供邮政普遍服务的邮政设施的建设给予支持，重点扶持农村边远地区邮政设施的建设。

建设城市新区、独立工矿区、开发区、住宅区或者对旧城区进行改建，应当同时建设配套的提供邮政普遍服务的邮政设施。

提供邮政普遍服务的邮政设施等组成的邮政网络是国家重要的通信基础设施。

第九条 邮政设施应当按照国家规定的标准设置。

较大的车站、机场、港口、高等院校和宾馆应当设置提供邮政普遍服务的邮政营业场所。

邮政企业设置、撤销邮政营业场所，应当事先书面告知邮政管理部门；撤销提供邮政普遍服务的邮政营业场所，应当经邮政管理部门批准并予以公告。

第十条 机关、企业事业单位应当设置接收邮件的场所。农村地区应当逐步设置村邮站或者其他接收邮件的场所。

建设城镇居民楼应当设置接收邮件的信报箱，并按照国家规定的标准验收。建设单位未按照国家规定的标准设置信报箱的，由邮政管理部门责令限期改正；逾期未改正的，由邮政管理部门指定其他单位设置信报箱，所需费用由该居民楼的建设单位承担。

第十一条 邮件处理场所的设计和建设，应当符合国家安全机关和海关依法履行职责的要求。

第十二条 征收邮政营业场所或者邮件处理场所的，城乡规划主管部门应当根据保障邮政普遍服务的要求，对邮政营业场所或者邮件处理场所的重新设置作出妥善安排；未作出妥善安排前，不得征收。

邮政营业场所或者邮件处理场所重新设置前，邮政企业应当采取措施，保证邮政普遍服务的正常进行。

第十三条 邮政企业应当对其设置的邮政设施进行经常性维护，保证邮政设施的正常使用。

任何单位和个人不得损毁邮政设施或者影响邮政设施的正常使用。

第三章　邮政服务

第十四条 邮政企业经营下列业务：

（一）邮件寄递；

（二）邮政汇兑、邮政储蓄；

（三）邮票发行以及集邮票品制作、销售；

（四）国内报刊、图书等出版物发行；

（五）国家规定的其他业务。

第十五条 邮政企业应当对信件、单件重量不超过五千克的印刷品、单件重量不超过十千克的包裹的寄递以及邮政汇兑提供邮政普遍服务。

邮政企业按照国家规定办理机要通信、国家规定报刊的发行，以及义务兵平常信函、盲人读物和革命烈士遗物的免费寄递等特殊服务业务。

未经邮政管理部门批准，邮政企业不得停止办理或者限制办理前两款规定的业务；因不可抗力或者其他特殊原因暂时停止办理或者限制办理的，邮政企业应当及时公告，采取相应的补救措施，并向邮政管理部门报告。

邮政普遍服务标准，由国务院邮政管理部门会同国务院有关部门制定；邮政普遍服务监督管理的具体办法，由国务院邮政管理部门制定。

第十六条 国家对邮政企业提供邮政普遍服务、特殊服务给予补贴，并加强对补贴资金使用的监督。

第十七条 国家设立邮政普遍服务基金。邮政普遍服务基金征收、使用和监督管理的具体办法由国务院财政部门会同国务院有关部门制定，报国务院批准后公布施行。

第十八条 邮政企业的邮政普遍服务业务与竞争性业务应当分业经营。

第十九条 邮政企业在城市每周的营业时间应当不少于六天，投递邮件每天至少一次；在乡、镇人民政府所在地每周的营业时间应当不少于五天，投递邮件每周至少五次。

邮政企业在交通不便的边远地区和乡、镇其他地区每周的营业时间以及投递邮件的频次，国务院邮政管理部门可以另行规定。

第二十条 邮政企业寄递邮件，应当符合国务院邮政管理部门规定的寄递时限和服务规范。

第二十一条 邮政企业应当在其营业场所公示或者以其他方式公布其服务种类、营业时间、资费标准、邮件和汇款的查询及损失赔偿办法以及用户对其服务质量的投诉办法。

第二十二条 邮政企业采用其提供的格式条款确定与用户的权利义务

的，该格式条款适用《中华人民共和国合同法》关于合同格式条款的规定。

第二十三条 用户交寄邮件，应当清楚、准确地填写收件人姓名、地址和邮政编码。邮政企业应当在邮政营业场所免费为用户提供邮政编码查询服务。

邮政编码由邮政企业根据国务院邮政管理部门制定的编制规则编制。邮政管理部门依法对邮政编码的编制和使用实施监督。

第二十四条 邮政企业收寄邮件和用户交寄邮件，应当遵守法律、行政法规以及国务院和国务院有关部门关于禁止寄递或者限制寄递物品的规定。

第二十五条 邮政企业应当依法建立并执行邮件收寄验视制度。

对用户交寄的信件，必要时邮政企业可以要求用户开拆，进行验视，但不得检查信件内容。用户拒绝开拆的，邮政企业不予收寄。

对信件以外的邮件，邮政企业收寄时应当当场验视内件。用户拒绝验视的，邮政企业不予收寄。

第二十六条 邮政企业发现邮件内夹带禁止寄递或者限制寄递的物品的，应当按照国家有关规定处理。

进出境邮件中夹带国家禁止进出境或者限制进出境的物品的，由海关依法处理。

第二十七条 对提供邮政普遍服务的邮政企业交运的邮件，铁路、公路、水路、航空等运输企业应当优先安排运输，车站、港口、机场应当安排装卸场所和出入通道。

第二十八条 带有邮政专用标志的车船进出港口、通过渡口时，应当优先放行。

带有邮政专用标志的车辆运递邮件，确需通过公安机关交通管理部门划定的禁行路段或者确需在禁止停车的地点停车的，经公安机关交通管理部门同意，在确保安全的前提下，可以通行或者停车。

邮政企业不得利用带有邮政专用标志的车船从事邮件运递以外的经营性活动，不得以出租等方式允许其他单位或者个人使用带有邮政专用标志的车船。

第二十九条 邮件通过海上运输时，不参与分摊共同海损。

第三十条 海关依照《中华人民共和国海关法》的规定，对进出境的国际邮袋、邮件集装箱和国际邮递物品实施监管。

第三十一条 进出境邮件的检疫，由进出境检验检疫机构依法实施。

第三十二条 邮政企业采取按址投递、用户领取或者与用户协商的其他方式投递邮件。

机关、企业事业单位、住宅小区管理单位等应当为邮政企业投递邮件提供便利。单位用户地址变更的，应当及时通知邮政企业。

第三十三条 邮政企业对无法投递的邮件，应当退回寄件人。

无法投递又无法退回的信件，自邮政企业确认无法退回之日起超过六个月无人认领的，由邮政企业在邮政管理部门的监督下销毁。无法投递又无法退回的其他邮件，按照国务院邮政管理部门的规定处理；其中无法投递又无法退回的进境国际邮递物品，由海关依照《中华人民共和国海关法》的规定处理。

第三十四条 邮政汇款的收款人应当自收到汇款通知之日起六十日内，凭有效身份证件到邮政企业兑领汇款。

收款人逾期未兑领的汇款，由邮政企业退回汇款人。自兑领汇款期限届满之日起一年内无法退回汇款人，或者汇款人自收到退汇通知之日起一年内未领取的汇款，由邮政企业上缴国库。

第三十五条 任何单位和个人不得私自开拆、隐匿、毁弃他人邮件。

除法律另有规定外，邮政企业及其从业人员不得向任何单位或者个人泄露用户使用邮政服务的信息。

第三十六条 因国家安全或者追查刑事犯罪的需要，公安机关、国家安全机关或者检察机关可以依法检查、扣留有关邮件，并可以要求邮政企业提供相关用户使用邮政服务的信息。邮政企业和有关单位应当配合，并对有关情况予以保密。

第三十七条 任何单位和个人不得利用邮件寄递含有下列内容的物品：

（一）煽动颠覆国家政权、推翻社会主义制度或者分裂国家、破坏国家统一，危害国家安全的；

（二）泄露国家秘密的；

（三）散布谣言扰乱社会秩序，破坏社会稳定的；

（四）煽动民族仇恨、民族歧视，破坏民族团结的；

（五）宣扬邪教或者迷信的；

（六）散布淫秽、赌博、恐怖信息或者教唆犯罪的；

（七）法律、行政法规禁止的其他内容。

第三十八条　任何单位和个人不得有下列行为：

（一）扰乱邮政营业场所正常秩序；

（二）阻碍邮政企业从业人员投递邮件；

（三）非法拦截、强登、扒乘带有邮政专用标志的车辆；

（四）冒用邮政企业名义或者邮政专用标志；

（五）伪造邮政专用品或者倒卖伪造的邮政专用品。

第四章　邮政资费

第三十九条　实行政府指导价或者政府定价的邮政业务范围，以中央政府定价目录为依据，具体资费标准由国务院价格主管部门会同国务院财政部门、国务院邮政管理部门制定。

邮政企业的其他业务资费实行市场调节价，资费标准由邮政企业自主确定。

第四十条　国务院有关部门制定邮政业务资费标准，应当听取邮政企业、用户和其他有关方面的意见。

邮政企业应当根据国务院价格主管部门、国务院财政部门和国务院邮政管理部门的要求，提供准确、完备的业务成本数据和其他有关资料。

第四十一条　邮件资费的交付，以邮资凭证、证明邮资已付的戳记以及有关业务单据等表示。

邮资凭证包括邮票、邮资符志、邮资信封、邮资明信片、邮资邮简、邮资信卡等。

任何单位和个人不得伪造邮资凭证或者倒卖伪造的邮资凭证，不得擅自仿印邮票和邮资图案。

第四十二条　普通邮票发行数量由邮政企业按照市场需要确定，报国务院邮政管理部门备案；纪念邮票和特种邮票发行计划由邮政企业根据市场需要提出，报国务院邮政管理部门审定。国务院邮政管理部门负责纪念邮票的选题和图案审查。

邮政管理部门依法对邮票的印制、销售实施监督。

第四十三条　邮资凭证售出后，邮资凭证持有人不得要求邮政企业兑换现金。

停止使用邮资凭证，应当经国务院邮政管理部门批准，并在停止使用九十日前予以公告，停止销售。邮资凭证持有人可以自公告之日起一年内，向邮政企业换取等值的邮资凭证。

第四十四条 下列邮资凭证不得使用：

（一）经国务院邮政管理部门批准停止使用的；

（二）盖销或者划销的；

（三）污损、残缺或者褪色、变色，难以辨认的。

从邮资信封、邮资明信片、邮资邮简、邮资信卡上剪下的邮资图案，不得作为邮资凭证使用。

第五章　损失赔偿

第四十五条 邮政普遍服务业务范围内的邮件和汇款的损失赔偿，适用本章规定。

邮政普遍服务业务范围以外的邮件的损失赔偿，适用有关民事法律的规定。

邮件的损失，是指邮件丢失、损毁或者内件短少。

第四十六条 邮政企业对平常邮件的损失不承担赔偿责任。但是，邮政企业因故意或者重大过失造成平常邮件损失的除外。

第四十七条 邮政企业对给据邮件的损失依照下列规定赔偿：

（一）保价的给据邮件丢失或者全部损毁的，按照保价额赔偿；部分损毁或者内件短少的，按照保价额与邮件全部价值的比例对邮件的实际损失予以赔偿。

（二）未保价的给据邮件丢失、损毁或者内件短少的，按照实际损失赔偿，但最高赔偿额不超过所收取资费的三倍；挂号信件丢失、损毁的，按照所收取资费的三倍予以赔偿。

邮政企业应当在营业场所的告示中和提供给用户的给据邮件单据上，以足以引起用户注意的方式载明前款规定。

邮政企业因故意或者重大过失造成给据邮件损失，或者未履行前款规定义务的，无权援用本条第一款的规定限制赔偿责任。

第四十八条 因下列原因之一造成的给据邮件损失，邮政企业不承担赔偿责任：

（一）不可抗力，但因不可抗力造成的保价的给据邮件的损失除外；

（二）所寄物品本身的自然性质或者合理损耗；

（三）寄件人、收件人的过错。

第四十九条 用户交寄给据邮件后，对国内邮件可以自交寄之日起一年内持收据向邮政企业查询，对国际邮件可以自交寄之日起一百八十日内持收据向邮政企业查询。

查询国际邮件或者查询国务院邮政管理部门规定的边远地区的邮件的，邮政企业应当自用户查询之日起六十日内将查询结果告知用户；查询其他邮件的，邮政企业应当自用户查询之日起三十日内将查询结果告知用户。查复期满未查到邮件的，邮政企业应当依照本法第四十七条的规定予以赔偿。

用户在本条第一款规定的查询期限内未向邮政企业查询又未提出赔偿要求的，邮政企业不再承担赔偿责任。

第五十条 邮政汇款的汇款人自汇款之日起一年内，可以持收据向邮政企业查询。邮政企业应当自用户查询之日起二十日内将查询结果告知汇款人。查复期满未查到汇款的，邮政企业应当向汇款人退还汇款和汇款费用。

第六章　快递业务

第五十一条 经营快递业务，应当依照本法规定取得快递业务经营许可；未经许可，任何单位和个人不得经营快递业务。

外商不得投资经营信件的国内快递业务。

国内快递业务，是指从收寄到投递的全过程均发生在中华人民共和国境内的快递业务。

第五十二条 申请快递业务经营许可，应当具备下列条件：

（一）符合企业法人条件；

（二）在省、自治区、直辖市范围内经营的，注册资本不低于人民币五十万元，跨省、自治区、直辖市经营的，注册资本不低于人民币一百万元，经营国际快递业务的，注册资本不低于人民币二百万元；

（三）有与申请经营的地域范围相适应的服务能力；

（四）有严格的服务质量管理制度和完备的业务操作规范；

（五）有健全的安全保障制度和措施；

（六）法律、行政法规规定的其他条件。

第五十三条 申请快递业务经营许可，在省、自治区、直辖市范围内经营的，应当向所在地的省、自治区、直辖市邮政管理机构提出申请，跨省、自治区、直辖市经营或者经营国际快递业务的，应当向国务院邮政管理部门提出申请；申请时应当提交申请书和有关申请材料。

受理申请的邮政管理部门应当自受理申请之日起四十五日内进行审查，作出批准或者不予批准的决定。予以批准的，颁发快递业务经营许可证；不予批准的，书面通知申请人并说明理由。

邮政管理部门审查快递业务经营许可的申请，应当考虑国家安全等因素，并征求有关部门的意见。

申请人凭快递业务经营许可证向工商行政管理部门依法办理登记后，方可经营快递业务。

第五十四条 邮政企业以外的经营快递业务的企业（以下称快递企业）设立分支机构或者合并、分立的，应当向邮政管理部门备案。

第五十五条 快递企业不得经营由邮政企业专营的信件寄递业务，不得寄递国家机关公文。

第五十六条 快递企业经营邮政企业专营业务范围以外的信件快递业务，应当在信件封套的显著位置标注信件字样。

快递企业不得将信件打包后作为包裹寄递。

第五十七条 经营国际快递业务应当接受邮政管理部门和有关部门依法实施的监管。邮政管理部门和有关部门可以要求经营国际快递业务的企业提供报关数据。

第五十八条 快递企业停止经营快递业务的，应当书面告知邮政管理部门，交回快递业务经营许可证，并对尚未投递的快件按照国务院邮政管理部门的规定妥善处理。

第五十九条 本法第六条、第二十一条、第二十二条、第二十四条、第二十五条、第二十六条第一款、第三十五条第二款、第三十六条关于邮政企业及其从业人员的规定，适用于快递企业及其从业人员；第十一条关于邮件处理场所的规定，适用于快件处理场所；第三条第二款、第二十六条第二款、第三十五条第一款、第三十六条、第三十七条关于邮件的规定，适用于快件；第四十五条第二款关于邮件的损失赔偿的规定，适用于快件的损失赔偿。

第六十条 经营快递业务的企业依法成立的行业协会，依照法律、行政法规及其章程规定，制定快递行业规范，加强行业自律，为企业提供信息、培训等方面的服务，促进快递行业的健康发展。

经营快递业务的企业应当对其从业人员加强法制教育、职业道德教育和业务技能培训。

第七章　监督检查

第六十一条　邮政管理部门依法履行监督管理职责，可以采取下列监督检查措施：

（一）进入邮政企业、快递企业或者涉嫌发生违反本法活动的其他场所实施现场检查；

（二）向有关单位和个人了解情况；

（三）查阅、复制有关文件、资料、凭证；

（四）经邮政管理部门负责人批准，查封与违反本法活动有关的场所，扣押用于违反本法活动的运输工具以及相关物品，对信件以外的涉嫌夹带禁止寄递或者限制寄递物品的邮件、快件开拆检查。

第六十二条　邮政管理部门根据履行监督管理职责的需要，可以要求邮政企业和快递企业报告有关经营情况。

第六十三条　邮政管理部门进行监督检查时，监督检查人员不得少于二人，并应当出示执法证件。对邮政管理部门依法进行的监督检查，有关单位和个人应当配合，不得拒绝、阻碍。

第六十四条　邮政管理部门工作人员对监督检查中知悉的商业秘密，负有保密义务。

第六十五条　邮政企业和快递企业应当及时、妥善处理用户对服务质量提出的异议。用户对处理结果不满意的，可以向邮政管理部门申诉，邮政管理部门应当及时依法处理，并自接到申诉之日起三十日内作出答复。

第六十六条　任何单位和个人对违反本法规定的行为，有权向邮政管理部门举报。邮政管理部门接到举报后，应当及时依法处理。

第八章　法律责任

第六十七条　邮政企业提供邮政普遍服务不符合邮政普遍服务标准的，由邮政管理部门责令改正，可以处一万元以下的罚款；情节严重的，处一万元以上五万元以下的罚款；对直接负责的主管人员和其他直接责任人员给予处分。

第六十八条 邮政企业未经邮政管理部门批准，停止办理或者限制办理邮政普遍服务业务和特殊服务业务，或者撤销提供邮政普遍服务的邮政营业场所的，由邮政管理部门责令改正，可以处二万元以下的罚款；情节严重的，处二万元以上十万元以下的罚款；对直接负责的主管人员和其他直接责任人员给予处分。

第六十九条 邮政企业利用带有邮政专用标志的车船从事邮件运递以外的经营性活动，或者以出租等方式允许其他单位或者个人使用带有邮政专用标志的车船的，由邮政管理部门责令改正，没收违法所得，可以并处二万元以下的罚款；情节严重的，并处二万元以上十万元以下的罚款；对直接负责的主管人员和其他直接责任人员给予处分。

邮政企业从业人员利用带有邮政专用标志的车船从事邮件运递以外的活动的，由邮政企业责令改正，给予处分。

第七十条 邮政企业从业人员故意延误投递邮件的，由邮政企业给予处分。

第七十一条 冒领、私自开拆、隐匿、毁弃或者非法检查他人邮件、快件，尚不构成犯罪的，依法给予治安管理处罚。

第七十二条 未取得快递业务经营许可经营快递业务，或者邮政企业以外的单位或者个人经营由邮政企业专营的信件寄递业务或者寄递国家机关公文的，由邮政管理部门或者工商行政管理部门责令改正，没收违法所得，并处五万元以上十万元以下的罚款；情节严重的，并处十万元以上二十万元以下的罚款；对快递企业，还可以责令停业整顿直至吊销其快递业务经营许可证。

违反本法第五十一条第二款的规定，经营信件的国内快递业务的，依照前款规定处罚。

第七十三条 快递企业有下列行为之一的，由邮政管理部门责令改正，可以处一万元以下的罚款；情节严重的，处一万元以上五万元以下的罚款，并可以责令停业整顿：

（一）设立分支机构、合并、分立，未向邮政管理部门备案的；

（二）未在信件封套的显著位置标注信件字样的；

（三）将信件打包后作为包裹寄递的；

（四）停止经营快递业务，未书面告知邮政管理部门并交回快递业务经营许可证，或者未按照国务院邮政管理部门的规定妥善处理尚未投递的快件的。

第七十四条 邮政企业、快递企业未按照规定向用户明示其业务资费标准，或者有其他价格违法行为的，由政府价格主管部门依照《中华人民共和国价格法》的规定处罚。

第七十五条 邮政企业、快递企业不建立或者不执行收件验视制度，或者违反法律、行政法规以及国务院和国务院有关部门关于禁止寄递或者限制寄递物品的规定收寄邮件、快件的，对邮政企业直接负责的主管人员和其他直接责任人员给予处分；对快递企业，邮政管理部门可以责令停业整顿直至吊销其快递业务经营许可证。

用户在邮件、快件中夹带禁止寄递或者限制寄递的物品，尚不构成犯罪的，依法给予治安管理处罚。

有前两款规定的违法行为，造成人身伤害或者财产损失的，依法承担赔偿责任。

邮政企业、快递企业经营国际寄递业务，以及用户交寄国际邮递物品，违反《中华人民共和国海关法》及其他有关法律、行政法规的规定的，依照有关法律、行政法规的规定处罚。

第七十六条 邮政企业、快递企业违法提供用户使用邮政服务或者快递服务的信息，尚不构成犯罪的，由邮政管理部门责令改正，没收违法所得，并处一万元以上五万元以下的罚款；对邮政企业直接负责的主管人员和其他直接责任人员给予处分；对快递企业，邮政管理部门还可以责令停业整顿直至吊销其快递业务经营许可证。

邮政企业、快递企业从业人员有前款规定的违法行为，尚不构成犯罪的，由邮政管理部门责令改正，没收违法所得，并处五千元以上一万元以下的罚款。

第七十七条 邮政企业、快递企业拒绝、阻碍依法实施的监督检查，尚不构成犯罪的，依法给予治安管理处罚；对快递企业，邮政管理部门还可以责令停业整顿直至吊销其快递业务经营许可证。

第七十八条 邮政企业及其从业人员、快递企业及其从业人员在经营活动中有危害国家安全行为的，依法追究法律责任；对快递企业，并由邮政管理部门吊销其快递业务经营许可证。

第七十九条 冒用邮政企业名义或者邮政专用标志，或者伪造邮政专用品或者倒卖伪造的邮政专用品的，由邮政管理部门责令改正，没收伪造的邮政专用品以及违法所得，并处一万元以上五万元以下的罚款。

第八十条 有下列行为之一，尚不构成犯罪的，依法给予治安管理处罚：

（一）盗窃、损毁邮政设施或者影响邮政设施正常使用的；

（二）伪造邮资凭证或者倒卖伪造的邮资凭证的；

（三）扰乱邮政营业场所、快递企业营业场所正常秩序的；

（四）非法拦截、强登、扒乘运送邮件、快件的车辆的。

第八十一条 违反本法规定被吊销快递业务经营许可证的，自快递业务经营许可证被吊销之日起三年内，不得申请经营快递业务。

快递企业被吊销快递业务经营许可证的，应当依法向工商行政管理部门办理变更登记或者注销登记。

第八十二条 违反本法规定，构成犯罪的，依法追究刑事责任。

第八十三条 邮政管理部门工作人员在监督管理工作中滥用职权、玩忽职守、徇私舞弊，构成犯罪的，依法追究刑事责任；尚不构成犯罪的，依法给予处分。

第九章 附 则

第八十四条 本法下列用语的含义：

邮政企业，是指中国邮政集团公司及其提供邮政服务的全资企业、控股企业。

寄递，是指将信件、包裹、印刷品等物品按照封装上的名址递送给特定个人或者单位的活动，包括收寄、分拣、运输、投递等环节。

快递，是指在承诺的时限内快速完成的寄递活动。

邮件，是指邮政企业寄递的信件、包裹、汇款通知、报刊和其他印刷品等。

快件，是指快递企业递送的信件、包裹、印刷品等。

信件，是指信函、明信片。信函是指以套封形式按照名址递送给特定个人或者单位的缄封的信息载体，不包括书籍、报纸、期刊等。

包裹，是指按照封装上的名址递送给特定个人或者单位的独立封装的物品，其重量不超过五十千克，任何一边的尺寸不超过一百五十厘米，长、宽、高合计不超过三百厘米。

平常邮件，是指邮政企业在收寄时不出具收据，投递时不要求收件人签收的邮件。

给据邮件，是指邮政企业在收寄时向寄件人出具收据，投递时由收件人签收的邮件。

邮政设施，是指用于提供邮政服务的邮政营业场所、邮件处理场所、邮筒（箱）、邮政报刊亭、信报箱等。

邮件处理场所，是指邮政企业专门用于邮件分拣、封发、储存、交换、转运、投递等活动的场所。

国际邮递物品，是指中华人民共和国境内的用户与其他国家或者地区的用户相互寄递的包裹和印刷品等。

邮政专用品，是指邮政日戳、邮资机、邮政业务单据、邮政夹钳、邮袋和其他邮件专用容器。

第八十五条 本法公布前按照国家有关规定，经国务院对外贸易主管部门批准或者备案，并向工商行政管理部门依法办理登记后经营国际快递业务的国际货物运输代理企业，凭批准或者备案文件以及营业执照，到国务院邮政管理部门领取快递业务经营许可证。国务院邮政管理部门应当将企业领取快递业务经营许可证的情况向其原办理登记的工商行政管理部门通报。

除前款规定的企业外，本法公布前依法向工商行政管理部门办理登记后经营快递业务的企业，不具备本法规定的经营快递业务的条件的，应当在国务院邮政管理部门规定的期限内达到本法规定的条件，逾期达不到本法规定的条件的，不得继续经营快递业务。

第八十六条 省、自治区、直辖市应当根据本地区的实际情况，制定支持邮政企业提供邮政普遍服务的具体办法。

第八十七条 本法自 2009 年 10 月 1 日起施行。

国内水路运输管理规定

中华人民共和国交通运输部令

2016 年第 79 号

《交通运输部关于修改〈国内水路运输管理规定〉的决定》已于 2016 年 12 月 8 日经第 29 次部务会议通过，现予公布。

部长　李小鹏

2016 年 12 月 10 日

(2014 年 1 月 3 日交通运输部发布；根据 2015 年 5 月 12 日交通运输部《关于修改〈国内水路运输管理规定〉的决定》第一次修正；根据 2016 年 12 月 10 日交通运输部《关于修改〈国内水路运输管理规定〉的决定》第二次修正)

第一章　总　则

第一条　为规范国内水路运输市场管理，维护水路运输经营活动各方当事人的合法权益，促进水路运输事业健康发展，依据《国内水路运输管理条例》制定本规定。

第二条　国内水路运输管理适用本规定。

本规定所称水路运输，是指始发港、挂靠港和目的港均在中华人民共和国管辖的通航水域内使用船舶从事的经营性旅客运输和货物运输。

第三条　水路运输按照经营区域分为沿海运输和内河运输，按照业务种类分为货物运输和旅客运输。

货物运输分为普通货物运输和危险货物运输。危险货物运输分为包装、散装固体和散装液体危险货物运输。散装液体危险货物运输包括液化气体船运输、化学品船运输、成品油船运输和原油船运输。普通货物运输包含拖航。

旅客运输包括普通客船运输、客货船运输和滚装客船运输。

第四条 交通运输部主管全国水路运输管理工作，并按照本规定具体实施有关水路运输管理工作。

县级以上地方人民政府交通运输主管部门主管本行政区域的水路运输管理工作。县级以上地方人民政府负责水路运输管理的部门或者机构（以下统称水路运输管理部门）具体实施水路运输管理工作。

第二章　水路运输经营者

第五条 申请经营水路运输业务，除个人申请经营内河普通货物运输业务外，申请人应当符合下列条件：

（一）具备企业法人资格。

（二）有明确的经营范围，包括经营区域和业务种类。经营水路旅客班轮运输业务的，还应当有班期、班次以及拟停靠的码头安排等可行的航线营运计划。

（三）有符合本规定要求的船舶，且自有船舶运力应当符合有关要求。

（四）有符合本规定要求的海务、机务管理人员。

（五）有符合本规定要求的与其直接订立劳动合同的高级船员。

（六）有健全的安全管理机构及安全管理人员设置制度、安全管理责任制度、安全监督检查制度、事故应急处置制度、岗位安全操作规程等安全管理制度。

第六条 个人只能申请经营内河普通货物运输业务，并应当符合下列条件：

（一）经工商行政管理部门登记的个体工商户；

（二）有符合本规定要求的船舶，且自有船舶运力不超过600总吨；

（三）有安全管理责任制度、安全监督检查制度、事故应急处置制度、岗位安全操作规程等安全管理制度。

第七条 水路运输经营者投入运营的船舶应当符合下列条件：

（一）与水路运输经营者的经营范围相适应。从事旅客运输的，应当使用普通客船、客货船和滚装客船（统称为客船）运输；从事散装液体危险货物运输的，应当使用液化气体船、化学品船、成品油船和原油船（统称为危险品船）运输；从事普通货物运输、包装危险货物运输和散装固体危险货物运输的，可以使用普通货船运输。

（二）持有有效的船舶所有权登记证书、船舶国籍证书、船舶检验证书以及按照相关法律、行政法规规定证明船舶符合安全与防污染和入级检验要求的其他证书。

（三）符合交通运输部关于船型技术标准、船龄以及节能减排的要求。

第八条 除个体工商户外，水路运输经营者应当配备满足下列要求的专职海务、机务管理人员：

（一）海务、机务管理人员数量满足有关要求；

（二）海务、机务管理人员的从业资历与其经营范围相适应：

1. 经营普通货船运输的，应当具有不低于大副、大管轮的从业资历；

2. 经营客船、危险品船运输的，应当具有船长、轮机长的从业资历。

（三）海务、机务管理人员所具备的业务知识和管理能力与其经营范围相适应，身体条件与其职责要求相适应。

第九条 除个体工商户外，水路运输经营者按照有关规定应当配备的高级船员中，与其直接订立一年以上劳动合同的高级船员的比例应当满足下列要求：

（一）经营普通货船运输的，高级船员的比例不低于25%；

（二）经营客船、危险品船运输的，高级船员的比例不低于50%。

第十条 交通运输部具体实施省际客船运输、省际危险品船运输的经营许可。

省级人民政府水路运输管理部门具体实施省际普通货船运输的经营许可。省内水路运输经营许可的具体权限由省级人民政府交通运输主管部门决定，向社会公布。但个人从事内河省际、省内普通货物运输的经营许可由设区的市级人民政府水路运输管理部门具体实施。

第十一条 申请经营水路运输业务或者变更水路运输经营范围，应当向其所在地设区的市级人民政府水路运输管理部门提交申请书和证明申请人符合本规定要求的相关材料。

第十二条 受理申请的水路运输管理部门不具有许可权限的，当场核实申请材料中的原件与复印件的内容一致后，在 5 个工作日内提出初步审查意见并将全部申请材料转报至具有许可权限的部门。

第十三条 具有许可权限的部门，对符合条件的，应当在 20 个工作日内作出许可决定，向申请人颁发《国内水路运输经营许可证》，并向其投入运营的船舶配发《船舶营业运输证》。申请经营水路旅客班轮运输业务的，还应当向申请人颁发该班轮航线运营许可证件。不符合条件的，不予许可，并书面通知申请人不予许可的理由。

《国内水路运输经营许可证》和《船舶营业运输证》应当通过全国水路运政管理信息系统核发，并逐步实现行政许可网上办理。

第十四条 除购置或者光租已取得相应水路运输经营资格的船舶外，水路运输经营者新增客船、危险品船运力，应当经其所在地设区的市级人民政府水路运输管理部门向具有许可权限的部门提出申请。

具有许可权限的部门根据运力运量供求情况对新增运力申请予以审查。根据运力供求情况需要对新增运力予以数量限制时，依据经营者的经营规模、管理水平、安全记录、诚信经营记录等情况，公开竞争择优作出许可决定。

水路运输经营者新增普通货船运力，应当在船舶开工建造后 15 个工作日内向所在地设区的市级人民政府水路运输管理部门备案。

第十五条 交通运输部在特定的旅客班轮运输和散装液体危险货物运输航线、水域出现运力供大于求状况，可能影响公平竞争和水路运输安全的情形下，可以决定暂停对特定航线、水域的旅客班轮运输和散装液体危险货物运输新增运力许可。

暂停新增运力许可期间，对暂停范围内的新增运力申请不予许可，对申请投入运营的船舶，不予配发《船舶营业运输证》，但暂停决定生效前已取得新增运力批准且已开工建造、购置或者光租的船舶除外。

第十六条 交通运输部对水路运输市场进行监测，分析水路运输市场运力状况，定期公布监测结果。

对特定的旅客班轮运输和散装液体危险货物运输航线、水域暂停新增运力许可的决定，应当依据水路运输市场监测分析结果作出。

采取暂停新增运力许可的运力调控措施，应当符合公开、公平、公正的原则，在开始实施的 60 日前向社会公告，说明采取措施的理由以及采取措施的范围、期限等事项。

第十七条 《国内水路运输经营许可证》的有效期为 5 年。《船舶营业运输证》的有效期按照交通运输部的有关规定确定。水路运输经营者应当在证件有效期届满前的 30 日内向原许可机关提出换证申请。原许可机关应当依照本规定进行审查，符合条件的，予以换发。

第十八条 发生下列情况后，水路运输经营者应当在 15 个工作日内以书面形式向原许可机关备案，并提供相关证明材料：

（一）法定代表人或者主要股东发生变化；

（二）固定的办公场所发生变化；

（三）海务、机务管理人员发生变化；

（四）与其直接订立一年以上劳动合同的高级船员的比例发生变化；

（五）经营的船舶发生重大以上安全责任事故；

（六）委托的船舶管理企业发生变更或者委托管理协议发生变化。

第十九条 水路运输经营者终止经营的，应当自终止经营之日起 15 个工作日内向原许可机关办理注销手续，交回许可证件。

已取得《船舶营业运输证》的船舶报废、转让或者变更经营者，应当自发生上述情况之日起 15 个工作日内向原许可机关办理《船舶营业运输证》注销、变更手续。

第三章 水路运输经营行为

第二十条 水路运输经营者应当保持相应的经营资质条件，按照《国内水路运输经营许可证》核定的经营范围从事水路运输经营活动。

已取得省际水路运输经营资格的水路运输经营者和船舶，可凭省际水路运输经营资格从事相应种类的省内水路运输，但旅客班轮运输除外。

已取得沿海水路运输经营资格的水路运输经营者和船舶，可在满足航行条件的情况下，凭沿海水路运输经营资格从事相应种类的内河运输。

第二十一条 水路运输经营者不得出租、出借水路运输经营许可证件，或者以其他形式非法转让水路运输经营资格。

第二十二条 从事水路运输的船舶应当随船携带《船舶营业运输证》，不得转让、出租、出借或者涂改。《船舶营业运输证》遗失或者损毁的，应当及时向原配发机关申请补发。

第二十三条 水路运输经营者应该按照《船舶营业运输证》标定的载客定额、载货定额和经营范围从事旅客和货物运输，不得超载。

水路运输经营者使用客货船或者滚装客船载运危险货物时，不得载运旅客，但按照相关规定随船押运货物的人员和滚装车辆的司机除外。

第二十四条 水路运输经营者不得擅自改装客船、危险品船增加载客定额、载货定额或者变更从事散装液体危险货物运输的种类。

第二十五条 水路运输经营者应当使用规范的、符合有关法律法规和交通运输部规定的客票和运输单证。

第二十六条 水路旅客运输业务经营者应当拒绝携带国家规定的危险物品及其他禁止携带的物品的旅客乘船。船舶开航后发现旅客随船携带有危险物品及其他禁止携带的物品的，应当妥善处理，旅客应当予以配合。

第二十七条 水路旅客班轮运输业务经营者应当自取得班轮航线经营许可之日起 60 日内开航，并在开航的 15 日前通过媒体并在该航线停靠的各客运站点的明显位置向社会公布所使用的船舶、班期、班次、票价等信息，同时报原许可机关备案。

旅客班轮应当按照公布的班期、班次运行。变更班期、班次、票价的，水路旅客班轮运输业务经营者应当在变更的 15 日前向社会公布，并报原许可机关备案。停止经营部分或者全部班轮航线的，经营者应当在停止经营的 30 日前向社会公布，并报原许可机关备案。

第二十八条 水路货物班轮运输业务经营者应当在班轮航线开航的 7 日前，向社会公布所使用的船舶以及班期、班次和运价，并报原许可机关备案。

货物班轮运输应当按照公布的班期、班次运行；变更班期、班次、运价或者停止经营部分或者全部班轮航线的，水路货物班轮运输业务经营者应当在变更或者停止经营的 7 日前向社会公布，并报原许可机关备案。

第二十九条 水路旅客运输业务经营者应当以公布的票价销售客票，不得对相同条件的旅客实施不同的票价，不得以搭售、现金返还、加价等不正当方式变相变更公布的票价并获取不正当利益，不得低于客票载明的舱室或者席位等级安排旅客。

第三十条 水路运输经营者从事水路运输经营活动，应当依法经营、诚实守信，禁止以不合理的运价或者其他不正当方式、不规范行为争抢客源、货源及提供运输服务。

水路旅客运输业务经营者为招揽旅客发布信息，必须真实、准确，不得进行虚假宣传、误导旅客，对其在经营活动中知悉的旅客个人信息，应当予以保密。

第三十一条 水路旅客运输业务经营者应当就运输服务中的下列事

项，以明示的方式向旅客作出说明或者警示：

（一）不适宜乘坐客船的群体；

（二）正确使用相关设施、设备的方法；

（三）必要的安全防范和应急措施；

（四）未向旅客开放的经营、服务场所和设施、设备；

（五）可能危及旅客人身、财产安全的其他情形。

第三十二条 水路运输经营者应当依照法律、行政法规和国家有关规定，优先运送处置突发事件所需物资、设备、工具、应急救援人员和受到突发事件危害的人员，重点保障紧急、重要的军事运输。

水路运输经营者应当服从交通运输主管部门对关系国计民生物资紧急运输的统一组织协调，按照要求优先、及时运输。

水路运输经营者应当按照交通运输主管部门的要求建立运输保障预案，并建立应急运输、军事运输和紧急运输的运力储备。

第三十三条 水路运输经营者应当按照国家统计规定报送运输经营统计信息。

第四章 外商投资企业和 外国籍船舶的特别规定

第三十四条 外商投资企业申请从事水路运输，除满足本规定第五条规定的经营资质条件外，还应当符合下列条件：

（一）拟经营的范围内，国内水路运输经营者无法满足需求；

（二）应当具有经营水路运输业务的良好业绩和运营记录。

第三十五条 具有许可权限的部门可以根据国内水路运输实际情况，决定是否准许外商投资企业经营国内水路运输。

经批准取得水路运输经营许可的外商投资企业外方投资者或者外方投资股比等事项发生变化的，应当报原许可机关批准。原许可机关发现外商投资企业不再符合本规定要求的，应当撤销其水路运输经营资质。

第三十六条 符合下列情形并经交通运输部批准，水路运输经营者可以租用外国籍船舶在中华人民共和国港口之间从事不超过两个连续航次或者期限为 30 日的临时运输：

（一）没有满足所申请的运输要求的中国籍船舶；

（二）停靠的港口或者水域为对外开放的港口或者水域。

　　第三十七条　租用外国籍船舶从事临时运输的水路运输经营者，应当向交通运输部提交申请书、运输合同、拟使用的外籍船舶及船舶登记证书、船舶检验证书等相关证书和能够证明符合本规定规定情形的相关材料。申请书应当说明申请事由、承运的货物、运输航次或者期限、停靠港口。

　　交通运输部应当自受理申请之日起 15 个工作日内，对申请事项进行审核。对符合规定条件的，作出许可决定并且颁发许可文件；对不符合条件的，不予许可，并书面通知申请人不予许可的理由。

　　第三十八条　临时从事水路运输的外国籍船舶，应当遵守水路运输管理的有关规定，按照批准的范围和期限进行运输。

第五章　监督检查

　　第三十九条　交通运输部和水路运输管理部门依照有关法律、法规和本规定对水路运输市场实施监督检查。

　　第四十条　对水路运输市场实施监督检查，可以采取下列措施：

　　（一）向水路运输经营者了解情况，要求其提供有关凭证、文件及其他相关材料。

　　（二）对涉嫌违法的合同、票据、账簿以及其他资料进行查阅、复制。

　　（三）进入水路运输经营者从事经营活动的场所、船舶实地了解情况。

　　水路运输经营者应当配合监督检查，如实提供有关凭证、文件及其他相关资料。

　　第四十一条　水路运输管理部门对水路运输市场依法实施监督检查中知悉的被检查单位的商业秘密和个人信息应当依法保密。

　　第四十二条　实施现场监督检查的，应当当场记录监督检查的时间、内容、结果，并与被检查单位或者个人共同签署名章。被检查单位或者个人不签署名章的，监督检查人员对不签署的情形及理由应当予以注明。

　　第四十三条　水路运输管理部门在监督检查中发现水路运输经营者不符合本规定要求的经营资质条件的，应当责令其限期整改，并在整改期限结束后对该经营者整改情况进行复查，并作出整改是否合格的结论。

　　对运力规模达不到经营资质条件的整改期限最长不超过 6 个月，其他情形的整改期限最长不超过 3 个月。水路运输经营者在整改期间已开工建造但尚未竣工的船舶可以计入自有船舶运力。

第四十四条 水路运输管理部门应当建立健全水路运输市场诚信监督管理机制和服务质量评价体系，建立水路运输经营者诚信档案，记录水路运输经营者及从业人员的诚信信息，定期向社会公布监督检查结果和经营者的诚信档案。

水路运输管理部门应当建立水路运输违法经营行为社会监督机制，公布投诉举报电话、邮箱等，及时处理投诉举报信息。

水路运输管理部门应当将监督检查中发现或者受理投诉举报的经营者违法违规行为及处理情况、安全责任事故情况等记入诚信档案。违法违规情节严重可能影响经营资质条件的，对经营者给予提示性警告。不符合经营资质条件的，按照本规定第四十三条的规定处理。

第四十五条 水路运输管理部门应当与当地海事管理机构建立联系机制，按照《国内水路运输管理条例》的要求，做好《船舶营业运输证》查验处理衔接工作，及时将本行政区域内水路运输经营者的经营资质保持情况通报当地海事管理机构。

海事管理机构应当将有关水路运输船舶重大以上安全事故情况及结论意见及时书面通知该船舶经营者所在地设区的市级人民政府水路运输管理部门。水路运输管理部门应当将其纳入水路运输经营者诚信档案。

第六章　法律责任

第四十六条 水路运输经营者未按照本规定要求配备海务、机务管理人员的，由其所在地县级以上人民政府水路运输管理部门责令改正，处 1 万元以上 3 万元以下的罚款。

第四十七条 水路运输经营者或其船舶在规定期限内，经整改仍不符合本规定要求的经营资质条件的，由其所在地县级以上人民政府水路运输管理部门报原许可机关撤销其经营许可或者船舶营运证件。

第四十八条 从事水路运输经营的船舶超出《船舶营业运输证》核定的经营范围，或者擅自改装客船、危险品船增加《船舶营业运输证》核定的载客定额、载货定额或者变更从事散装液体危险货物运输种类的，按照《国内水路运输管理条例》第三十四条第一款的规定予以处罚。

第四十九条 水路运输经营者违反本规定，有下列行为之一的，由其所在地县级以上人民政府水路运输管理部门责令改正，处 2000 元以上 1 万元以下的罚款；一年内累计三次以上违反的，处 1 万元以上 3 万元以下的罚款：

（一）未履行备案义务；

（二）未以公布的票价或者变相变更公布的票价销售客票；

（三）进行虚假宣传，误导旅客或者托运人；

（四）以不正当方式或者不规范行为争抢客源、货源及提供运输服务扰乱市场秩序；

（五）使用的运输单证不符合有关规定。

第五十条 水路运输经营者拒绝管理部门根据本规定进行的监督检查或者隐匿有关资料或瞒报、谎报有关情况的，由其所在地县级以上人民政府水路运输管理部门予以警告，并处 2000 元以上 1 万元以下的罚款。

第五十一条 违反本规定的其他规定应当进行处罚的，按照《国内水路运输管理条例》执行。

第七章　附　则

第五十二条 本规定下列用语的定义：

（一）自有船舶，是指水路运输经营者将船舶所有权登记为该经营者且归属该经营者的所有权份额不低于 51% 的船舶。

（二）班轮运输，是指在固定港口之间按照预定的船期向公众提供旅客、货物运输服务的经营活动。

第五十三条 依法设立的水路运输行业组织可以依照法律、行政法规和章程的规定，制定行业经营规范和服务标准，组织开展职业道德教育和业务培训，对其会员的经营行为和服务质量进行自律性管理。

水路运输行业组织可以建立行业诚信监督、约束机制，提高行业诚信水平。对守法经营、诚实信用的会员以及从业人员，可以给予表彰、奖励。

第五十四条 经营内地与香港特别行政区、澳门特别行政区，以及大陆地区与台湾地区之间的水路运输，不适用于本规定。

在香港特别行政区、澳门特别行政区进行船籍登记的船舶临时从事内地港口之间的运输，在台湾地区进行船籍登记的船舶临时从事大陆港口之间的运输，参照适用本规定关于外国籍船舶的有关规定。

第五十五条 载客 12 人以下的客船运输、乡镇客运渡船运输以及与外界不通航的公园、封闭性风景区内的水上旅客运输不适用本规定。

第五十六条 本规定自 2014 年 3 月 1 日起施行。2008 年 5 月 26 日交通运输部以交通运输部令 2008 年第 2 号公布的《国内水路运输经营资质管理规定》、1987 年 9 月 22 日交通部以（87）交河字 680 号文公布、1998 年 3 月 6 日以交水发〔1998〕107 号文修改、2009 年 6 月 4 日交通运输部以交通运输部令 2009 年第 6 号修改的《水路运输管理条例实施细则》、1990 年 9 月 28 日交通部以交通部令 1990 年第 22 号公布、2009 年交通运输部令 2009 年第 7 号修改的《水路运输违章处罚规定》同时废止。

附　录

水路旅客运输实名制管理规定

中华人民共和国交通运输部令

2016 年第 77 号

《水路旅客运输实名制管理规定》已于 2016 年 9 月 23 日经第 21 次部务会议通过，现予公布，自 2017 年 1 月 10 日起施行。

部长　李小鹏

2016 年 10 月 9 日

第一条　为保障水路运输旅客生命和财产安全，维护旅客及各方当事人合法权益和运输秩序，根据《中华人民共和国反恐怖主义法》等法律、行政法规，制定本规定。

第二条　在中华人民共和国境内实施水路旅客运输船票实名售票、实名查验行为应当遵守本规定。

本规定所称船票，是指水路旅客运输中旅客乘船的凭证，包括纸质船票、水路电子船票以及其他符合规定的乘船凭证。

本规定所称实名售票，是指水路旅客运输经营者或者其委托的船票销售单位凭乘船人的有效身份证件销售船票，并在票面记载乘船人身份信息的行为。

本规定所称实名查验，是指港口经营人、水路旅客运输经营者对实施实名售票的船票记载的身份信息与乘船人及其有效身份证件原件（以下简称"票、人、证"）进行核查，并记录乘客乘船信息和身份信息的行为。

船票实名售票和实名查验统称为实名制管理。

第三条　以下范围的水路旅客运输实施实名制管理：

— 124 —

（一）水上运输距离 60 公里以上的省际水路旅客运输（含载货汽车滚装船运输）船舶和相关客运码头；

（二）水上运输距离不足 60 公里但是客流量较大、交通安全风险高的琼州海峡省际水路旅客运输和相关客运码头；

（三）省级交通运输主管部门根据实际需要确定的除本条第（一）（二）项规定以外的范围。

第四条　交通运输部指导全国水路旅客运输实名制管理工作。长江航务管理局、珠江航务管理局受部委托分别负责指导和督促长江干线、琼州海峡水路旅客运输实名制管理工作。

县级以上地方人民政府交通运输主管部门主管本行政区域的水路旅客运输实名制管理工作。县级以上地方人民政府负责水路运输管理的部门或者机构、港口行政管理部门依据职责和本规定承担水路旅客运输实名制管理工作。

第五条　实施实名售票的，购票人购票时应当提供乘船人的有效身份证件原件。通过互联网、电话等方式购票的，购票人应当提供真实准确的乘船人有效身份证件信息。

取票时，取票人应当提供乘船人的有效身份证件原件。

乘船人遗失船票的，经核实其身份信息后，水路旅客运输经营者或者其委托的船票销售单位应当免费为其补办船票。

按规定可以免费乘船的儿童及其他人员，应当凭有效身份证件原件，向水路旅客运输经营者或者其委托的船票销售单位申领免费实名制船票。水路旅客运输经营者或者其委托的船票销售单位应当为其开具免费实名制船票，并如实记载乘船人身份信息。

第六条　在实施实名制管理的船舶及客运码头，乘船人应当出示船票和本人有效身份证件原件，配合工作人员查验。

港口经营人应当在乘船人登船前，对乘船人进行实名查验并记录有关信息。对拒不提供本人有效身份证件原件或者票、人、证不一致的，不得允许其登船。水路旅客运输经营者或者其委托的船票销售单位应当提前为港口经营人提供包括售票信息在内的必要协助。

水路旅客运输经营者应当在船舶开航后及时分类统计船载旅客（含持免费实名制船票的人员）数量，并与港口经营人交换相关信息。

乘坐跨海铁路轮渡的旅客已经在铁路客运站查验身份信息的，港口经营人可以不再对其身份进行查验。

第七条　水路旅客运输经营者或者其委托的船票销售单位应当配备开展实名制管理所需的设施设备。港口经营人应当配备船票、身份证件扫描设备和信息存储设备等必要设施。

水路旅客运输经营者或者其委托的船票销售单位和港口经营人应当加强实名制管理相关人员的培训和相关系统及设施的管理，确保人员培训合格，系统安全运行，设备正常使用。

水路旅客运输经营者应当对其委托的船票销售单位开展实名售票工作给予必要的指导。

第八条　水路旅客运输经营者、港口经营人对登记采集的旅客身份信息及乘船信息，应当依公安机关的要求向其如实提供。对旅客身份信息及乘船信息自采集之日起保存期限不得少于 1 年，涉及视频图像信息的，自采集之日起保存期限不得少于 90 日。

第九条　水路旅客运输经营者或者其委托的船票销售单位、港口经营人及其工作人员对实施实名制管理所获得的旅客身份信息及乘船信息，应当予以保密。

第十条　水路旅客运输经营者、港口经营人应当针对客流高峰，恶劣气象及设备系统故障，重大安保活动等特殊情况下实名制管理的特点，制定有效的应急预案。

第十一条　水路旅客运输经营者或者其委托的船票销售单位和港口经营人在实施实名制管理过程中，发现扰乱水路旅客运输治安秩序或者危及公共安全行为的，应当及时报告公安机关，并采取有关配合措施。

第十二条　县级以上地方人民政府交通运输主管部门、负责水路运输管理的部门或者机构、港口行政管理部门应当依据职责，加强对水路旅客运输经营者、港口经营人落实实名制管理情况的监督检查。

第十三条　水路旅客运输经营者或者其委托的船票销售单位、港口经营人未按本规定第五条、第六条规定对客户身份进行查验，或者对身份不明、拒绝身份查验的客户提供服务的，由所在地县级以上地方人民政府负责水路运输管理的部门或者机构、港口行政管理部门按照职责分工责令限期改正，处 10 万元以上 50 万元以下罚款，并对其直接负责的主管人员和其他直接责任人员处 10 万元以下罚款。

第十四条　水路旅客运输经营者或者其委托的船票销售单位、港口经营人经限期改正后仍不按本规定第五条、第六条规定对客户身份进行查验，或者对身份不明、拒绝身份查验的客户提供服务，情节严重的，由所在地县级以上地方人民政府负责水路运输管理的部门或者机构、港口行政管理部门按照职责分工责令其停止从事相关水路旅客运输、港口经营或者船票销售业务；造成严重后果的，由原许可机关吊销有关水路旅客运输经营许可证件或者港口经营许可证件。

第十五条　水路旅客运输经营者或者其委托的船票销售单位、港口经营人的工作人员窃取、泄露旅客身份信息的，交由公安机关依法查处；构成犯罪的，依法追究刑事责任。

第十六条　县级以上地方人民政府交通运输主管部门、负责水路运输管理的部门或者机构、港口行政管理部门的工作人员对实名制管理情况实施监督检查、处理投诉举报时滥用职权、玩忽职守的，依法给予行政处分；构成犯罪的，依法追究刑事责任。

第十七条　本规定所称有效身份证件，是指旅客购票和乘船时必须出示的符合法律、行政法规和国家有关规定，用来证明其身份的证件，包括：居民身份证、临时身份证、军官证、士兵证、武警警官证、人民警察证、护照、不满2周岁婴儿的出生医学证明，外国人居留证、外交官证、港澳居民来往内地通行证、台湾居民来往大陆通行证、外国海员证等。

第十八条　载客12人以下的客运船舶、乡镇客运渡船运输以及与外界不通航的公园、封闭性风景区内的水上旅客运输不适用本规定。

第十九条　本规定自2017年1月10日起施行。

国内水路运输管理条例

中华人民共和国国务院令

第 676 号

现公布《国务院关于修改和废止部分行政法规的决定》，自公布之日起施行。

总理 李克强

2017 年 3 月 1 日

（2012 年 10 月 13 日中华人民共和国国务院令第 625 号发布；根据 2016 年 2 月 6 日中华人民共和国国务院令第 666 号第一次修订；根据 2017 年 3 月 1 日中华人民共和国国务院令第 676 号第二次修订）

第一章　总　则

第一条　为了规范国内水路运输经营行为，维护国内水路运输市场秩序，保障国内水路运输安全，促进国内水路运输业健康发展，制定本条例。

第二条　经营国内水路运输以及水路运输辅助业务，应当遵守本条例。

本条例所称国内水路运输（以下简称水路运输），是指始发港、挂靠港和目的港均在中华人民共和国管辖的通航水域内的经营性旅客运输和货物运输。

本条例所称水路运输辅助业务，是指直接为水路运输提供服务的船舶管理、船舶代理、水路旅客运输代理和水路货物运输代理等经营活动。

第三条 国家鼓励和保护水路运输市场的公平竞争，禁止垄断和不正当竞争行为。

国家运用经济、技术政策等措施，支持和鼓励水路运输经营者实行规模化、集约化经营，促进水路运输行业结构调整；支持和鼓励水路运输经营者采用先进适用的水路运输设备和技术，保障运输安全，促进节约能源，减少污染物排放。

国家保护水路运输经营者、旅客和货主的合法权益。

第四条 国务院交通运输主管部门主管全国水路运输管理工作。

县级以上地方人民政府交通运输主管部门主管本行政区域的水路运输管理工作。县级以上地方人民政府负责水路运输管理的部门或者机构（以下统称负责水路运输管理的部门）承担本条例规定的水路运输管理工作。

第五条 经营水路运输及其辅助业务，应当遵守法律、法规，诚实守信。

国务院交通运输主管部门和负责水路运输管理的部门应当依法对水路运输市场实施监督管理，对水路运输及其辅助业务的违法经营活动实施处罚，并建立经营者诚信管理制度，及时向社会公告监督检查情况。

第二章　水路运输经营者

第六条 申请经营水路运输业务，除本条例第七条规定的情形外，申请人应当符合下列条件：

（一）取得企业法人资格；

（二）有符合本条例第十三条规定的船舶，并且自有船舶运力符合国务院交通运输主管部门的规定；

（三）有明确的经营范围，其中申请经营水路旅客班轮运输业务的，还应当有可行的航线营运计划；

（四）有与其申请的经营范围和船舶运力相适应的海务、机务管理人员；

（五）与其直接订立劳动合同的高级船员占全部船员的比例符合国务院交通运输主管部门的规定；

（六）有健全的安全管理制度；

（七）法律、行政法规规定的其他条件。

第七条 个人可以申请经营内河普通货物运输业务。

申请经营内河普通货物运输业务的个人，应当有符合本条例第十三条规定且船舶吨位不超过国务院交通运输主管部门规定的自有船舶，并应当符合本条例第六条第六项、第七项规定的条件。

第八条 经营水路运输业务，应当按照国务院交通运输主管部门的规定，经国务院交通运输主管部门或者设区的市级以上地方人民政府负责水路运输管理的部门批准。

申请经营水路运输业务，应当向前款规定的负责审批的部门提交申请书和证明申请人符合本条例第六条或者第七条规定条件的相关材料。

负责审批的部门应当自受理申请之日起 30 个工作日内审查完毕，作出准予许可或者不予许可的决定。予以许可的，发给水路运输业务经营许可证件，并为申请人投入运营的船舶配发船舶营运证件；不予许可的，应当书面通知申请人并说明理由。

第九条 各级交通运输主管部门应当做好水路运输市场统计和调查分析工作，定期向社会公布水路运输市场运力供需状况。

第十条 为保障水路运输安全，维护水路运输市场的公平竞争秩序，国务院交通运输主管部门可以根据水路运输市场监测情况，决定在特定的旅客班轮运输和散装液体危险货物运输航线、水域暂停新增运力许可。

采取前款规定的运力调控措施，应当符合公开、公平、公正的原则，在开始实施的 60 日前向社会公告，说明采取措施的理由以及采取措施的范围、期限等事项。

第十一条 外国的企业、其他经济组织和个人不得经营水路运输业务，也不得以租用中国籍船舶或者舱位等方式变相经营水路运输业务。

香港特别行政区、澳门特别行政区和台湾地区的企业、其他经济组织以及个人参照适用前款规定,国务院另有规定的除外。

第十二条 依照本条例取得许可的水路运输经营者终止经营的,应当自终止经营之日起 15 个工作日内向原许可机关办理注销许可手续,交回水路运输业务经营许可证件。

第十三条 水路运输经营者投入运营的船舶应当符合下列条件:

(一)与经营者的经营范围相适应;

(二)取得有效的船舶登记证书和检验证书;

(三)符合国务院交通运输主管部门关于船型技术标准和船龄的要求;

(四)法律、行政法规规定的其他条件。

第十四条 水路运输经营者新增船舶投入运营的,应当凭水路运输业务经营许可证件、船舶登记证书和检验证书向国务院交通运输主管部门或者设区的市级以上地方人民政府负责水路运输管理的部门领取船舶营运证件。

从事水路运输经营的船舶应当随船携带船舶营运证件。

海事管理机构在现场监督检查时,发现从事水路运输的船舶不能提供有效的船舶营运证件的,应当通知有关主管部门依法处理。

第十五条 国家根据保障运输安全、保护水环境、节约能源、提高航道和通航设施利用效率的需求,制定并实施新的船型技术标准时,对正在使用的不符合新标准但符合原有标准且未达到规定报废船龄的船舶,可以采取资金补贴等措施,引导、鼓励水路运输经营者进行更新、改造;需要强制提前报废的,应当对船舶所有人给予补偿。具体办法由国务院交通运输主管部门会同国务院财政部门制定。

第十六条 水路运输经营者不得使用外国籍船舶经营水路运输业务。但是,在国内没有能够满足所申请运输要求的中国籍船舶,并且船舶停靠的港口或者水域为对外开放的港口或者水域的情况下,经国务院交通运输主管部门许可,水路运输经营者可以在国务院交通运输主管部门规定的期限或者航次内,临时使用外国籍船舶运输。

在香港特别行政区、澳门特别行政区、台湾地区进行船籍登记的船舶,参照适用本条例关于外国籍船舶的规定,国务院另有规定的除外。

第三章　水路运输经营活动

第十七条　水路运输经营者应当在依法取得许可的经营范围内从事水路运输经营。

第十八条　水路运输经营者应当使用符合本条例规定条件、配备合格船员的船舶，并保证船舶处于适航状态。

水路运输经营者应当按照船舶核定载客定额或者载重量载运旅客、货物，不得超载或者使用货船载运旅客。

第十九条　水路运输经营者应当依照法律、行政法规和国务院交通运输主管部门关于水路旅客、货物运输的规定、质量标准以及合同的约定，为旅客、货主提供安全、便捷、优质的服务，保证旅客、货物运输安全。

水路旅客运输业务经营者应当为其客运船舶投保承运人责任保险或者取得相应的财务担保。

第二十条　水路运输经营者运输危险货物，应当遵守法律、行政法规以及国务院交通运输主管部门关于危险货物运输的规定，使用依法取得危险货物适装证书的船舶，按照规定的安全技术规范进行配载和运输，保证运输安全。

第二十一条　旅客班轮运输业务经营者应当自取得班轮航线经营许可之日起 60 日内开航，并在开航 15 日前公布所使用的船舶、班期、班次、运价等信息。

旅客班轮运输应当按照公布的班期、班次运行；变更班期、班次、运价的，应当在 15 日前向社会公布；停止经营部分或者全部班轮航线的，应当在 30 日前向社会公布并报原许可机关备案。

第二十二条　货物班轮运输业务经营者应当在班轮航线开航的 7 日前，公布所使用的船舶以及班期、班次和运价。

货物班轮运输应当按照公布的班期、班次运行；变更班期、班次、运价或者停止经营部分或者全部班轮航线的，应当在 7 日前向社会公布。

第二十三条　水路运输经营者应当依照法律、行政法规和国家有关规定，优先运送处置突发事件所需的物资、设备、工具、应急救援人员和受到突发事件危害的人员，重点保障紧急、重要的军事运输。

出现关系国计民生的紧急运输需求时，国务院交通运输主管部门按照国务院的部署，可以要求水路运输经营者优先运输需要紧急运输的物资。水路运输经营者应当按照要求及时运输。

第二十四条 水路运输经营者应当按照统计法律、行政法规的规定报送统计信息。

第四章　水路运输辅助业务

第二十五条 运输船舶的所有人、经营人可以委托船舶管理业务经营者为其提供船舶海务、机务管理等服务。

第二十六条 申请经营船舶管理业务，申请人应当符合下列条件：

（一）取得企业法人资格；

（二）有健全的安全管理制度；

（三）有与其申请管理的船舶运力相适应的海务、机务管理人员；

（四）法律、行政法规规定的其他条件。

第二十七条 经营船舶管理业务，应当经设区的市级以上地方人民政府负责水路运输管理的部门批准。

申请经营船舶管理业务，应当向前款规定的部门提交申请书和证明申请人符合本条例第二十六条规定条件的相关材料。

受理申请的部门应当自受理申请之日起 30 个工作日内审查完毕，作出准予许可或者不予许可的决定。予以许可的，发给船舶管理业务经营许可证件，并向国务院交通运输主管部门备案；不予许可的，应当书面通知申请人并说明理由。

第二十八条 船舶管理业务经营者接受委托提供船舶管理服务，应当与委托人订立书面合同，并将合同报所在地海事管理机构备案。

船舶管理业务经营者应当按照国家有关规定和合同约定履行有关船舶安全和防止污染的管理义务。

第二十九条 水路运输经营者可以委托船舶代理、水路旅客运输代理、水路货物运输代理业务的经营者，代办船舶进出港手续等港口业务，代为签订运输合同，代办旅客、货物承揽业务以及其他水路运输代理业务。

第三十条 船舶代理、水路旅客运输代理业务的经营者应当自企业设立登记之日起 15 个工作日内，向所在地设区的市级人民政府负责水路运输管理的部门备案。

第三十一条 船舶代理、水路旅客运输代理、水路货物运输代理业务的经营者接受委托提供代理服务，应当与委托人订立书面合同，按照国家有关规定和合同约定办理代理业务，不得强行代理，不得为未依法取得水路运输业务经营许可或者超越许可范围的经营者办理代理业务。

第三十二条 本条例第十二条、第十七条的规定适用于船舶管理业务经营者。本条例第十一条、第二十四条的规定适用于船舶管理、船舶代理、水路旅客运输代理和水路货物运输代理业务经营活动。

国务院交通运输主管部门应当依照本条例的规定制定水路运输辅助业务的具体管理办法。

第五章 法律责任

第三十三条 未经许可擅自经营或者超越许可范围经营水路运输业务或者国内船舶管理业务的，由负责水路运输管理的部门责令停止经营，没收违法所得，并处违法所得 1 倍以上 5 倍以下的罚款；没有违法所得或者违法所得不足 3 万元的，处 3 万元以上 15 万元以下的罚款。

第三十四条 水路运输经营者使用未取得船舶营运证件的船舶从事水路运输的，由负责水路运输管理的部门责令该船停止经营，没收违法所得，并处违法所得 1 倍以上 5 倍以下的罚款；没有违法所得或者违法所得不足 2 万元的，处 2 万元以上 10 万元以下的罚款。

从事水路运输经营的船舶未随船携带船舶营运证件的，责令改正，可以处 1000 元以下的罚款。

第三十五条 水路运输经营者未经国务院交通运输主管部门许可或者超越许可范围使用外国籍船舶经营水路运输业务，或者外国的企业、其他经济组织和个人经营或者以租用中国籍船舶或者舱位等方式变相经营水路运输业务的，由负责水路运输管理的部门责令停止经营，没收违法所得，并处违法所得 1 倍以上 5 倍以下的罚款；没有违法所得或者违法所得不足 20 万元的，处 20 万元以上 100 万元以下的罚款。

第三十六条 以欺骗或者贿赂等不正当手段取得本条例规定的行

政许可的，由原许可机关撤销许可，处 2 万元以上 20 万元以下的罚款；有违法所得的，没收违法所得；国务院交通运输主管部门或者负责水路运输管理的部门自撤销许可之日起 3 年内不受理其对该项许可的申请。

第三十七条 出租、出借、倒卖本条例规定的行政许可证件或者以其他方式非法转让本条例规定的行政许可的，由负责水路运输管理的部门责令改正，没收违法所得，并处违法所得 1 倍以上 5 倍以下的罚款；没有违法所得或者违法所得不足 3 万元的，处 3 万元以上 15 万元以下的罚款；情节严重的，由原许可机关吊销相应的许可证件。

伪造、变造、涂改本条例规定的行政许可证件的，由负责水路运输管理的部门没收伪造、变造、涂改的许可证件，处 3 万元以上 15 万元以下的罚款；有违法所得的，没收违法所得。

第三十八条 水路运输经营者有下列情形之一的，由海事管理机构依法予以处罚：

（一）未按照规定配备船员或者未使船舶处于适航状态；

（二）超越船舶核定载客定额或者核定载重量载运旅客或者货物；

（三）使用货船载运旅客；

（四）使用未取得危险货物适装证书的船舶运输危险货物。

第三十九条 水路旅客运输业务经营者未为其经营的客运船舶投保承运人责任保险或者取得相应的财务担保的，由负责水路运输管理的部门责令限期改正，处 2 万元以上 10 万元以下的罚款；逾期不改正的，由原许可机关吊销该客运船舶的船舶营运许可证件。

第四十条 班轮运输业务经营者未提前向社会公布所使用的船舶、班期、班次和运价或者其变更信息的，由负责水路运输管理的部门责令改正，处 2000 元以上 2 万元以下的罚款。

第四十一条 旅客班轮运输业务经营者自取得班轮航线经营许可之日起 60 日内未开航的，由负责水路运输管理的部门责令改正；拒不改正的，由原许可机关撤销该项经营许可。

第四十二条 水路运输、船舶管理业务经营者取得许可后，不再具备本条例规定的许可条件的，由负责水路运输管理的部门责令限期整改；在规定期限内整改仍不合格的，由原许可机关撤销其经营许可。

第四十三条 负责水路运输管理的国家工作人员在水路运输管理活

动中滥用职权、玩忽职守、徇私舞弊，不依法履行职责的，依法给予处分。

第四十四条 违反本条例规定，构成违反治安管理行为的，依法给予治安管理处罚；构成犯罪的，依法追究刑事责任。

第六章 附 则

第四十五条 载客 12 人以下的客运船舶以及乡、镇客运渡船运输的管理办法，由省、自治区、直辖市人民政府另行制定。

第四十六条 本条例自 2013 年 1 月 1 日起施行。1987 年 5 月 12 日国务院发布的《中华人民共和国水路运输管理条例》同时废止。

全国普法学习读本

★ ★ ★ ★ ★

社会实用法律法规读本

交通旅游法律法规读本

交通安全法律法规

魏光朴　主编

汕头大学出版社

图书在版编目（CIP）数据

交通安全法律法规/魏光朴主编 . -- 汕头：汕头
大学出版社（2021.7重印）

（交通旅游法律法规读本）

ISBN 978-7-5658-3213-0

Ⅰ．①交… Ⅱ．①魏… Ⅲ．①道路交通安全法-中国
-学习参考资料 Ⅳ．①D922.144

中国版本图书馆 CIP 数据核字（2017）第 254896 号

交通安全法律法规　　　　　*JIAOTONG ANQUAN FALÜ FAGUI*

主　　编：魏光朴

责任编辑：邹　峰

责任技编：黄东生

封面设计：大华文苑

出版发行：汕头大学出版社

　　　　　广东省汕头市大学路 243 号汕头大学校园内　邮政编码：515063

电　　话：0754-82904613

印　　刷：三河市南阳印刷有限公司

开　　本：690mm×960mm 1/16

印　　张：18

字　　数：226 千字

版　　次：2017 年 10 月第 1 版

印　　次：2021 年 7 月第 2 次印刷

定　　价：59.60元（全 2 册）

ISBN 978-7-5658-3213-0

前　言

习近平总书记指出："推进全民守法，必须着力增强全民法治观念。要坚持把全民普法和守法作为依法治国的长期基础性工作，采取有力措施加强法制宣传教育。要坚持法治教育从娃娃抓起，把法治教育纳入国民教育体系和精神文明创建内容，由易到难、循序渐进不断增强青少年的规则意识。要健全公民和组织守法信用记录，完善守法诚信褒奖机制和违法失信行为惩戒机制，形成守法光荣、违法可耻的社会氛围，使遵法守法成为全体人民共同追求和自觉行动。"

中共中央、国务院曾经转发了中央宣传部、司法部关于在公民中开展法治宣传教育的规划，并发出通知，要求各地区各部门结合实际认真贯彻执行。通知指出，全民普法和守法是依法治国的长期基础性工作。深入开展法治宣传教育，是全面建成小康社会和新农村的重要保障。

普法规划指出：各地区各部门要根据实际需要，从不同群体的特点出发，因地制宜开展有特色的法治宣传教育坚持集中法治宣传教育与经常性法治宣传教育相结合，深化法律进机关、进乡村、进社区、进学校、进企业、进单位的"法律六进"主题活动，完善工作标准，建立长效机制。

特别是农业、农村和农民问题，始终是关系党和人民事业发展的全局性和根本性问题。党中央、国务院发布的《关于推进社会主义新农村建设的若干意见》中明确提出要"加强农村法制建设，深入开展农村普法教育，增强农民的法制观念，提高农民依法行使权利和履行义务的自觉性。"多年普法实践证明，普及法律知识，提高法制观念，增强全社会依法办事意识具有重要作用。特别是在广大农村进行普法教育，是提高全民法律素质的需要。

多年来，我国在农村实行的改革开放取得了极大成功，农村发生了翻天覆地的变化，广大农民生活水平大大得到了提高。但是，由于历史和社会等原因，现阶段我国一些地区农民文化素质还不高，不学法、不懂法、不守法现象虽然较原来有所改变，但仍有相当一部分群众的法制观念仍很淡化，不懂、不愿借助法律来保护自身权益，这就极易受到不法的侵害，或极易进行违法犯罪活动，严重阻碍了全面建成小康社会和新农村步伐。

为此，根据党和政府的指示精神以及普法规划，特别是根据广大农村农民的现状，在有关部门和专家的指导下，特别编辑了这套《全国普法学习读本》。主要包括了广大人民群众应知应懂、实际实用的法律法规。为了辅导学习，附录还收入了相应法律法规的条例准则、实施细则、解读解答、案例分析等；同时为了突出法律法规的实际实用特点，兼顾地方性和特殊性，附录还收入了部分某些地方性法律法规以及非法律法规的政策文件、管理制度、应用表格等内容，拓展了本书的知识范围，使法律法规更"接地气"，便于读者学习掌握和实际应用。

在众多法律法规中，我们通过甄别，淘汰了废止的，精选了最新的、权威的和全面的。但有部分法律法规有些条款不适应当下情况了，却没有颁布新的，我们又不能擅自改动，只得保留原有条款，但附录却有相应的补充修改意见或通知等。众多法律法规根据不同内容和受众特点，经过归类组合，优化配套。整套普法读本非常全面系统，具有很强的学习性、实用性和指导性，非常适合用于广大农村和城乡普法学习教育与实践指导。总之，是全国全民普法的良好读本。

目　　录

中华人民共和国道路交通安全法

中华人民共和国道路交通安全法实施条例

中华人民共和国国防交通法

公路安全保护条例

高速公路交通应急管理程序规定

民用机场航空器活动区道路交通安全管理规则

道路交通安全违法行为处理程序规定

中华人民共和国道路交通安全法

中华人民共和国主席令

第四十七号

《全国人民代表大会常务委员会关于修改〈中华人民共和国道路交通安全法〉的决定》已由中华人民共和国第十一届全国人民代表大会常务委员会第二十次会议于2011年4月22日通过,现予公布,自2011年5月1日起施行。

中华人民共和国主席 胡锦涛

2011年4月22日

（2003年10月28日第十届全国人民代表大会常务委员会第五次会议通过；根据2007年12月29日第十届全国人民代表大会常务委员会第三十一次会议《关于修改〈中华人民共和国道路交通安全法〉的决定》第一次修正；根据2011年4月22日第十一届全国人民代表大会常务委员会第二十次会议《关于修改〈中华人民共和国道路交通安全法〉的决定》第二次修正）

第一章　总　则

第一条　为了维护道路交通秩序，预防和减少交通事故，保护人身安全，保护公民、法人和其他组织的财产安全及其他合法权益，提高通行效率，制定本法。

第二条　中华人民共和国境内的车辆驾驶人、行人、乘车人以及与道路交通活动有关的单位和个人，都应当遵守本法。

第三条　道路交通安全工作，应当遵循依法管理、方便群众的原则，保障道路交通有序、安全、畅通。

第四条　各级人民政府应当保障道路交通安全管理工作与经济建设和社会发展相适应。

县级以上地方各级人民政府应当适应道路交通发展的需要，依据道路交通安全法律、法规和国家有关政策，制定道路交通安全管理规划，并组织实施。

第五条　国务院公安部门负责全国道路交通安全管理工作。县级以上地方各级人民政府公安机关交通管理部门负责本行政区域内的道路交通安全管理工作。

县级以上各级人民政府交通、建设管理部门依据各自职责，负责有关的道路交通工作。

第六条　各级人民政府应当经常进行道路交通安全教育，提高公民的道路交通安全意识。

公安机关交通管理部门及其交通警察执行职务时，应当加强道路交通安全法律、法规的宣传，并模范遵守道路交通安全法律、法规。

机关、部队、企业事业单位、社会团体以及其他组织，应当对本单位的人员进行道路交通安全教育。

教育行政部门、学校应当将道路交通安全教育纳入法制教育的内容。

新闻、出版、广播、电视等有关单位，有进行道路交通安全教育的义务。

第七条 对道路交通安全管理工作，应当加强科学研究，推广、使用先进的管理方法、技术、设备。

第二章　车辆和驾驶人

第一节　机动车、非机动车

第八条 国家对机动车实行登记制度。机动车经公安机关交通管理部门登记后，方可上道路行驶。尚未登记的机动车，需要临时上道路行驶的，应当取得临时通行牌证。

第九条 申请机动车登记，应当提交以下证明、凭证：

（一）机动车所有人的身份证明；

（二）机动车来历证明；

（三）机动车整车出厂合格证明或者进口机动车进口凭证；

（四）车辆购置税的完税证明或者免税凭证；

（五）法律、行政法规规定应当在机动车登记时提交的其他证明、凭证。

公安机关交通管理部门应当自受理申请之日起五个工作日内完成机动车登记审查工作，对符合前款规定条件的，应当发放机动车登记证书、号牌和行驶证；对不符合前款规定条件的，应当向申请人说明不予登记的理由。

公安机关交通管理部门以外的任何单位或者个人不得发放机动车号牌或者要求机动车悬挂其他号牌，本法另有规定的除外。

机动车登记证书、号牌、行驶证的式样由国务院公安部门规定并监制。

第十条 准予登记的机动车应当符合机动车国家安全技术标准。申请机动车登记时，应当接受对该机动车的安全技术检验。但是，经国家机动车产品主管部门依据机动车国家安全技术标准认定的企业生产的机动车型，该车型的新车在出厂时经检验符合机动车国家安全技术标准，获得检验合格证的，免予安全技术检验。

第十一条 驾驶机动车上道路行驶，应当悬挂机动车号牌，放置检验合格标志、保险标志，并随车携带机动车行驶证。

机动车号牌应当按照规定悬挂并保持清晰、完整，不得故意遮挡、污损。

任何单位和个人不得收缴、扣留机动车号牌。

第十二条 有下列情形之一的，应当办理相应的登记：

（一）机动车所有权发生转移的；

（二）机动车登记内容变更的；

（三）机动车用作抵押的；

（四）机动车报废的。

第十三条 对登记后上道路行驶的机动车，应当依照法律、行政法规的规定，根据车辆用途、载客载货数量、使用年限等不同情况，定期进行安全技术检验。对提供机动车行驶证和机动车第三者责任强制保险单的，机动车安全技术检验机构应当予以检验，任何单位不得附加其他条件。对符合机动车国家安全技术标准的，公安机关交通管理部门应当发给检验合格标志。

对机动车的安全技术检验实行社会化。具体办法由国务院规定。

机动车安全技术检验实行社会化的地方，任何单位不得要求机动车到指定的场所进行检验。

公安机关交通管理部门、机动车安全技术检验机构不得要求机动车到指定的场所进行维修、保养。

机动车安全技术检验机构对机动车检验收取费用，应当严格执行国务院价格主管部门核定的收费标准。

第十四条 国家实行机动车强制报废制度，根据机动车的安全技术状况和不同用途，规定不同的报废标准。

应当报废的机动车必须及时办理注销登记。

达到报废标准的机动车不得上道路行驶。报废的大型客、货车及其他营运车辆应当在公安机关交通管理部门的监督下解体。

第十五条 警车、消防车、救护车、工程救险车应当按照规定喷涂标志图案，安装警报器、标志灯具。其他机动车不得喷涂、安装、使用上述车辆专用的或者与其相类似的标志图案、警报器或者标志灯具。

警车、消防车、救护车、工程救险车应当严格按照规定的用途和条件使用。

公路监督检查的专用车辆，应当依照公路法的规定，设置统一的标志和示警灯。

第十六条 任何单位或者个人不得有下列行为：

（一）拼装机动车或者擅自改变机动车已登记的结构、构造或者特征；

（二）改变机动车型号、发动机号、车架号或者车辆识别代号；

（三）伪造、变造或者使用伪造、变造的机动车登记证书、号牌、行驶证、检验合格标志、保险标志；

（四）使用其他机动车的登记证书、号牌、行驶证、检验合格标志、保险标志。

第十七条 国家实行机动车第三者责任强制保险制度，设立道路交通事故社会救助基金。具体办法由国务院规定。

第十八条 依法应当登记的非机动车，经公安机关交通管理部门登记后，方可上道路行驶。

依法应当登记的非机动车的种类，由省、自治区、直辖市人民政府根据当地实际情况规定。

非机动车的外形尺寸、质量、制动器、车铃和夜间反光装置，应当符合非机动车安全技术标准。

第二节　机动车驾驶人

第十九条 驾驶机动车，应当依法取得机动车驾驶证。

申请机动车驾驶证，应当符合国务院公安部门规定的驾驶许可条件；经考试合格后，由公安机关交通管理部门发给相应类别的机动车驾驶证。

持有境外机动车驾驶证的人，符合国务院公安部门规定的驾驶许可条件，经公安机关交通管理部门考核合格的，可以发给中国的机动车驾驶证。

驾驶人应当按照驾驶证载明的准驾车型驾驶机动车；驾驶机动车时，应当随身携带机动车驾驶证。

公安机关交通管理部门以外的任何单位或者个人，不得收缴、扣留机动车驾驶证。

第二十条 机动车的驾驶培训实行社会化，由交通主管部门对驾驶培训学校、驾驶培训班实行资格管理，其中专门的拖拉机驾驶培训学校、驾驶培训班由农业（农业机械）主管部门实行资格管理。

驾驶培训学校、驾驶培训班应当严格按照国家有关规定，对学员进行道路交通安全法律、法规、驾驶技能的培训，确保培训质量。

任何国家机关以及驾驶培训和考试主管部门不得举办或者参与举办驾驶培训学校、驾驶培训班。

第二十一条 驾驶人驾驶机动车上道路行驶前，应当对机动车的安全技术性能进行认真检查；不得驾驶安全设施不全或者机件不符合技术标准等具有安全隐患的机动车。

第二十二条 机动车驾驶人应当遵守道路交通安全法律、法规的规定，按照操作规范安全驾驶、文明驾驶。

饮酒、服用国家管制的精神药品或者麻醉药品，或者患有妨碍安全驾驶机动车的疾病，或者过度疲劳影响安全驾驶的，不得驾驶机动车。

任何人不得强迫、指使、纵容驾驶人违反道路交通安全法律、法规和机动车安全驾驶要求驾驶机动车。

第二十三条 公安机关交通管理部门依照法律、行政法规的规定，定期对机动车驾驶证实施审验。

第二十四条 公安机关交通管理部门对机动车驾驶人违反道路交通安全法律、法规的行为，除依法给予行政处罚外，实行累积记分制度。公安机关交通管理部门对累积记分达到规定分值的机动车驾驶人，扣留机动车驾驶证，对其进行道路交通安全法律、法规教育，重新考试；考试合格的，发还其机动车驾驶证。

对遵守道路交通安全法律、法规，在一年内无累积记分的机动车驾驶人，可以延长机动车驾驶证的审验期。具体办法由国务院公安部门规定。

第三章　道路通行条件

第二十五条 全国实行统一的道路交通信号。

交通信号包括交通信号灯、交通标志、交通标线和交通警察的指挥。

交通信号灯、交通标志、交通标线的设置应当符合道路交通安全、畅通的要求和国家标准,并保持清晰、醒目、准确、完好。

根据通行需要,应当及时增设、调换、更新道路交通信号。增设、调换、更新限制性的道路交通信号,应当提前向社会公告,广泛进行宣传。

第二十六条 交通信号灯由红灯、绿灯、黄灯组成。红灯表示禁止通行,绿灯表示准许通行,黄灯表示警示。

第二十七条 铁路与道路平面交叉的道口,应当设置警示灯、警示标志或者安全防护设施。无人看守的铁路道口,应当在距道口一定距离处设置警示标志。

第二十八条 任何单位和个人不得擅自设置、移动、占用、损毁交通信号灯、交通标志、交通标线。

道路两侧及隔离带上种植的树木或者其他植物,设置的广告牌、管线等,应当与交通设施保持必要的距离,不得遮挡路灯、交通信号灯、交通标志,不得妨碍安全视距,不得影响通行。

第二十九条 道路、停车场和道路配套设施的规划、设计、建设,应当符合道路交通安全、畅通的要求,并根据交通需求及时调整。

公安机关交通管理部门发现已经投入使用的道路存在交通事故频发路段,或者停车场、道路配套设施存在交通安全严重隐患的,应当及时向当地人民政府报告,并提出防范交通事故、消除隐患的建议,当地人民政府应当及时作出处理决定。

第三十条 道路出现坍塌、坑漕、水毁、隆起等损毁或者交通信号灯、交通标志、交通标线等交通设施损毁、灭失的,道路、交通设施的养护部门或者管理部门应当设置警示标志并及时修复。

公安机关交通管理部门发现前款情形，危及交通安全，尚未设置警示标志的，应当及时采取安全措施，疏导交通，并通知道路、交通设施的养护部门或者管理部门。

第三十一条 未经许可，任何单位和个人不得占用道路从事非交通活动。

第三十二条 因工程建设需要占用、挖掘道路，或者跨越、穿越道路架设、增设管线设施，应当事先征得道路主管部门的同意；影响交通安全的，还应当征得公安机关交通管理部门的同意。

施工作业单位应当在经批准的路段和时间内施工作业，并在距离施工作业地点来车方向安全距离处设置明显的安全警示标志，采取防护措施；施工作业完毕，应当迅速清除道路上的障碍物，消除安全隐患，经道路主管部门和公安机关交通管理部门验收合格，符合通行要求后，方可恢复通行。

对未中断交通的施工作业道路，公安机关交通管理部门应当加强交通安全监督检查，维护道路交通秩序。

第三十三条 新建、改建、扩建的公共建筑、商业街区、居住区、大（中）型建筑等，应当配建、增建停车场；停车泊位不足的，应当及时改建或者扩建；投入使用的停车场不得擅自停止使用或者改作他用。

在城市道路范围内，在不影响行人、车辆通行的情况下，政府有关部门可以施划停车泊位。

第三十四条 学校、幼儿园、医院、养老院门前的道路没有行人过街设施的，应当施划人行横道线，设置提示标志。

城市主要道路的人行道，应当按照规划设置盲道。盲道的设置应当符合国家标准。

第四章 道路通行规定

第一节 一般规定

第三十五条 机动车、非机动车实行右侧通行。

第三十六条 根据道路条件和通行需要，道路划分为机动车道、非机动车道和人行道的，机动车、非机动车、行人实行分道通行。没有划分机动车道、非机动车道和人行道的，机动车在道路中间通行，非机动车和行人在道路两侧通行。

第三十七条 道路划设专用车道的，在专用车道内，只准许规定的车辆通行，其他车辆不得进入专用车道内行驶。

第三十八条 车辆、行人应当按照交通信号通行；遇有交通警察现场指挥时，应当按照交通警察的指挥通行；在没有交通信号的道路上，应当在确保安全、畅通的原则下通行。

第三十九条 公安机关交通管理部门根据道路和交通流量的具体情况，可以对机动车、非机动车、行人采取疏导、限制通行、禁止通行等措施。遇有大型群众性活动、大范围施工等情况，需要采取限制交通的措施，或者作出与公众的道路交通活动直接有关的决定，应当提前向社会公告。

第四十条 遇有自然灾害、恶劣气象条件或者重大交通事故等严重影响交通安全的情形，采取其他措施难以保证交通安全时，公安机关交通管理部门可以实行交通管制。

第四十一条 有关道路通行的其他具体规定，由国务院规定。

第二节 机动车通行规定

第四十二条 机动车上道路行驶，不得超过限速标志标明的最高时速。在没有限速标志的路段，应当保持安全车速。

夜间行驶或者在容易发生危险的路段行驶，以及遇有沙尘、冰雹、雨、雪、雾、结冰等气象条件时，应当降低行驶速度。

第四十三条 同车道行驶的机动车，后车应当与前车保持足以采取紧急制动措施的安全距离。有下列情形之一的，不得超车：

（一）前车正在左转弯、掉头、超车的；

（二）与对面来车有会车可能的；

（三）前车为执行紧急任务的警车、消防车、救护车、工程救险车的；

（四）行经铁路道口、交叉路口、窄桥、弯道、陡坡、隧道、人行横道、市区交通流量大的路段等没有超车条件的。

第四十四条 机动车通过交叉路口，应当按照交通信号灯、交通标志、交通标线或者交通警察的指挥通过；通过没有交通信号灯、交通标志、交通标线或者交通警察指挥的交叉路口时，应当减速慢行，并让行人和优先通行的车辆先行。

第四十五条 机动车遇有前方车辆停车排队等候或者缓慢行驶时，不得借道超车或者占用对面车道，不得穿插等候的车辆。

在车道减少的路段、路口，或者在没有交通信号灯、交通标志、交通标线或者交通警察指挥的交叉路口遇到停车排队等候或者缓慢行驶时，机动车应当依次交替通行。

第四十六条 机动车通过铁路道口时，应当按照交通信号或者管理人员的指挥通行；没有交通信号或者管理人员的，应当减速或者停车，在确认安全后通过。

第四十七条 机动车行经人行横道时，应当减速行驶；遇行人正在通过人行横道，应当停车让行。

机动车行经没有交通信号的道路时，遇行人横过道路，应当避让。

第四十八条 机动车载物应当符合核定的载质量，严禁超载；载物的长、宽、高不得违反装载要求，不得遗洒、飘散载运物。

机动车运载超限的不可解体的物品，影响交通安全的，应当按照公安机关交通管理部门指定的时间、路线、速度行驶，悬挂明显标志。在公路上运载超限的不可解体的物品，并应当依照公路法的规定执行。

机动车载运爆炸物品、易燃易爆化学物品以及剧毒、放射性等危险物品，应当经公安机关批准后，按指定的时间、路线、速度行驶，悬挂警示标志并采取必要的安全措施。

第四十九条　机动车载人不得超过核定的人数，客运机动车不得违反规定载货。

第五十条　禁止货运机动车载客。

货运机动车需要附载作业人员的，应当设置保护作业人员的安全措施。

第五十一条　机动车行驶时，驾驶人、乘坐人员应当按规定使用安全带，摩托车驾驶人及乘坐人员应当按规定戴安全头盔。

第五十二条　机动车在道路上发生故障，需要停车排除故障时，驾驶人应当立即开启危险报警闪光灯，将机动车移至不妨碍交通的地方停放；难以移动的，应当持续开启危险报警闪光灯，并在来车方向设置警告标志等措施扩大示警距离，必要时迅速报警。

第五十三条　警车、消防车、救护车、工程救险车执行紧急任务时，可以使用警报器、标志灯具；在确保安全的前提下，不受行驶路线、行驶方向、行驶速度和信号灯的限制，其他车辆和行人应当让行。

警车、消防车、救护车、工程救险车非执行紧急任务时，不得使用警报器、标志灯具，不享有前款规定的道路优先通行权。

第五十四条 道路养护车辆、工程作业车进行作业时，在不影响过往车辆通行的前提下，其行驶路线和方向不受交通标志、标线限制，过往车辆和人员应当注意避让。

洒水车、清扫车等机动车应当按照安全作业标准作业；在不影响其他车辆通行的情况下，可以不受车辆分道行驶的限制，但是不得逆向行驶。

第五十五条 高速公路、大中城市中心城区内的道路，禁止拖拉机通行。其他禁止拖拉机通行的道路，由省、自治区、直辖市人民政府根据当地实际情况规定。

在允许拖拉机通行的道路上，拖拉机可以从事货运，但是不得用于载人。

第五十六条 机动车应当在规定地点停放。禁止在人行道上停放机动车；但是，依照本法第三十三条规定施划的停车泊位除外。

在道路上临时停车的，不得妨碍其他车辆和行人通行。

第三节 非机动车通行规定

第五十七条 驾驶非机动车在道路上行驶应当遵守有关交通安全的规定。非机动车应当在非机动车道内行驶；在没有非机动车道的道路上，应当靠车行道的右侧行驶。

第五十八条 残疾人机动轮椅车、电动自行车在非机动车道内行驶时，最高时速不得超过十五公里。

第五十九条 非机动车应当在规定地点停放。未设停放地点的，非机动车停放不得妨碍其他车辆和行人通行。

第六十条 驾驭畜力车，应当使用驯服的牲畜；驾驭畜力车横过道路时，驾驭人应当下车牵引牲畜；驾驭人离开车辆时，应当拴系牲畜。

第四节　行人和乘车人通行规定

第六十一条　行人应当在人行道内行走，没有人行道的靠路边行走。

第六十二条　行人通过路口或者横过道路，应当走人行横道或者过街设施；通过有交通信号灯的人行横道，应当按照交通信号灯指示通行；通过没有交通信号灯、人行横道的路口，或者在没有过街设施的路段横过道路，应当在确认安全后通过。

第六十三条　行人不得跨越、倚坐道路隔离设施，不得扒车、强行拦车或者实施妨碍道路交通安全的其他行为。

第六十四条　学龄前儿童以及不能辨认或者不能控制自己行为的精神疾病患者、智力障碍者在道路上通行，应当由其监护人、监护人委托的人或者对其负有管理、保护职责的人带领。

盲人在道路上通行，应当使用盲杖或者采取其他导盲手段，车辆应当避让盲人。

第六十五条　行人通过铁路道口时，应当按照交通信号或者管理人员的指挥通行；没有交通信号和管理人员的，应当在确认无火车驶临后，迅速通过。

第六十六条　乘车人不得携带易燃易爆等危险物品，不得向车外抛洒物品，不得有影响驾驶人安全驾驶的行为。

第五节　高速公路的特别规定

第六十七条　行人、非机动车、拖拉机、轮式专用机械车、铰接式客车、全挂拖斗车以及其他设计最高时速低于七十公里的机动车，不得进入高速公路。高速公路限速标志标明的最高时速不得超过一百二十公里。

第六十八条　机动车在高速公路上发生故障时，应当依照本法第五十二条的有关规定办理；但是，警告标志应当设置在故障车来车方向一百五十米以外，车上人员应当迅速转移到右侧路肩上或者应急车道内，并且迅速报警。

机动车在高速公路上发生故障或者交通事故，无法正常行驶的，应当由救援车、清障车拖曳、牵引。

第六十九条　任何单位、个人不得在高速公路上拦截检查行驶的车辆，公安机关的人民警察依法执行紧急公务除外。

第五章　交通事故处理

第七十条　在道路上发生交通事故，车辆驾驶人应当立即停车，保护现场；造成人身伤亡的，车辆驾驶人应当立即抢救受伤人员，并迅速报告执勤的交通警察或者公安机关交通管理部门。因抢救受伤人员变动现场的，应当标明位置。乘车人、过往车辆驾驶人、过往行人应当予以协助。

在道路上发生交通事故，未造成人身伤亡，当事人对事实及成因无争议的，可以即行撤离现场，恢复交通，自行协商处理损害赔偿事宜；不即行撤离现场的，应当迅速报告执勤的交通警察或者公安机关交通管理部门。

在道路上发生交通事故，仅造成轻微财产损失，并且基本事实清楚的，当事人应当先撤离现场再进行协商处理。

第七十一条　车辆发生交通事故后逃逸的，事故现场目击人员和其他知情人员应当向公安机关交通管理部门或者交通警察举报。举报属实的，公安机关交通管理部门应当给予奖励。

第七十二条　公安机关交通管理部门接到交通事故报警后，应当立即派交通警察赶赴现场，先组织抢救受伤人员，并采取措施，尽快恢复交通。

交通警察应当对交通事故现场进行勘验、检查，收集证据；因收集证据的需要，可以扣留事故车辆，但是应当妥善保管，以备核查。

对当事人的生理、精神状况等专业性较强的检验，公安机关交通管理部门应当委托专门机构进行鉴定。鉴定结论应当由鉴定人签名。

第七十三条 公安机关交通管理部门应当根据交通事故现场勘验、检查、调查情况和有关的检验、鉴定结论，及时制作交通事故认定书，作为处理交通事故的证据。交通事故认定书应当载明交通事故的基本事实、成因和当事人的责任，并送达当事人。

第七十四条 对交通事故损害赔偿的争议，当事人可以请求公安机关交通管理部门调解，也可以直接向人民法院提起民事诉讼。

经公安机关交通管理部门调解，当事人未达成协议或者调解书生效后不履行的，当事人可以向人民法院提起民事诉讼。

第七十五条 医疗机构对交通事故中的受伤人员应当及时抢救，不得因抢救费用未及时支付而拖延救治。肇事车辆参加机动车第三者责任强制保险的，由保险公司在责任限额范围内支付抢救费用；抢救费用超过责任限额的，未参加机动车第三者责任强制保险或者肇事后逃逸的，由道路交通事故社会救助基金先行垫付部分或者全部抢救费用，道路交通事故社会救助基金管理机构有权向交通事故责任人追偿。

第七十六条 机动车发生交通事故造成人身伤亡、财产损失的，由保险公司在机动车第三者责任强制保险责任限额范围内予以赔偿；不足的部分，按照下列规定承担赔偿责任：

（一）机动车之间发生交通事故的，由有过错的一方承担赔偿责任；双方都有过错的，按照各自过错的比例分担责任。

（二）机动车与非机动车驾驶人、行人之间发生交通事故，非机动车驾驶人、行人没有过错的，由机动车一方承担赔偿责任；有证据证明非机动车驾驶人、行人有过错的，根据过错程度适当减轻机动车一方的赔偿责任；机动车一方没有过错的，承担不超过百分之十的赔偿责任。

交通事故的损失是由非机动车驾驶人、行人故意碰撞机动车造成的，机动车一方不承担赔偿责任。

第七十七条 车辆在道路以外通行时发生的事故，公安机关交通管理部门接到报案的，参照本法有关规定办理。

第六章 执法监督

第七十八条 公安机关交通管理部门应当加强对交通警察的管理，提高交通警察的素质和管理道路交通的水平。

公安机关交通管理部门应当对交通警察进行法制和交通安全管理业务培训、考核。交通警察经考核不合格的，不得上岗执行职务。

第七十九条 公安机关交通管理部门及其交通警察实施道路交通安全管理，应当依据法定的职权和程序，简化办事手续，做到公正、严格、文明、高效。

第八十条 交通警察执行职务时，应当按照规定着装，佩带人民警察标志，持有人民警察证件，保持警容严整，举止端庄，指挥规范。

第八十一条 依照本法发放牌证等收取工本费，应当严格执行国务院价格主管部门核定的收费标准，并全部上缴国库。

第八十二条 公安机关交通管理部门依法实施罚款的行政处罚，应当依照有关法律、行政法规的规定，实施罚款决定与罚款收缴分离；收缴的罚款以及依法没收的违法所得，应当全部上缴国库。

第八十三条　交通警察调查处理道路交通安全违法行为和交通事故，有下列情形之一的，应当回避：

（一）是本案的当事人或者当事人的近亲属；

（二）本人或者其近亲属与本案有利害关系；

（三）与本案当事人有其他关系，可能影响案件的公正处理。

第八十四条　公安机关交通管理部门及其交通警察的行政执法活动，应当接受行政监察机关依法实施的监督。

公安机关督察部门应当对公安机关交通管理部门及其交通警察执行法律、法规和遵守纪律的情况依法进行监督。

上级公安机关交通管理部门应当对下级公安机关交通管理部门的执法活动进行监督。

第八十五条　公安机关交通管理部门及其交通警察执行职务，应当自觉接受社会和公民的监督。

任何单位和个人都有权对公安机关交通管理部门及其交通警察不严格执法以及违法违纪行为进行检举、控告。收到检举、控告的机关，应当依据职责及时查处。

第八十六条　任何单位不得给公安机关交通管理部门下达或者变相下达罚款指标；公安机关交通管理部门不得以罚款数额作为考核交通警察的标准。

公安机关交通管理部门及其交通警察对超越法律、法规规定的指令，有权拒绝执行，并同时向上级机关报告。

第七章　法律责任

第八十七条　公安机关交通管理部门及其交通警察对道路交

通安全违法行为，应当及时纠正。

公安机关交通管理部门及其交通警察应当依据事实和本法的有关规定对道路交通安全违法行为予以处罚。对于情节轻微，未影响道路通行的，指出违法行为，给予口头警告后放行。

第八十八条 对道路交通安全违法行为的处罚种类包括：警告、罚款、暂扣或者吊销机动车驾驶证、拘留。

第八十九条 行人、乘车人、非机动车驾驶人违反道路交通安全法律、法规关于道路通行规定的，处警告或者五元以上五十元以下罚款；非机动车驾驶人拒绝接受罚款处罚的，可以扣留其非机动车。

第九十条 机动车驾驶人违反道路交通安全法律、法规关于道路通行规定的，处警告或者二十元以上二百元以下罚款。本法另有规定的，依照规定处罚。

第九十一条 饮酒后驾驶机动车的，处暂扣六个月机动车驾驶证，并处一千元以上二千元以下罚款。因饮酒后驾驶机动车被处罚，再次饮酒后驾驶机动车的，处十日以下拘留，并处一千元以上二千元以下罚款，吊销机动车驾驶证。

醉酒驾驶机动车的，由公安机关交通管理部门约束至酒醒，吊销机动车驾驶证，依法追究刑事责任；五年内不得重新取得机动车驾驶证。

饮酒后驾驶营运机动车的，处十五日拘留，并处五千元罚款，吊销机动车驾驶证，五年内不得重新取得机动车驾驶证。

醉酒驾驶营运机动车的，由公安机关交通管理部门约束至酒醒，吊销机动车驾驶证，依法追究刑事责任；十年内不得重新取得机动车驾驶证，重新取得机动车驾驶证后，不得驾驶营运机动车。

饮酒后或者醉酒驾驶机动车发生重大交通事故，构成犯罪的，依法追究刑事责任，并由公安机关交通管理部门吊销机动车驾驶证，终生不得重新取得机动车驾驶证。

第九十二条 公路客运车辆载客超过额定乘员的，处二百元以上五百元以下罚款；超过额定乘员百分之二十或者违反规定载货的，处五百元以上二千元以下罚款。

货运机动车超过核定载质量的，处二百元以上五百元以下罚款；超过核定载质量百分之三十或者违反规定载客的，处五百元以上二千元以下罚款。

有前两款行为的，由公安机关交通管理部门扣留机动车至违法状态消除。

运输单位的车辆有本条第一款、第二款规定的情形，经处罚不改的，对直接负责的主管人员处二千元以上五千元以下罚款。

第九十三条 对违反道路交通安全法律、法规关于机动车停放、临时停车规定的，可以指出违法行为，并予以口头警告，令其立即驶离。

机动车驾驶人不在现场或者虽在现场但拒绝立即驶离，妨碍其他车辆、行人通行的，处二十元以上二百元以下罚款，并可以将该机动车拖移至不妨碍交通的地点或者公安机关交通管理部门指定的地点停放。公安机关交通管理部门拖车不得向当事人收取费用，并应当及时告知当事人停放地点。

因采取不正确的方法拖车造成机动车损坏的，应当依法承担补偿责任。

第九十四条 机动车安全技术检验机构实施机动车安全技术检验超过国务院价格主管部门核定的收费标准收取费用的，退还多收取的费用，并由价格主管部门依照《中华人民共和国价格法》的有关规定给予处罚。

机动车安全技术检验机构不按照机动车国家安全技术标准进

行检验，出具虚假检验结果的，由公安机关交通管理部门处所收检验费用五倍以上十倍以下罚款，并依法撤销其检验资格；构成犯罪的，依法追究刑事责任。

第九十五条 上道路行驶的机动车未悬挂机动车号牌，未放置检验合格标志、保险标志，或者未随车携带行驶证、驾驶证的，公安机关交通管理部门应当扣留机动车，通知当事人提供相应的牌证、标志或者补办相应手续，并可以依照本法第九十条的规定予以处罚。当事人提供相应的牌证、标志或者补办相应手续的，应当及时退还机动车。

故意遮挡、污损或者不按规定安装机动车号牌的，依照本法第九十条的规定予以处罚。

第九十六条 伪造、变造或者使用伪造、变造的机动车登记证书、号牌、行驶证、驾驶证的，由公安机关交通管理部门予以收缴，扣留该机动车，处十五日以下拘留，并处二千元以上五千元以下罚款；构成犯罪的，依法追究刑事责任。

伪造、变造或者使用伪造、变造的检验合格标志、保险标志的，由公安机关交通管理部门予以收缴，扣留该机动车，处十日以下拘留，并处一千元以上三千元以下罚款；构成犯罪的，依法追究刑事责任。

使用其他车辆的机动车登记证书、号牌、行驶证、检验合格标志、保险标志的，由公安机关交通管理部门予以收缴，扣留该机动车，处二千元以上五千元以下罚款。

当事人提供相应的合法证明或者补办相应手续的，应当及时退还机动车。

第九十七条 非法安装警报器、标志灯具的，由公安机关交通管理部门强制拆除，予以收缴，并处二百元以上二千元以下罚款。

第九十八条 机动车所有人、管理人未按照国家规定投保机动车第三者责任强制保险的，由公安机关交通管理部门扣留车辆至依照规定投保后，并处依照规定投保最低责任限额应缴纳的保险费的二倍罚款。

依照前款缴纳的罚款全部纳入道路交通事故社会救助基金。具体办法由国务院规定。

第九十九条 有下列行为之一的，由公安机关交通管理部门处二百元以上二千元以下罚款：

（一）未取得机动车驾驶证、机动车驾驶证被吊销或者机动车驾驶证被暂扣期间驾驶机动车的；

（二）将机动车交由未取得机动车驾驶证或者机动车驾驶证被吊销、暂扣的人驾驶的；

（三）造成交通事故后逃逸，尚不构成犯罪的；

（四）机动车行驶超过规定时速百分之五十的；

（五）强迫机动车驾驶人违反道路交通安全法律、法规和机动车安全驾驶要求驾驶机动车，造成交通事故，尚不构成犯罪的；

（六）违反交通管制的规定强行通行，不听劝阻的；

（七）故意损毁、移动、涂改交通设施，造成危害后果，尚不构成犯罪的；

（八）非法拦截、扣留机动车辆，不听劝阻，造成交通严重阻塞或者较大财产损失的。

行为人有前款第二项、第四项情形之一的，可以并处吊销机动车驾驶证；有第一项、第三项、第五项至第八项情形之一的，可以并处十五日以下拘留。

第一百条 驾驶拼装的机动车或者已达到报废标准的机动车上道路行驶的，公安机关交通管理部门应当予以收缴，强制报废。

对驾驶前款所列机动车上道路行驶的驾驶人，处二百元以上二千元以下罚款，并吊销机动车驾驶证。

出售已达到报废标准的机动车的，没收违法所得，处销售金额等额的罚款，对该机动车依照本条第一款的规定处理。

第一百零一条 违反道路交通安全法律、法规的规定，发生重大交通事故，构成犯罪的，依法追究刑事责任，并由公安机关交通管理部门吊销机动车驾驶证。

造成交通事故后逃逸的，由公安机关交通管理部门吊销机动车驾驶证，且终生不得重新取得机动车驾驶证。

第一百零二条 对六个月内发生二次以上特大交通事故负有主要责任或者全部责任的专业运输单位，由公安机关交通管理部门责令消除安全隐患，未消除安全隐患的机动车，禁止上道路行驶。

第一百零三条 国家机动车产品主管部门未按照机动车国家安全技术标准严格审查，许可不合格机动车型投入生产的，对负有责任的主管人员和其他直接责任人员给予降级或者撤职的行政处分。

机动车生产企业经国家机动车产品主管部门许可生产的机动车型，不执行机动车国家安全技术标准或者不严格进行机动车成品质量检验，致使质量不合格的机动车出厂销售的，由质量技术监督部门依照《中华人民共和国产品质量法》的有关规定给予处罚。

擅自生产、销售未经国家机动车产品主管部门许可生产的机动车型的，没收非法生产、销售的机动车成品及配件，可以并处非法产品价值三倍以上五倍以下罚款；有营业执照的，由工商行政管理部门吊销营业执照，没有营业执照的，予以查封。

生产、销售拼装的机动车或者生产、销售擅自改装的机动车的，依照本条第三款的规定处罚。

有本条第二款、第三款、第四款所列违法行为，生产或者销售不符合机动车国家安全技术标准的机动车，构成犯罪的，依法追究刑事责任。

第一百零四条 未经批准，擅自挖掘道路、占用道路施工或者从事其他影响道路交通安全活动的，由道路主管部门责令停止违法行为，并恢复原状，可以依法给予罚款；致使通行的人员、车辆及其他财产遭受损失的，依法承担赔偿责任。

有前款行为，影响道路交通安全活动的，公安机关交通管理部门可以责令停止违法行为，迅速恢复交通。

第一百零五条 道路施工作业或者道路出现损毁，未及时设置警示标志、未采取防护措施，或者应当设置交通信号灯、交通标志、交通标线而没有设置或者应当及时变更交通信号灯、交通标志、交通标线而没有及时变更，致使通行的人员、车辆及其他财产遭受损失的，负有相关职责的单位应当依法承担赔偿责任。

第一百零六条 在道路两侧及隔离带上种植树木、其他植物或者设置广告牌、管线等，遮挡路灯、交通信号灯、交通标志，妨碍安全视距的，由公安机关交通管理部门责令行为人排除妨碍；拒不执行的，处二百元以上二千元以下罚款，并强制排除妨碍，所需费用由行为人负担。

第一百零七条 对道路交通违法行为人予以警告、二百元以下罚款，交通警察可以当场作出行政处罚决定，并出具行政处罚决定书。

行政处罚决定书应当载明当事人的违法事实、行政处罚的依据、处罚内容、时间、地点以及处罚机关名称，并由执法人员签名或者盖章。

第一百零八条 当事人应当自收到罚款的行政处罚决定书之日起十五日内，到指定的银行缴纳罚款。

对行人、乘车人和非机动车驾驶人的罚款，当事人无异议的，可以当场予以收缴罚款。

罚款应当开具省、自治区、直辖市财政部门统一制发的罚款收据；不出具财政部门统一制发的罚款收据的，当事人有权拒绝缴纳罚款。

第一百零九条 当事人逾期不履行行政处罚决定的，作出行政处罚决定的行政机关可以采取下列措施：

（一）到期不缴纳罚款的，每日按罚款数额的百分之三加处罚款；

（二）申请人民法院强制执行。

第一百一十条 执行职务的交通警察认为应当对道路交通违法行为人给予暂扣或者吊销机动车驾驶证处罚的，可以先予扣留机动车驾驶证，并在二十四小时内将案件移交公安机关交通管理部门处理。

道路交通违法行为人应当在十五日内到公安机关交通管理部门接受处理。无正当理由逾期未接受处理的，吊销机动车驾驶证。

公安机关交通管理部门暂扣或者吊销机动车驾驶证的，应当出具行政处罚决定书。

第一百一十一条 对违反本法规定予以拘留的行政处罚，由县、市公安局、公安分局或者相当于县一级的公安机关裁决。

第一百一十二条 公安机关交通管理部门扣留机动车、非机动车，应当当场出具凭证，并告知当事人在规定期限内到公安机关交通管理部门接受处理。

公安机关交通管理部门对被扣留的车辆应当妥善保管，不得使用。

逾期不来接受处理，并且经公告三个月仍不来接受处理的，对扣留的车辆依法处理。

第一百一十三条　暂扣机动车驾驶证的期限从处罚决定生效之日起计算；处罚决定生效前先予扣留机动车驾驶证的，扣留一日折抵暂扣期限一日。

吊销机动车驾驶证后重新申请领取机动车驾驶证的期限，按照机动车驾驶证管理规定办理。

第一百一十四条　公安机关交通管理部门根据交通技术监控记录资料，可以对违法的机动车所有人或者管理人依法予以处罚。对能够确定驾驶人的，可以依照本法的规定依法予以处罚。

第一百一十五条　交通警察有下列行为之一的，依法给予行政处分：

（一）为不符合法定条件的机动车发放机动车登记证书、号牌、行驶证、检验合格标志的；

（二）批准不符合法定条件的机动车安装、使用警车、消防车、救护车、工程救险车的警报器、标志灯具，喷涂标志图案的；

（三）为不符合驾驶许可条件、未经考试或者考试不合格人员发放机动车驾驶证的；

（四）不执行罚款决定与罚款收缴分离制度或者不按规定将依法收取的费用、收缴的罚款及没收的违法所得全部上缴国库的；

（五）举办或者参与举办驾驶学校或者驾驶培训班、机动车修理厂或者收费停车场等经营活动的；

（六）利用职务上的便利收受他人财物或者谋取其他利益的；

（七）违法扣留车辆、机动车行驶证、驾驶证、车辆号牌的；

（八）使用依法扣留的车辆的；

（九）当场收取罚款不开具罚款收据或者不如实填写罚款额的；

（十）徇私舞弊，不公正处理交通事故的；

（十一）故意刁难，拖延办理机动车牌证的；

（十二）非执行紧急任务时使用警报器、标志灯具的；

（十三）违反规定拦截、检查正常行驶的车辆的；

（十四）非执行紧急公务时拦截搭乘机动车的；

（十五）不履行法定职责的。

公安机关交通管理部门有前款所列行为之一的，对直接负责的主管人员和其他直接责任人员给予相应的行政处分。

第一百一十六条 依照本法第一百一十五条的规定，给予交通警察行政处分的，在作出行政处分决定前，可以停止其执行职务；必要时，可以予以禁闭。

依照本法第一百一十五条的规定，交通警察受到降级或者撤职行政处分的，可以予以辞退。

交通警察受到开除处分或者被辞退的，应当取消警衔；受到撤职以下行政处分的交通警察，应当降低警衔。

第一百一十七条 交通警察利用职权非法占有公共财物，索取、收受贿赂，或者滥用职权、玩忽职守，构成犯罪的，依法追究刑事责任。

第一百一十八条 公安机关交通管理部门及其交通警察有本法第一百一十五条所列行为之一，给当事人造成损失的，应当依法承担赔偿责任。

第八章 附 则

第一百一十九条 本法中下列用语的含义：

（一）"道路"，是指公路、城市道路和虽在单位管辖范围但允许社会机动车通行的地方，包括广场、公共停车场等用于公众通行的场所。

（二）"车辆"，是指机动车和非机动车。

（三）"机动车"，是指以动力装置驱动或者牵引，上道路行驶的供人员乘用或者用于运送物品以及进行工程专项作业的轮式车辆。

（四）"非机动车"，是指以人力或者畜力驱动，上道路行驶的交通工具，以及虽有动力装置驱动但设计最高时速、空车质量、外形尺寸符合有关国家标准的残疾人机动轮椅车、电动自行车等交通工具。

（五）"交通事故"，是指车辆在道路上因过错或者意外造成的人身伤亡或者财产损失的事件。

第一百二十条　中国人民解放军和中国人民武装警察部队在编机动车牌证、在编机动车检验以及机动车驾驶人考核工作，由中国人民解放军、中国人民武装警察部队有关部门负责。

第一百二十一条　对上道路行驶的拖拉机，由农业（农业机械）主管部门行使本法第八条、第九条、第十三条、第十九条、第二十三条规定的公安机关交通管理部门的管理职权。

农业（农业机械）主管部门依照前款规定行使职权，应当遵守本法有关规定，并接受公安机关交通管理部门的监督；对违反规定的，依照本法有关规定追究法律责任。

本法施行前由农业（农业机械）主管部门发放的机动车牌证，在本法施行后继续有效。

第一百二十二条　国家对入境的境外机动车的道路交通安全实施统一管理。

第一百二十三条　省、自治区、直辖市人民代表大会常务委员会可以根据本地区的实际情况，在本法规定的罚款幅度内，规定具体的执行标准。

第一百二十四条　本法自 2004 年 5 月 1 日起施行。

附　录

交通运输部关于进一步加强
长江等内河水上交通
安全管理的若干意见

交安监发〔2015〕196号

各省、自治区、直辖市、新疆生产建设兵团交通运输厅（局、委），部属各单位，部内各司局、驻部监察局：

长江等内河水上交通安全关系人民群众生命财产安全，关系改革发展和社会稳定大局。为进一步加强长江等内河水上交通安全管理工作，促进内河水上交通安全形势持续稳定好转，提出以下意见：

一、总体要求

（一）指导思想

牢固树立"以人为本、安全发展"理念，坚持安全第一、预防为主、综合治理方针，落实安全生产责任，夯实安全基础，大力推进安全生产风险管理，有效防范和坚决遏制重特大事故，适应我国全面建成小康社会和现代交通运输事业发展需要。

（二）基本原则

1. 坚持生命至上

坚持安全发展，始终把维护人民群众生命安全、生存环境安全放在首位。切实落实企业安全生产主体责任，严格执行各项安全管理措施和制度标准，不断提高安全保障能力，有效防范内河水上交通事故。

2. 坚持依法监管

强化法治思维，严格执行安全生产法律法规，建立健全规章制度，完善标准规范。严格执法，严肃安全生产事故查处，加大责任追究力度。明晰安全监督管理职责，制定责任清单和权力清单，有效落实监管责任。

3. 坚持标本兼治

坚持问题导向，大力开展安全生产突出问题专项整治，严厉打击非法违法行为，切实消除事故隐患。加大安全投入，夯实基层基础基本功，实施安全风险管理和诚信管理，培育安全文化，推动安全工作从治标向治本转变。

4. 坚持改革创新

创新安全管理机制，构建内河水上交通安全体系，实现政府、企业、社会共治的治理格局。加快现代化航海、通信导航和监测监控技术的应用及船用防污设备的研发。加强专业技术人才队伍和高素质职工队伍培养，提高从业人员的业务水平和实操能力。

（三）工作目标

到 2020 年，内河水上交通安全法规制度和标准规范基本健全，安全工作责任更加明晰落实，监督管理更加规范，从业人员素质整体提高，安全与应急保障能力明显提升，为人民群众安全便捷出行提供良好的内河水上交通安全保障。

二、主要任务

（一）健全法规体系

1. 推进制修订内河水上交通安全法规制度

推动《内河交通安全管理条例》修订的研究工作，进一步明确内河运输企业安全生产的主体责任和各级人民政府及有关部门的监管责任。梳理并完善内河水上运输安全生产规章制度，依据有关法律法规，制修订《内河船舶船员适任考试和发证规则》《内河船舶船员值班规则》等内河水上交通安全规章制度。制定内河水上交通重大事故隐患判定标准以及风险源等级划分规定。适时更新《内河禁运危险化学品目录》。研究完善水路危险品运输、港口仓储和装卸作业管理规定。

2. 推动地方内河水上交通安全规章制度制修订

根据《安全生产法》和政府职能转变的要求，各省（自治区、直辖市）交通运输主管部门和有关部直属海事机构要积极与相关部门沟通协调，加快制修订地方内河水上交通安全相配套的法规制度，同步做好地方性法规、地方政府规章及规范性文件的立改废工作。

（二）完善标准规范

1. 研究评估船舶建造及检验标准

抓紧研究评估内河船舶稳性、消防、逃生等方面的标准规范，研究评估内河气象水文条件对船舶构造、稳性、载重线等方面的影响。对标发达国家内河船舶安全技术标准，结合内河航运发展趋势，修订内河客船、危险品运输船舶的安全技术标准和检验技术规程。

2. 完善内河港口危险品罐区（储罐）、库（堆）场、码头相关标准

完善内河港口危险品罐区（储罐）、库（堆）场、码头等设施的设计、建设、维护等方面的标准和生产作业操作规程。鼓励地方交通运输主管部门和有关地方政府结合实际需要制定相关专项标准。危险品港口运营、危险品运输企业应根据企业特点，细化制定企业内控标准和管理要求，确保国家、地方安全生产技术标准有效实施。

（三）落实企业主体责任

1. 健全企业安全生产责任制和规章制度

企业应按照相关要求设置安全管理部门、配备专业人员，细化包括主要负责人在内的各岗位人员安全生产责任，明确责任边界和工作要求。建立和完善企业安全生产目标管理、事故隐患排查治理、安全生产风险防控、安全培训教育等制度和各生产岗位安全操作规程，加强督促和考核，有效落实安全生产责任制和规章制度。

2. 保证安全生产条件

企业应加大安全生产投入，改善安全生产条件，提高船舶、港口的设施装备安全技术水平，确保船舶适航、设施装备适用。严格按照《企业安全生产费用提取和使用管理办法》的规定比例提取安全生产费用并专款专用。加大对电子航道图应用、船舶和港口（码头、仓库、堆场）视频监控、应急救援装备器材、安全防护用品、安全检查评价、培训教育等方面的资金投入。

3. 强化日常管理

积极推进企业安全生产标准化建设，做到日常管理"清单化""痕迹化"，推行隐患排查治理闭合管理，风险管控过程管理。加强船舶运输、港口作业的动态跟踪管理和船岸一体化管理。鼓励引入第三方安全评价机制，为企业的安全生产"体检"。制定和完善综合应急预案、专项应急预案以及现场处置预案，突出预案的针对性和有效性。加强安全生产绩效考核，建立激励机制，充分调动全员参与安全生产工作的主动性。

4. 加强安全教育培训

制定并落实年度安全生产教育培训计划，重点加强法律法规、规章制度、实操技能、防护避险、应急处置等内容的培训，做到培训形式多样化、对象层次化、内容实用化。建立安全生产教育培训和考核档案。组织开展有针对性的应急演练，提高从业人员应急处置能力。

（四）强化行业监管

1. 明晰安全监管责任

明确各级交通运输管理部门安全管辖范围，制定并公布权力清单、责任清单以及履职规范。界定划清长江干线等中央事权水域和地方交通运输主管部门管辖水域，避免职责交叉和监管空白，确保监管无缝衔接。按照行政法规和国务院文件的规定和要求，地方交通运输主管部门应根据地方人民政府赋予的职责，认真履行航运企业安全生产的属地管理责任；部属长江、珠江航务管理局以及各直属海事机构，在职责范围内履行对相关航运企业的资质审批和安全管理体系审核发证职责。交通运输部公布应建立安全管理体系的航运企业，按照《国际船舶安全营运和防止污染管理规则》及《中华人民共和国船舶安全营运和防止污染管理规则》要求，建立并运行安全管理体系。航运企业应按照《安全生产法》规定，推进企业安全生产标准化建设，已建立安全管理体系的航运企业可不再申请安全生产标准化达标考评。

2. 加强安全生产监督检查

充实基层监管执法人员，加强专业人员配备。各级交通运输管理部门加大对下级管理部门和企业督查检查力度，对检查发现的重大隐患实行挂牌督办，并将企业是否将重大隐患和重大风险源向所在地交通运输管理部门和当地政府、安监部门报备列入检查重点。严把从事内河客运、危险品运输航运企业的市场准入关。加强事中事后监管，强化老旧运输船舶安全管理和监督，严格执行运输船舶强制报废制度，严厉打击违规改装客运船舶、危险品船舶。加大对客运和危险品运输企业、"四类重点"船舶以及港口危险品罐区(储罐)、库(堆)场、码头现场监督检查力度。加强长江干线客运、危险货物运输船舶过闸安全监管工作。

3. 开展安全生产联合执法

坚持有法必依、执法必严、违法必究,在当地政府领导下,联合安监、公安等相关部门,严厉打击无经营资质、超范围超能力经营、非法载客、非法夹带危险品运输、非法采砂运砂等非法违法行为。对违法违规生产运输经营、隐患排查治理不到位、重大安全风险源管控不力的企业和责任人严格按规定予以处罚,直至取消企业经营资质和个人从业资格。规范执法行为,依法明确和完善采取行政强制措施的具体情形、程序。加强对安全生产监管部门的监督,强化执法绩效考核,确保监管责任落实。积极推进跨地区、跨部门联合检查执法,实现检查执法信息共享、互联互通,提高执法效率。充分利用执法资源,在长江干线长航系统单位开展现场综合执法试点工作。

4. 鼓励安全生产社会监督

健全社会公众广泛参与的安全生产监督机制,发挥行业协会作用,引导企业自律,鼓励职工群众监督举报各类安全隐患。地方交通运输管理部门应设置安全生产举报电话、举报电子信箱,发挥媒体的舆论监督作用,畅通隐患、事故及不当执法举报渠道,及时核查举报内容。建立安全生产违法行为信息库,如实记录企业的安全生产违法行为信息,并与相关管理部门共享信息;对违法行为情节严重的企业,应当向社会公告。

(五)加强基础建设

1. 强化安全监督管理队伍建设

地方交通运输管理部门应按有关规定,加强安全监督管理能力建设,配置安全监督管理人员,采取有效措施稳定安全监督管理队伍。重点加强港口危险化学品罐区、库（堆）场监管机构建设，配备专业安全监督管理人员。督促乡镇政府在乡镇渡口按规定落实安全监督管理人员。加强安全监督管理人员业务培训，完善培训机制，建立轮训制度，制定培训计划，切实提高安全监督管理水平。

2. 完善基础保障和装备设施建设

加强国家高等级航道建设，科学合理提高航道尺度和等级，提升通过能力。做好航道通航条件影响评价工作，保证桥梁等跨河建筑符合通航标准和防撞要求。确保航道维护水深，加强航道测绘，健全完善航标配布，积极推广应用长江电子航道图。加大内河水上交通安全经费的投入，加强安全监管和应急处置装备设施、监管救助应急综合基地建设，强化内河水上安全监管信息化建设，加强内河水上交通安全监管基础信息采集和重点区域、重点船舶的监测监控。

3. 提升安全文化影响力

大力培育安全文化，通过多种形式传播安全价值观，提高从业人员安全意识，普及安全生产知识和常识，营造"我要安全"的良好社会氛围。广泛开展安全警示教育，剖析内河水上交通典型事故案例，深刻吸取教训。积极倡导安全诚信文化，推进企业安全生产诚信体系建设，通过政府信息公开渠道公布企业安全诚信等级，加大对失信企业的惩戒力度。在长江等内河危险化学品运输领域，引导货主单位参考政府部门公布的企业安全诚信等级，优先选择安全管理好、安全诚信度高的企业和船舶。

4. 加强政策支撑保障

积极推进渡运"公益化"，将渡运纳入公共交通运输体系，作为政府公益项目，出台扶持政策改善渡口渡船状况。继续加大"渡改桥"工作力度，支持撤渡建桥，建桥后渡口一律取消。研究推动实行安全生产责任保险制度，鼓励内河航运企业投保安全生产责任保险。推动出台内河船员教育培训扶持政策，改善内河船员发展环境，促进内河船员队伍可持续发展。

（六）提高应急能力

1. 完善应急协调指挥机制

按照统一领导、综合协调、分类管理、分级负责、属地为主的应急管理体制，进一步完善应急指挥机构建设，积极推动纳入各省（自治区、直辖市）人民政府建立的统一应急协调指挥机制，更好地调动应急资源，提高应急救援效率。加强与各专业应急指挥机构的协调配合，建立应急专家咨询会商、应急处置等跨部门、跨行业协调联动的治理机制，有效应对内河水上交通事故灾难、环境污染等跨区域突发事件。完善长江干线应急指挥平台及各专业监管指挥系统，继续推进长江巡航救助一体化，整合现有海事、航道、公安的应急指挥职能，统一长江干线专业力量应急指挥。

2. 加强应急救援力量

依托港航、海事、航道、公安等水上安全监管保障体系，形成布局合理、资源共享的内河水上交通应急救援力量。在三峡库区等核心区域重点加强抢险打捞能力建设，提升三峡船闸水上消防救援能力。加快长江等内河水上应急救援专业人才的引进和培养，建立危险化学品应急专家队伍，引导扶持社会救援力量，形成专兼结合的水上应急救援队伍。加强政策引导，依托沿长江等内河危险化学品企业，建立重点区域危险化学品应急物资储备库，在有条件的地区探索建立危险化学品应急救援示范基地。

3. 修订完善应急预案

对现有内河水上交通各类应急预案进行全面梳理、评估，并修订完善，确保应急预案针对性和可操作性。做好内河水上交通应急预案与当地应急预案的有效衔接，并将应急预案报备上级交通运输管理部门和当地人民政府及有关部门。强化应急演习演练，突出重点领域、重点环节，开展无脚本实战化应急演练，切实提高应急救援人员的应急处置能力。

4. 强化预报预警信息发布

加强与相关部门联系，推动建立服务于长江等内河水上交通专业气象预报系统。研究完善长江等内河水上交通安全预警信息发布办法，明确安全预警和信息发布的主体、内容、方式等，丰富预警信息发布手段，确保及时、有效将预警信息发布到航行船舶和船员。

三、保障措施

（一）加强组织领导

各部门、各单位要充分认识加强长江等内河水上交通安全管理的重要性和紧迫性，根据交通运输部统一部署，按照"三严三实"的要求，加强组织领导，结合实际，明确工作目标，突出工作重点，制定实施方案，统筹规划，整体推进，确保取得实效。

（二）加强责任落实

各部门、各单位要按照"党政同责、一岗双责、齐抓共管、失职追责"的要求，把各项工作任务逐项细化分解到责任部门和单位，加强落实情况的督促检查和考核，确保各项工作目标、任务落实到位。

（三）加强统筹协调

各部门、各单位要坚持标本兼治，统筹协调开展安全专项工作和长效机制建设，突出重点，注重解决存在的突出问题和薄弱环节。安全管理工作涉及多个部门或单位的，有关部门和单位应加强协调配合，形成工作合力，着力推进工作落实，确保各项安全管理工作扎实开展。

（四）加强宣传引导

各部门、各单位要注重总结安全管理工作中好的经验做法，及时发现并解决存在的困难和问题，加强内河水上交通安全管理工作的宣传报道，弘扬先进典型，及时曝光反面事例，形成争当先进、争创一流的良好风气，营造良好的社会舆论氛围。

交通运输部

2015 年 12 月 18 日

中华人民共和国道路交通安全法实施条例

中华人民共和国国务院令

第 687 号

现公布《国务院关于修改部分行政法规的决定》，自公布之日起施行。

总理　李克强

2017 年 10 月 7 日

（2004 年 4 月 28 日国务院第 49 次常务会议通过；根据 2017 年 10 月 7 日中华人民共和国国务院令第 687 号修改）

第一章　总　　则

第一条　根据《中华人民共和国道路交通安全法》（以下简称道路交通安全法）的规定，制定本条例。

第二条　中华人民共和国境内的车辆驾驶人、行人、乘车人以及与道路交通活动有关的单位和个人，应当遵守道路交通安全法和本条例。

第三条　县级以上地方各级人民政府应当建立、健全道路交通安全工作协调机制，组织有关部门对城市建设项目进行交通影响评价，制定道路交通安全管理规划，确定管理目标，制定实施方案。

第二章　车辆和驾驶人

第一节　机动车

第四条　机动车的登记，分为注册登记、变更登记、转移登记、抵押登记和注销登记。

第五条　初次申领机动车号牌、行驶证的，应当向机动车所有人住所地的公安机关交通管理部门申请注册登记。申请机动车注册登记，应当交验机动车，并提交以下证明、凭证：

（一）机动车所有人的身份证明；

（二）购车发票等机动车来历证明；

（三）机动车整车出厂合格证明或者进口机动车进口凭证；

（四）车辆购置税完税证明或者免税凭证；

（五）机动车第三者责任强制保险凭证；

（六）法律、行政法规规定应当在机动车注册登记时提交的其他证明、凭证。

不属于国务院机动车产品主管部门规定免予安全技术检验的车型的，还应当提供机动车安全技术检验合格证明。第六条已注册登记的机动车有下列情形之一的，机动车所有人应当向登记该机动车的公安机关交通管理部门申请变更登记：

（一）改变机动车车身颜色的；

（二）更换发动机的；

（三）更换车身或者车架的；

（四）因质量有问题，制造厂更换整车的；

（五）营运机动车改为非营运机动车或者非营运机动车改为营运机动车的；

（六）机动车所有人的住所迁出或者迁入公安机关交通管理部门管辖区域的。

申请机动车变更登记，应当提交下列证明、凭证，属于前款第（一）项、第（二）项、第（三）项、第（四）项、第（五）项情形之一的，还应当交验机动车；属于前款第（二）项、第（三）项情形之一的，还应当同时提交机动车安全技术检验合格证明：

（一）机动车所有人的身份证明；

（二）机动车登记证书；

（三）机动车行驶证。

机动车所有人的住所在公安机关交通管理部门管辖区域内迁移、机动车所有人的姓名（单位名称）或者联系方式变更的，应当向登记该机动车的公安机关交通管理部门备案。

第七条 已注册登记的机动车所有权发生转移的，应当及时办理转移登记。

申请机动车转移登记，当事人应当向登记该机动车的公安机关交通管理部门交验机动车，并提交以下证明、凭证：

（一）当事人的身份证明；

（二）机动车所有权转移的证明、凭证；

（三）机动车登记证书；

（四）机动车行驶证。

第八条 机动车所有人将机动车作为抵押物抵押的，机动车所有人应当向登记该机动车的公安机关交通管理部门申请抵押登记。

第九条 已注册登记的机动车达到国家规定的强制报废标准的,公安机关交通管理部门应当在报废期满的 2 个月前通知机动车所有人办理注销登记。机动车所有人应当在报废期满前将机动车交售给机动车回收企业,由机动车回收企业将报废的机动车登记证书、号牌、行驶证交公安机关交通管理部门注销。机动车所有人逾期不办理注销登记的,公安机关交通管理部门应当公告该机动车登记证书、号牌、行驶证作废。

因机动车灭失申请注销登记的,机动车所有人应当向公安机关交通管理部门提交本人身份证明,交回机动车登记证书。

第十条 办理机动车登记的申请人提交的证明、凭证齐全、有效的,公安机关交通管理部门应当当场办理登记手续。

人民法院、人民检察院以及行政执法部门依法查封、扣押的机动车,公安机关交通管理部门不予办理机动车登记。

第十一条 机动车登记证书、号牌、行驶证丢失或者损毁,机动车所有人申请补发的,应当向公安机关交通管理部门提交本人身份证明和申请材料。公安机关交通管理部门经与机动车登记档案核实后,在收到申请之日起 15 日内补发。

第十二条 税务部门、保险机构可以在公安机关交通管理部门的办公场所集中办理与机动车有关的税费缴纳、保险合同订立等事项。

第十三条 机动车号牌应当悬挂在车前、车后指定位置,保持清晰、完整。重型、中型载货汽车及其挂车、拖拉机及其挂车的车身或者车厢后部应当喷涂放大的牌号,字样应当端正并保持清晰。

机动车检验合格标志、保险标志应当粘贴在机动车前窗右上角。

机动车喷涂、粘贴标识或者车身广告的,不得影响安全驾驶。

第十四条 用于公路营运的载客汽车、重型载货汽车、半挂牵引车应当安装、使用符合国家标准的行驶记录仪。交通警察可以对机动车行驶速度、连续驾驶时间以及其他行驶状态信息进行检查。安装行驶记录仪可以分步实施，实施步骤由国务院机动车产品主管部门会同有关部门规定。

第十五条 机动车安全技术检验由机动车安全技术检验机构实施。机动车安全技术检验机构应当按照国家机动车安全技术检验标准对机动车进行检验，对检验结果承担法律责任。

质量技术监督部门负责对机动车安全技术检验机构实行计量认证管理，对机动车安全技术检验设备进行检定，对执行国家机动车安全技术检验标准的情况进行监督。

机动车安全技术检验项目由国务院公安部门会同国务院质量技术监督部门规定。

第十六条 机动车应当从注册登记之日起，按照下列期限进行安全技术检验：

（一）营运载客汽车5年以内每年检验1次；超过5年的，每6个月检验1次；

（二）载货汽车和大型、中型非营运载客汽车10年以内每年检验1次；超过10年的，每6个月检验1次；

（三）小型、微型非营运载客汽车6年以内每2年检验1次；超过6年的，每年检验1次；超过15年的，每6个月检验1次；

（四）摩托车4年以内每2年检验1次；超过4年的，每年检验1次；

（五）拖拉机和其他机动车每年检验1次。

营运机动车在规定检验期限内经安全技术检验合格的，不再重复进行安全技术检验。

第十七条 已注册登记的机动车进行安全技术检验时，机动车行驶证记载的登记内容与该机动车的有关情况不符，或者未按照规定提供机动车第三者责任强制保险凭证的，不予通过检验。

第十八条 警车、消防车、救护车、工程救险车标志图案的喷涂以及警报器、标志灯具的安装、使用规定，由国务院公安部门制定。

第二节　机动车驾驶人

第十九条 符合国务院公安部门规定的驾驶许可条件的人，可以向公安机关交通管理部门申请机动车驾驶证。

机动车驾驶证由国务院公安部门规定式样并监制。

第二十条 学习机动车驾驶，应当先学习道路交通安全法律、法规和相关知识，考试合格后，再学习机动车驾驶技能。

在道路上学习驾驶，应当按照公安机关交通管理部门指定的路线、时间进行。在道路上学习机动车驾驶技能应当使用教练车，在教练员随车指导下进行，与教学无关的人员不得乘坐教练车。学员在学习驾驶中有道路交通安全违法行为或者造成交通事故的，由教练员承担责任。

第二十一条 公安机关交通管理部门应当对申请机动车驾驶证的人进行考试，对考试合格的，在 5 日内核发机动车驾驶证；对考试不合格的，书面说明理由。

第二十二条 机动车驾驶证的有效期为 6 年，本条例另有规定的除外。

机动车驾驶人初次申领机动车驾驶证后的 12 个月为实习期。在实习期内驾驶机动车的，应当在车身后部粘贴或者悬挂统一式样的实习标志。

机动车驾驶人在实习期内不得驾驶公共汽车、营运客车或者执行任务的警车、消防车、救护车、工程救险车以及载有爆炸物品、易燃易爆化学物品、剧毒或者放射性等危险物品的机动车；驾驶的机动车不得牵引挂车。

第二十三条 公安机关交通管理部门对机动车驾驶人的道路交通安全违法行为除给予行政处罚外，实行道路交通安全违法行为累积记分（以下简称记分）制度，记分周期为12个月。对在一个记分周期内记分达到12分的，由公安机关交通管理部门扣留其机动车驾驶证，该机动车驾驶人应当按照规定参加道路交通安全法律、法规的学习并接受考试。考试合格的，记分予以清除，发还机动车驾驶证；考试不合格的，继续参加学习和考试。

应当给予记分的道路交通安全违法行为及其分值，由国务院公安部门根据道路交通安全违法行为的危害程度规定。

公安机关交通管理部门应当提供记分查询方式供机动车驾驶人查询。

第二十四条 机动车驾驶人在一个记分周期内记分未达到12分，所处罚款已经缴纳的，记分予以清除；记分虽未达到12分，但尚有罚款未缴纳的，记分转入下一记分周期。

机动车驾驶人在一个记分周期内记分2次以上达到12分的，除按照第二十三条的规定扣留机动车驾驶证、参加学习、接受考试外，还应当接受驾驶技能考试。考试合格的，记分予以清除，发还机动车驾驶证；考试不合格的，继续参加学习和考试。

接受驾驶技能考试的，按照本人机动车驾驶证载明的最高准驾车型考试。

第二十五条 机动车驾驶人记分达到12分，拒不参加公安机关交通管理部门通知的学习，也不接受考试的，由公安机关交通管理部门公告其机动车驾驶证停止使用。

第二十六条 机动车驾驶人在机动车驾驶证的6年有效期内，每个记分周期均未达到12分的，换发10年有效期的机动车驾驶证；在机动车驾驶证的 10 年有效期内，每个记分周期均未达到 12 分的，换发长期有效的机动车驾驶证。

换发机动车驾驶证时，公安机关交通管理部门应当对机动车驾驶证进行审验。

第二十七条 机动车驾驶证丢失、损毁，机动车驾驶人申请补发的，应当向公安机关交通管理部门提交本人身份证明和申请材料。公安机关交通管理部门经与机动车驾驶证档案核实后，在收到申请之日起 3 日内补发。

第二十八条 机动车驾驶人在机动车驾驶证丢失、损毁、超过有效期或者被依法扣留、暂扣期间以及记分达到 12 分的，不得驾驶机动车。

第三章　道路通行条件

第二十九条 交通信号灯分为：机动车信号灯、非机动车信号灯、人行横道信号灯、车道信号灯、方向指示信号灯、闪光警告信号灯、道路与铁路平面交叉道口信号灯。

第三十条 交通标志分为：指示标志、警告标志、禁令标志、指路标志、旅游区标志、道路施工安全标志和辅助标志。

道路交通标线分为：指示标线、警告标线、禁止标线。

第三十一条 交通警察的指挥分为：手势信号和使用器具的交通指挥信号。

第三十二条 道路交叉路口和行人横过道路较为集中的路段应当设置人行横道、过街天桥或者过街地下通道。

在盲人通行较为集中的路段，人行横道信号灯应当设置声响提示装置。

第三十三条 城市人民政府有关部门可以在不影响行人、车辆通行的情况下，在城市道路上施划停车泊位，并规定停车泊位的使用时间。

第三十四条 开辟或者调整公共汽车、长途汽车的行驶路线或者车站，应当符合交通规划和安全、畅通的要求。

第三十五条 道路养护施工单位在道路上进行养护、维修时，应当按照规定设置规范的安全警示标志和安全防护设施。道路养护施工作业车辆、机械应当安装示警灯，喷涂明显的标志图案，作业时应当开启示警灯和危险报警闪光灯。对未中断交通的施工作业道路，公安机关交通管理部门应当加强交通安全监督检查。发生交通阻塞时，及时做好分流、疏导，维护交通秩序。

道路施工需要车辆绕行的，施工单位应当在绕行处设置标志；不能绕行的，应当修建临时通道，保证车辆和行人通行。需要封闭道路中断交通的，除紧急情况外，应当提前5日向社会公告。

第三十六条 道路或者交通设施养护部门、管理部门应当在急弯、陡坡、临崖、临水等危险路段，按照国家标准设置警告标志和安全防护设施。

第三十七条 道路交通标志、标线不规范，机动车驾驶人容易发生辨认错误的，交通标志、标线的主管部门应当及时予以改善。

道路照明设施应当符合道路建设技术规范，保持照明功能完好。

第四章 道路通行规定

第一节 一般规定

第三十八条 机动车信号灯和非机动车信号灯表示：

（一）绿灯亮时，准许车辆通行，但转弯的车辆不得妨碍被放行的直行车辆、行人通行；

（二）黄灯亮时，已越过停止线的车辆可以继续通行；

（三）红灯亮时，禁止车辆通行。

在未设置非机动车信号灯和人行横道信号灯的路口，非机动车和行人应当按照机动车信号灯的表示通行。

红灯亮时，右转弯的车辆在不妨碍被放行的车辆、行人通行的情况下，可以通行。

第三十九条　人行横道信号灯表示：

（一）绿灯亮时，准许行人通过人行横道；

（二）红灯亮时，禁止行人进入人行横道，但是已经进入人行横道的，可以继续通过或者在道路中心线处停留等候。

第四十条　车道信号灯表示：

（一）绿色箭头灯亮时，准许本车道车辆按指示方向通行；

（二）红色叉形灯或者箭头灯亮时，禁止本车道车辆通行。

第四十一条　方向指示信号灯的箭头方向向左、向上、向右分别表示左转、直行、右转。

第四十二条　闪光警告信号灯为持续闪烁的黄灯，提示车辆、行人通行时注意瞭望，确认安全后通过。

第四十三条　道路与铁路平面交叉道口有两个红灯交替闪烁或者一个红灯亮时，表示禁止车辆、行人通行；红灯熄灭时，表示允许车辆、行人通行。

第二节　机动车通行规定

第四十四条　在道路同方向划有 2 条以上机动车道的，左侧为快速车道，右侧为慢速车道。在快速车道行驶的机动车应当按照快速车道规定的速度行驶，未达到快速车道规定的行驶速度的，应当在慢速车道行驶。摩托车应当在最右侧车道行驶。有交通标志标明行驶速度的，按照标明的行驶速度行驶。慢速车道内的机动车超越前车时，可以借用快速车道行驶。

在道路同方向划有 2 条以上机动车道的，变更车道的机动车不得影响相关车道内行驶的机动车的正常行驶。

第四十五条 机动车在道路上行驶不得超过限速标志、标线标明的速度。在没有限速标志、标线的道路上，机动车不得超过下列最高行驶速度：

（一）没有道路中心线的道路，城市道路为每小时 30 公里，公路为每小时 40 公里；

（二）同方向只有 1 条机动车道的道路，城市道路为每小时 50 公里，公路为每小时 70 公里。

第四十六条 机动车行驶中遇有下列情形之一的，最高行驶速度不得超过每小时 30 公里，其中拖拉机、电瓶车、轮式专用机械车不得超过每小时 15 公里：

（一）进出非机动车道，通过铁路道口、急弯路、窄路、窄桥时；

（二）掉头、转弯、下陡坡时；

（三）遇雾、雨、雪、沙尘、冰雹，能见度在 50 米以内时；

（四）在冰雪、泥泞的道路上行驶时；

（五）牵引发生故障的机动车时。

第四十七条 机动车超车时，应当提前开启左转向灯、变换使用远、近光灯或者鸣喇叭。在没有道路中心线或者同方向只有 1 条机动车道的道路上，前车遇后车发出超车信号时，在条件许可的情况下，应当降低速度、靠右让路。后车应当在确认有充足的安全距离后，从前车的左侧超越，在与被超车辆拉开必要的安全距离后，开启右转向灯，驶回原车道。

第四十八条 在没有中心隔离设施或者没有中心线的道路上，

机动车遇相对方向来车时应当遵守下列规定：

（一）减速靠右行驶，并与其他车辆、行人保持必要的安全距离；

（二）在有障碍的路段，无障碍的一方先行；但有障碍的一方已驶入障碍路段而无障碍的一方未驶入时，有障碍的一方先行；

（三）在狭窄的坡路，上坡的一方先行；但下坡的一方已行至中途而上坡的一方未上坡时，下坡的一方先行；

（四）在狭窄的山路，不靠山体的一方先行；

（五）夜间会车应当在距相对方向来车150米以外改用近光灯，在窄路、窄桥与非机动车会车时应当使用近光灯。

第四十九条 机动车在有禁止掉头或者禁止左转弯标志、标线的地点以及在铁路道口、人行横道、桥梁、急弯、陡坡、隧道或者容易发生危险的路段，不得掉头。

机动车在没有禁止掉头或者没有禁止左转弯标志、标线的地点可以掉头，但不得妨碍正常行驶的其他车辆和行人的通行。

第五十条 机动车倒车时，应当察明车后情况，确认安全后倒车。不得在铁路道口、交叉路口、单行路、桥梁、急弯、陡坡或者隧道中倒车。

第五十一条 机动车通过有交通信号灯控制的交叉路口，应当按照下列规定通行：

（一）在划有导向车道的路口，按所需行进方向驶入导向车道；

（二）准备进入环形路口的让已在路口内的机动车先行；

（三）向左转弯时，靠路口中心点左侧转弯。转弯时开启转向灯，夜间行驶开启近光灯；

（四）遇放行信号时，依次通过；

（五）遇停止信号时，依次停在停止线以外。没有停止线的，

停在路口以外;

（六）向右转弯遇有同车道前车正在等候放行信号时，依次停车等候;

（七）在没有方向指示信号灯的交叉路口，转弯的机动车让直行的车辆、行人先行。相对方向行驶的右转弯机动车让左转弯车辆先行。

第五十二条 机动车通过没有交通信号灯控制也没有交通警察指挥的交叉路口，除应当遵守第五十一条第（二）项、第（三）项的规定外，还应当遵守下列规定:

（一）有交通标志、标线控制的，让优先通行的一方先行;

（二）没有交通标志、标线控制的，在进入路口前停车瞭望，让右方道路的来车先行;

（三）转弯的机动车让直行的车辆先行;

（四）相对方向行驶的右转弯的机动车让左转弯的车辆先行。

第五十三条 机动车遇有前方交叉路口交通阻塞时，应当依次停在路口以外等候，不得进入路口。

机动车在遇有前方机动车停车排队等候或者缓慢行驶时，应当依次排队，不得从前方车辆两侧穿插或者超越行驶，不得在人行横道、网状线区域内停车等候。

机动车在车道减少的路口、路段，遇有前方机动车停车排队等候或者缓慢行驶的，应当每车道一辆依次交替驶入车道减少后的路口、路段。

第五十四条 机动车载物不得超过机动车行驶证上核定的载质量，装载长度、宽度不得超出车厢，并应当遵守下列规定:

（一）重型、中型载货汽车，半挂车载物，高度从地面起不得超过4米，载运集装箱的车辆不得超过4.2米;

（二）其他载货的机动车载物，高度从地面起不得超过2.5米;

（三）摩托车载物，高度从地面起不得超过 1.5 米，长度不得超出车身 0.2 米。两轮摩托车载物宽度左右各不得超出车把 0.15 米；三轮摩托车载物宽度不得超过车身。

载客汽车除车身外部的行李架和内置的行李箱外，不得载货。载客汽车行李架载货，从车顶起高度不得超过 0.5 米，从地面起高度不得超过 4 米。

第五十五条 机动车载人应当遵守下列规定：

（一）公路载客汽车不得超过核定的载客人数，但按照规定免票的儿童除外，在载客人数已满的情况下，按照规定免票的儿童不得超过核定载客人数的 10%；

（二）载货汽车车厢不得载客。在城市道路上，货运机动车在留有安全位置的情况下，车厢内可以附载临时作业人员 1 人至 5 人；载物高度超过车厢栏板时，货物上不得载人；

（三）摩托车后座不得乘坐未满 12 周岁的未成年人，轻便摩托车不得载人。

第五十六条 机动车牵引挂车应当符合下列规定：

（一）载货汽车、半挂牵引车、拖拉机只允许牵引 1 辆挂车。挂车的灯光信号、制动、连接、安全防护等装置应当符合国家标准；

（二）小型载客汽车只允许牵引旅居挂车或者总质量 700 千克以下的挂车。挂车不得载人；

（三）载货汽车所牵引挂车的载质量不得超过载货汽车本身的载质量。

大型、中型载客汽车，低速载货汽车，三轮汽车以及其他机动车不得牵引挂车。

第五十七条 机动车应当按照下列规定使用转向灯：

（一）向左转弯、向左变更车道、准备超车、驶离停车地点或者掉头时，应当提前开启左转向灯；

（二）向右转弯、向右变更车道、超车完毕驶回原车道、靠路边停车时，应当提前开启右转向灯。

第五十八条 机动车在夜间没有路灯、照明不良或者遇有雾、雨、雪、沙尘、冰雹等低能见度情况下行驶时，应当开启前照灯、示廓灯和后位灯，但同方向行驶的后车与前车近距离行驶时，不得使用远光灯。机动车雾天行驶应当开启雾灯和危险报警闪光灯。

第五十九条 机动车在夜间通过急弯、坡路、拱桥、人行横道或者没有交通信号灯控制的路口时，应当交替使用远近光灯示意。

机动车驶近急弯、坡道顶端等影响安全视距的路段以及超车或者遇有紧急情况时，应当减速慢行，并鸣喇叭示意。

第六十条 机动车在道路上发生故障或者发生交通事故，妨碍交通又难以移动的，应当按照规定开启危险报警闪光灯并在车后 50 米至 100 米处设置警告标志，夜间还应当同时开启示廓灯和后位灯。

第六十一条 牵引故障机动车应当遵守下列规定：

（一）被牵引的机动车除驾驶人外不得载人，不得拖带挂车；

（二）被牵引的机动车宽度不得大于牵引机动车的宽度；

（三）使用软连接牵引装置时，牵引车与被牵引车之间的距离应当大于 4 米小于 10 米；

（四）对制动失效的被牵引车，应当使用硬连接牵引装置牵引；

（五）牵引车和被牵引车均应当开启危险报警闪光灯。

汽车吊车和轮式专用机械车不得牵引车辆。摩托车不得牵引车辆或者被其他车辆牵引。

转向或者照明、信号装置失效的故障机动车，应当使用专用清障车拖曳。

第六十二条 驾驶机动车不得有下列行为：

（一）在车门、车厢没有关好时行车；

（二）在机动车驾驶室的前后窗范围内悬挂、放置妨碍驾驶人视线的物品；

（三）拨打接听手持电话、观看电视等妨碍安全驾驶的行为；

（四）下陡坡时熄火或者空挡滑行；

（五）向道路上抛撒物品；

（六）驾驶摩托车手离车把或者在车把上悬挂物品；

（七）连续驾驶机动车超过 4 小时未停车休息或者停车休息时间少于 20 分钟；

（八）在禁止鸣喇叭的区域或者路段鸣喇叭。

第六十三条 机动车在道路上临时停车，应当遵守下列规定：

（一）在设有禁停标志、标线的路段，在机动车道与非机动车道、人行道之间设有隔离设施的路段以及人行横道、施工地段，不得停车；

（二）交叉路口、铁路道口、急弯路、宽度不足 4 米的窄路、桥梁、陡坡、隧道以及距离上述地点 50 米以内的路段，不得停车；

（三）公共汽车站、急救站、加油站、消防栓或者消防队（站）门前以及距离上述地点 30 米以内的路段，除使用上述设施的以外，不得停车；

（四）车辆停稳前不得开车门和上下人员，开关车门不得妨碍其他车辆和行人通行；

（五）路边停车应当紧靠道路右侧，机动车驾驶人不得离车，上下人员或者装卸物品后，立即驶离；

（六）城市公共汽车不得在站点以外的路段停车上下乘客。

第六十四条 机动车行经漫水路或者漫水桥时，应当停车察明水情，确认安全后，低速通过。

第六十五条 机动车载运超限物品行经铁路道口的，应当按照当地铁路部门指定的铁路道口、时间通过。

机动车行经渡口，应当服从渡口管理人员指挥，按照指定地点依次待渡。机动车上下渡船时，应当低速慢行。

第六十六条 警车、消防车、救护车、工程救险车在执行紧急任务遇交通受阻时，可以断续使用警报器，并遵守下列规定：

（一）不得在禁止使用警报器的区域或者路段使用警报器；

（二）夜间在市区不得使用警报器；

（三）列队行驶时，前车已经使用警报器的，后车不再使用警报器。

第六十七条 在单位院内、居民居住区内，机动车应当低速行驶，避让行人；有限速标志的，按照限速标志行驶。

第三节 非机动车通行规定

第六十八条 非机动车通过有交通信号灯控制的交叉路口，应当按照下列规定通行：

（一）转弯的非机动车让直行的车辆、行人优先通行；

（二）遇有前方路口交通阻塞时，不得进入路口；

（三）向左转弯时，靠路口中心点的右侧转弯；

（四）遇有停止信号时，应当依次停在路口停止线以外。没有停止线的，停在路口以外；

（五）向右转弯遇有同方向前车正在等候放行信号时，在本车道内能够转弯的，可以通行；不能转弯的，依次等候。

第六十九条 非机动车通过没有交通信号灯控制也没有交通警察指挥的交叉路口，除应当遵守第六十八条第（一）项、第

（二）项和第（三）项的规定外，还应当遵守下列规定：

（一）有交通标志、标线控制的，让优先通行的一方先行；

（二）没有交通标志、标线控制的，在路口外慢行或者停车瞭望，让右方道路的来车先行；

（三）相对方向行驶的右转弯的非机动车让左转弯的车辆先行。

第七十条　驾驶自行车、电动自行车、三轮车在路段上横过机动车道，应当下车推行，有人行横道或者行人过街设施的，应当从人行横道或者行人过街设施通过；没有人行横道、没有行人过街设施或者不便使用行人过街设施的，在确认安全后直行通过。

因非机动车道被占用无法在本车道内行驶的非机动车，可以在受阻的路段借用相邻的机动车道行驶，并在驶过被占用路段后迅速驶回非机动车道。机动车遇此情况应当减速让行。

第七十一条　非机动车载物，应当遵守下列规定：

（一）自行车、电动自行车、残疾人机动轮椅车载物，高度从地面起不得超过 1.5 米，宽度左右各不得超出车把 0.15 米，长度前端不得超出车轮，后端不得超出车身 0.3 米；

（二）三轮车、人力车载物，高度从地面起不得超过 2 米，宽度左右各不得超出车身 0.2 米，长度不得超出车身 1 米；

（三）畜力车载物，高度从地面起不得超过 2.5 米，宽度左右各不得超出车身 0.2 米，长度前端不得超出车辕，后端不得超出车身 1 米。

自行车载人的规定，由省、自治区、直辖市人民政府根据当地实际情况制定。

第七十二条　在道路上驾驶自行车、三轮车、电动自行车、残疾人机动轮椅车应当遵守下列规定：

（一）驾驶自行车、三轮车必须年满 12 周岁；

（二）驾驶电动自行车和残疾人机动轮椅车必须年满 16 周岁；

（三）不得醉酒驾驶；

（四）转弯前应当减速慢行，伸手示意，不得突然猛拐，超越前车时不得妨碍被超越的车辆行驶；

（五）不得牵引、攀扶车辆或者被其他车辆牵引，不得双手离把或者手中持物；

（六）不得扶身并行、互相追逐或者曲折竞驶；

（七）不得在道路上骑独轮自行车或者 2 人以上骑行的自行车；

（八）非下肢残疾的人不得驾驶残疾人机动轮椅车；

（九）自行车、三轮车不得加装动力装置；

（十）不得在道路上学习驾驶非机动车。

第七十三条 在道路上驾驭畜力车应当年满 16 周岁，并遵守下列规定：

（一）不得醉酒驾驭；

（二）不得并行，驾驭人不得离开车辆；

（三）行经繁华路段、交叉路口、铁路道口、人行横道、急弯路、宽度不足 4 米的窄路或者窄桥、陡坡、隧道或者容易发生危险的路段，不得超车。驾驭两轮畜力车应当下车牵引牲畜；

（四）不得使用未经驯服的牲畜驾车，随车幼畜须拴系；

（五）停放车辆应当拉紧车闸，拴系牲畜。

第四节 行人和乘车人通行规定

第七十四条 行人不得有下列行为：

（一）在道路上使用滑板、旱冰鞋等滑行工具；

（二）在车行道内坐卧、停留、嬉闹；

（三）追车、抛物击车等妨碍道路交通安全的行为。

第七十五条 行人横过机动车道，应当从行人过街设施通过；

没有行人过街设施的，应当从人行横道通过；没有人行横道的，应当观察来往车辆的情况，确认安全后直行通过，不得在车辆临近时突然加速横穿或者中途倒退、折返。

第七十六条　行人列队在道路上通行，每横列不得超过2人，但在已经实行交通管制的路段不受限制。

第七十七条　乘坐机动车应当遵守下列规定：

（一）不得在机动车道上拦乘机动车；

（二）在机动车道上不得从机动车左侧上下车；

（三）开关车门不得妨碍其他车辆和行人通行；

（四）机动车行驶中，不得干扰驾驶，不得将身体任何部分伸出车外，不得跳车；

（五）乘坐两轮摩托车应当正向骑坐。

第五节　高速公路的特别规定

第七十八条　高速公路应当标明车道的行驶速度，最高车速不得超过每小时120公里，最低车速不得低于每小时60公里。

在高速公路上行驶的小型载客汽车最高车速不得超过每小时120公里，其他机动车不得超过每小时100公里，摩托车不得超过每小时80公里。

同方向有2条车道的，左侧车道的最低车速为每小时100公里；同方向有3条以上车道的，最左侧车道的最低车速为每小时110公里，中间车道的最低车速为每小时90公里。道路限速标志标明的车速与上述车道行驶车速的规定不一致的，按照道路限速标志标明的车速行驶。

第七十九条　机动车从匝道驶入高速公路，应当开启左转向灯，在不妨碍已在高速公路内的机动车正常行驶的情况下驶入车道。

机动车驶离高速公路时，应当开启右转向灯，驶入减速车道，降低车速后驶离。

第八十条　机动车在高速公路上行驶，车速超过每小时 100 公里时，应当与同车道前车保持 100 米以上的距离，车速低于每小时 100 公里时，与同车道前车距离可以适当缩短，但最小距离不得少于 50 米。

第八十一条　机动车在高速公路上行驶，遇有雾、雨、雪、沙尘、冰雹等低能见度气象条件时，应当遵守下列规定：

（一）能见度小于 200 米时，开启雾灯、近光灯、示廓灯和前后位灯，车速不得超过每小时 60 公里，与同车道前车保持 100 米以上的距离；

（二）能见度小于 100 米时，开启雾灯、近光灯、示廓灯、前后位灯和危险报警闪光灯，车速不得超过每小时 40 公里，与同车道前车保持 50 米以上的距离；

（三）能见度小于 50 米时，开启雾灯、近光灯、示廓灯、前后位灯和危险报警闪光灯，车速不得超过每小时 20 公里，并从最近的出口尽快驶离高速公路。

遇有前款规定情形时，高速公路管理部门应当通过显示屏等方式发布速度限制、保持车距等提示信息。

第八十二条　机动车在高速公路上行驶，不得有下列行为：

（一）倒车、逆行、穿越中央分隔带掉头或者在车道内停车；

（二）在匝道、加速车道或者减速车道上超车；

（三）骑、轧车行道分界线或者在路肩上行驶；

（四）非紧急情况时在应急车道行驶或者停车；

（五）试车或者学习驾驶机动车。

第八十三条　在高速公路上行驶的载货汽车车厢不得载人。两轮摩托车在高速公路行驶时不得载人。

第八十四条　机动车通过施工作业路段时，应当注意警示标志，减速行驶。

第八十五条　城市快速路的道路交通安全管理，参照本节的规定执行。

高速公路、城市快速路的道路交通安全管理工作，省、自治区、直辖市人民政府公安机关交通管理部门可以指定设区的市人民政府公安机关交通管理部门或者相当于同级的公安机关交通管理部门承担。

第五章　交通事故处理

第八十六条　机动车与机动车、机动车与非机动车在道路上发生未造成人身伤亡的交通事故，当事人对事实及成因无争议的，在记录交通事故的时间、地点、对方当事人的姓名和联系方式、机动车牌号、驾驶证号、保险凭证号、碰撞部位，并共同签名后，撤离现场，自行协商损害赔偿事宜。当事人对交通事故事实及成因有争议的，应当迅速报警。

第八十七条　非机动车与非机动车或者行人在道路上发生交通事故，未造成人身伤亡，且基本事实及成因清楚的，当事人应当先撤离现场，再自行协商处理损害赔偿事宜。当事人对交通事故事实及成因有争议的，应当迅速报警。

第八十八条　机动车发生交通事故，造成道路、供电、通讯等设施损毁的，驾驶人应当报警等候处理，不得驶离。机动车可以移动的，应当将机动车移至不妨碍交通的地点。公安机关交通管理部门应当将事故有关情况通知有关部门。

第八十九条　公安机关交通管理部门或者交通警察接到交通事故报警，应当及时赶赴现场，对未造成人身伤亡，事实清楚，并且机动车可以移动的，应当在记录事故情况后责令当事人撤离现场，恢复交通。对拒不撤离现场的，予以强制撤离。

对属于前款规定情况的道路交通事故，交通警察可以适用简易程序处理，并当场出具事故认定书。当事人共同请求调解的，交通警察可以当场对损害赔偿争议进行调解。

对道路交通事故造成人员伤亡和财产损失需要勘验、检查现场的，公安机关交通管理部门应当按照勘查现场工作规范进行。现场勘查完毕，应当组织清理现场，恢复交通。

第九十条 投保机动车第三者责任强制保险的机动车发生交通事故，因抢救受伤人员需要保险公司支付抢救费用的，由公安机关交通管理部门通知保险公司。

抢救受伤人员需要道路交通事故救助基金垫付费用的，由公安机关交通管理部门通知道路交通事故社会救助基金管理机构。

第九十一条 公安机关交通管理部门应当根据交通事故当事人的行为对发生交通事故所起的作用以及过错的严重程度，确定当事人的责任。

第九十二条 发生交通事故后当事人逃逸的，逃逸的当事人承担全部责任。但是，有证据证明对方当事人也有过错的，可以减轻责任。

当事人故意破坏、伪造现场、毁灭证据的，承担全部责任。

第九十三条 公安机关交通管理部门对经过勘验、检查现场的交通事故应当在勘查现场之日起10日内制作交通事故认定书。对需要进行检验、鉴定的，应当在检验、鉴定结果确定之日起5日内制作交通事故认定书。

第九十四条 当事人对交通事故损害赔偿有争议，各方当事人一致请求公安机关交通管理部门调解的，应当在收到交通事故认定书之日起10日内提出书面调解申请。

对交通事故致死的，调解从办理丧葬事宜结束之日起开始；对交通事故致伤的，调解从治疗终结或者定残之日起开始；对交通事故造成财产损失的，调解从确定损失之日起开始。

第九十五条　公安机关交通管理部门调解交通事故损害赔偿争议的期限为 10 日。调解达成协议的，公安机关交通管理部门应当制作调解书送交各方当事人，调解书经各方当事人共同签字后生效；调解未达成协议的，公安机关交通管理部门应当制作调解终结书送交各方当事人。

交通事故损害赔偿项目和标准依照有关法律的规定执行。

第九十六条　对交通事故损害赔偿的争议，当事人向人民法院提起民事诉讼的，公安机关交通管理部门不再受理调解申请。

公安机关交通管理部门调解期间，当事人向人民法院提起民事诉讼的，调解终止。

第九十七条　车辆在道路以外发生交通事故，公安机关交通管理部门接到报案的，参照道路交通安全法和本条例的规定处理。

车辆、行人与火车发生的交通事故以及在渡口发生的交通事故，依照国家有关规定处理。

第六章　执法监督

第九十八条　公安机关交通管理部门应当公开办事制度、办事程序，建立警风警纪监督员制度，自觉接受社会和群众的监督。

第九十九条　公安机关交通管理部门及其交通警察办理机动车登记，发放号牌，对驾驶人考试、发证，处理道路交通安全违法行为，处理道路交通事故，应当严格遵守有关规定，不得越权执法，不得延迟履行职责，不得擅自改变处罚的种类和幅度。

第一百条　公安机关交通管理部门应当公布举报电话，受理群众举报投诉，并及时调查核实，反馈查处结果。

第一百零一条　公安机关交通管理部门应当建立执法质量考核评议、执法责任制和执法过错追究制度，防止和纠正道路交通安全执法中的错误或者不当行为。

第七章　法律责任

第一百零二条　违反本条例规定的行为，依照道路交通安全法和本条例的规定处罚。

第一百零三条　以欺骗、贿赂等不正当手段取得机动车登记或者驾驶许可的，收缴机动车登记证书、号牌、行驶证或者机动车驾驶证，撤销机动车登记或者机动车驾驶许可；申请人在3年内不得申请机动车登记或者机动车驾驶许可。

第一百零四条　机动车驾驶人有下列行为之一，又无其他机动车驾驶人即时替代驾驶的，公安机关交通管理部门除依法给予处罚外，可以将其驾驶的机动车移至不妨碍交通的地点或者有关部门指定的地点停放：

（一）不能出示本人有效驾驶证的；

（二）驾驶的机动车与驾驶证载明的准驾车型不符的；

（三）饮酒、服用国家管制的精神药品或者麻醉药品、患有妨碍安全驾驶的疾病，或者过度疲劳仍继续驾驶的；

（四）学习驾驶人员没有教练人员随车指导单独驾驶的。

第一百零五条　机动车驾驶人有饮酒、醉酒、服用国家管制的精神药品或者麻醉药品嫌疑的，应当接受测试、检验。

第一百零六条　公路客运载客汽车超过核定乘员、载货汽车超过核定载质量的，公安机关交通管理部门依法扣留机动车后，驾驶人应当将超载的乘车人转运、将超载的货物卸载，费用由超载机动车的驾驶人或者所有人承担。

第一百零七条 依照道路交通安全法第九十二条、第九十五条、第九十六条、第九十八条的规定被扣留的机动车，驾驶人或者所有人、管理人 30 日内没有提供被扣留机动车的合法证明，没有补办相应手续，或者不前来接受处理，经公安机关交通管理部门通知并且经公告 3 个月仍不前来接受处理的，由公安机关交通管理部门将该机动车送交有资格的拍卖机构拍卖，所得价款上缴国库；非法拼装的机动车予以拆除；达到报废标准的机动车予以报废；机动车涉及其他违法犯罪行为的，移交有关部门处理。

第一百零八条 交通警察按照简易程序当场作出行政处罚的，应当告知当事人道路交通安全违法行为的事实、处罚的理由和依据，并将行政处罚决定书当场交付被处罚人。

第一百零九条 对道路交通安全违法行为人处以罚款或者暂扣驾驶证处罚的，由违法行为发生地的县级以上人民政府公安机关交通管理部门或者相当于同级的公安机关交通管理部门作出决定；对处以吊销机动车驾驶证处罚的，由设区的市人民政府公安机关交通管理部门或者相当于同级的公安机关交通管理部门作出决定。

公安机关交通管理部门对非本辖区机动车的道路交通安全违法行为没有当场处罚的，可以由机动车登记地的公安机关交通管理部门处罚。

第一百一十条 当事人对公安机关交通管理部门及其交通警察的处罚有权进行陈述和申辩，交通警察应当充分听取当事人的陈述和申辩，不得因当事人陈述、申辩而加重其处罚。

第八章 附 则

第一百一十一条 本条例所称上道路行驶的拖拉机，是指手扶拖拉机等最高设计行驶速度不超过每小时 20 公里的轮式拖拉机和最高设计行驶速度不超过每小时 40 公里、牵引挂车方可从事道路运输的轮式拖拉机。

第一百一十二条 农业（农业机械）主管部门应当定期向公安机关交通管理部门提供拖拉机登记、安全技术检验以及拖拉机驾驶证发放的资料、数据。公安机关交通管理部门对拖拉机驾驶人作出暂扣、吊销驾驶证处罚或者记分处理的，应当定期将处罚决定书和记分情况通报有关的农业（农业机械）主管部门。吊销驾驶证的，还应当将驾驶证送交有关的农业（农业机械）主管部门。

第一百一十三条 境外机动车入境行驶，应当向入境地的公安机关交通管理部门申请临时通行号牌、行驶证。临时通行号牌、行驶证应当根据行驶需要，载明有效日期和允许行驶的区域。

入境的境外机动车申请临时通行号牌、行驶证以及境外人员申请机动车驾驶许可的条件、考试办法由国务院公安部门规定。

第一百一十四条 机动车驾驶许可考试的收费标准，由国务院价格主管部门规定。

第一百一十五条 本条例自 2004 年 5 月 1 日起施行。1960 年 2 月 11 日国务院批准、交通部发布的《机动车管理办法》，1988 年 3 月 9 日国务院发布的《中华人民共和国道路交通管理条例》，1991 年 9 月 22 日国务院发布的《道路交通事故处理办法》，同时废止。

中华人民共和国国防交通法

中华人民共和国主席令
第五十号

《中华人民共和国国防交通法》已由中华人民共和国第十二届全国人民代表大会常务委员会第二十二次会议于2016年9月3日通过，现予公布，自2017年1月1日起施行。

中华人民共和国主席　习近平
2016年9月3日

第一章　总　则

第一条　为了加强国防交通建设，促进交通领域军民融合发展，保障国防活动顺利进行，制定本法。

第二条　以满足国防需要为目的，在铁路、道路、水路、航空、管道以及邮政等交通领域进行的规划、建设、管理和资源使用活动，适用本法。

第三条 国家坚持军民融合发展战略，推动军地资源优化配置、合理共享，提高国防交通平时服务、急时应急、战时应战的能力，促进经济建设和国防建设协调发展。

国防交通工作遵循统一领导、分级负责、统筹规划、平战结合的原则。

第四条 国家国防交通主管机构负责规划、组织、指导和协调全国的国防交通工作。国家国防交通主管机构的设置和工作职责，由国务院、中央军事委员会规定。

县级以上地方人民政府国防交通主管机构负责本行政区域的国防交通工作。

县级以上人民政府有关部门和有关军事机关按照职责分工，负责有关的国防交通工作。

省级以上人民政府有关部门和军队有关部门建立国防交通军民融合发展会商机制，相互通报交通建设和国防需求等情况，研究解决国防交通重大问题。

第五条 公民和组织应当依法履行国防交通义务。

国家鼓励公民和组织依法参与国防交通建设，并按照有关规定给予政策和经费支持。

第六条 国防交通经费按照事权划分的原则，列入政府预算。

企业事业单位用于开展国防交通日常工作的合理支出，列入本单位预算，计入成本。

第七条 县级以上人民政府根据国防需要，可以依法征用民用运载工具、交通设施、交通物资等民用交通资源，有关组织和个人应当予以配合，履行相关义务。

民用交通资源征用的组织实施和补偿，依照有关法律、行政法规执行。

第八条 各级人民政府应当将国防交通教育纳入全民国防教

育，通过多种形式开展国防交通宣传活动，普及国防交通知识，增强公民的国防交通观念。

各级铁路、道路、水路、航空、管道、邮政等行政管理部门（以下统称交通主管部门）和相关企业事业单位应当对本系统、本单位的人员进行国防交通教育。

设有交通相关专业的院校应当将国防交通知识纳入相关专业课程或者单独开设国防交通相关课程。

第九条 任何组织和个人对在国防交通工作中知悉的国家秘密和商业秘密负有保密义务。

第十条 对在国防交通工作中作出突出贡献的组织和个人，按照国家有关规定给予表彰和奖励。

第十一条 国家加强国防交通信息化建设，为提高国防交通保障能力提供支持。

第十二条 战时和平时特殊情况下，需要在交通领域采取行业管制、为武装力量优先提供交通保障等国防动员措施的，依照《中华人民共和国国防法》、《中华人民共和国国防动员法》等有关法律执行。

武装力量组织进行军事演习、训练，需要对交通采取临时性管制措施的，按照国务院、中央军事委员会的有关规定执行。

第十三条 战时和平时特殊情况下，国家根据需要，设立国防交通联合指挥机构，统筹全国或者局部地区的交通运输资源，统一组织指挥全国或者局部地区的交通运输以及交通设施设备的抢修、抢建与防护。相关组织和个人应当服从统一指挥。

第二章　国防交通规划

第十四条 国防交通规划包括国防交通工程设施建设规划、

国防交通专业保障队伍建设规划、国防交通物资储备规划、国防交通科研规划等。

编制国防交通规划应当符合下列要求：

（一）满足国防需要，有利于平战快速转换，保障国防活动顺利进行；

（二）兼顾经济社会发展需要，突出重点，注重效益，促进资源融合共享；

（三）符合城乡规划和土地利用总体规划，与国家综合交通运输体系发展规划相协调；

（四）有利于加强边防、海防交通基础设施建设，扶持沿边、沿海经济欠发达地区交通运输发展；

（五）保护环境，节约土地、能源等资源。

第十五条 县级以上人民政府应当将国防交通建设纳入国民经济和社会发展规划。

国务院及其有关部门和省、自治区、直辖市人民政府制定交通行业以及相关领域的发展战略、产业政策和规划交通网络布局，应当兼顾国防需要，提高国家综合交通运输体系保障国防活动的能力。

国务院有关部门应当将有关国防要求纳入交通设施、设备的技术标准和规范。有关国防要求由国家国防交通主管机构征求军队有关部门意见后汇总提出。

第十六条 国防交通工程设施建设规划，由县级以上人民政府国防交通主管机构会同本级人民政府交通主管部门编制，经本级人民政府发展改革部门审核后，报本级人民政府批准。

下级国防交通工程设施建设规划应当依据上一级国防交通工程设施建设规划编制。

编制国防交通工程设施建设规划，应当征求有关军事机关和本级人民政府有关部门的意见。县级以上人民政府有关部门编制综合交通运输体系发展规划和交通工程设施建设规划，应当征求本级人民政府国防交通主管机构的意见，并纳入国防交通工程设施建设的相关内容。

第十七条 国防交通专业保障队伍建设规划，由国家国防交通主管机构会同国务院有关部门和军队有关部门编制。

第十八条 国防交通物资储备规划，由国防交通主管机构会同军地有关部门编制。

中央储备的国防交通物资，由国家国防交通主管机构会同国务院交通主管部门和军队有关部门编制储备规划。

地方储备的国防交通物资，由省、自治区、直辖市人民政府国防交通主管机构会同本级人民政府有关部门和有关军事机关编制储备规划。

第十九条 国防交通科研规划，由国家国防交通主管机构会同国务院有关部门和军队有关部门编制。

第三章 交通工程设施

第二十条 建设国防交通工程设施，应当以国防交通工程设施建设规划为依据，保障战时和平时特殊情况下国防交通畅通。

建设其他交通工程设施，应当依法贯彻国防要求，在建设中采用增强其国防功能的工程技术措施，提高国防交通保障能力。

第二十一条 国防交通工程设施应当按照基本建设程序、相关技术标准和规范以及国防要求进行设计、施工和竣工验收。相关人民政府国防交通主管机构组织军队有关部门参与项目的设计审定、竣工验收等工作。

交通工程设施建设中为增加国防功能修建的项目应当与主体

工程同步设计、同步建设、同步验收。

第二十二条　国防交通工程设施在满足国防活动需要的前提下，应当为经济社会活动提供便利。

第二十三条　国防交通工程设施管理单位负责国防交通工程设施的维护和管理，保持其国防功能。

国防交通工程设施需要改变用途或者作报废处理的，由国防交通工程设施管理单位逐级上报国家国防交通主管机构或者其授权的国防交通主管机构批准。

县级以上人民政府应当加强对国防交通工程设施维护管理工作的监督检查。

第二十四条　任何组织和个人进行生产和其他活动，不得影响国防交通工程设施的正常使用，不得危及国防交通工程设施的安全。

第二十五条　县级以上人民政府国防交通主管机构负责向本级人民政府交通主管部门以及相关企业事业单位了解交通工程设施建设项目的立项、设计、施工等情况；有关人民政府交通主管部门以及相关企业事业单位应当予以配合。

第二十六条　县级以上人民政府国防交通主管机构应当及时向有关军事机关通报交通工程设施建设情况，并征求其贯彻国防要求的意见，汇总后提出需要贯彻国防要求的具体项目。

第二十七条　对需要贯彻国防要求的交通工程设施建设项目，由有关人民政府国防交通主管机构会同本级人民政府发展改革部门、财政部门、交通主管部门和有关军事机关，与建设单位协商确定贯彻国防要求的具体事宜。

交通工程设施新建、改建、扩建项目因贯彻国防要求增加的费用由国家承担。有关部门应当对项目的实施予以支持和保障。

第二十八条　各级人民政府对国防交通工程设施建设项目和

贯彻国防要求的交通工程设施建设项目，在土地使用、城乡规划、财政、税费等方面，按照国家有关规定给予政策支持。

第四章 民用运载工具

第二十九条 国家国防交通主管机构应当根据国防需要，会同国务院有关部门和军队有关部门，确定需要贯彻国防要求的民用运载工具的类别和范围，及时向社会公布。

国家鼓励公民和组织建造、购置、经营前款规定的类别和范围内的民用运载工具及其相关设备。

第三十条 县级以上人民政府国防交通主管机构应当向民用运载工具登记管理部门和建造、购置人了解需要贯彻国防要求的民用运载工具的建造、购置、使用等情况，有关公民和组织应当予以配合。

第三十一条 县级以上人民政府国防交通主管机构应当及时将掌握的民用运载工具基本情况通报有关军事机关，并征求其贯彻国防要求的意见，汇总后提出需要贯彻国防要求的民用运载工具的具体项目。

第三十二条 对需要贯彻国防要求的民用运载工具的具体项目，由县级以上人民政府国防交通主管机构会同本级人民政府财政部门、交通主管部门和有关军事机关，与有关公民和组织协商确定贯彻国防要求的具体事宜，并签订相关协议。

第三十三条 民用运载工具因贯彻国防要求增加的费用由国家承担。有关部门应当对民用运载工具贯彻国防要求的实施予以支持和保障。

各级人民政府对贯彻国防要求的民用运载工具在服务采购、运营范围等方面，按照有关规定给予政策支持。

第三十四条 贯彻国防要求的民用运载工具所有权人、承租人、经营人负责民用运载工具的维护和管理，保障其使用效能。

第五章 国防运输

第三十五条 县级以上人民政府交通主管部门会同军队有关交通运输部门按照统一计划、集中指挥、迅速准确、安全保密的原则，组织国防运输。

承担国防运输任务的公民和组织应当优先安排国防运输任务。

第三十六条 国家以大中型运输企业为主要依托，组织建设战略投送支援力量，增强战略投送能力，为快速组织远距离、大规模国防运输提供有效支持。

承担战略投送支援任务的企业负责编组人员和装备，根据有关规定制定实施预案，进行必要的训练、演练，提高执行战略投送任务的能力。

第三十七条 各级人民政府和军事机关应当加强国防运输供应、装卸等保障设施建设。

县级以上地方人民政府和相关企业事业单位，应当根据国防运输的需要提供饮食饮水供应、装卸作业、医疗救护、通行与休整、安全警卫等方面的必要的服务或者保障。

第三十八条 国家驻外机构和我国从事国际运输业务的企业及其境外机构，应当为我国实施国际救援、海上护航和维护国家海外利益的军事行动的船舶、飞机、车辆和人员的补给、休整提供协助。

国家有关部门应当对前款规定的机构和企业为海外军事行动提供协助所需的人员和运输工具、货物等的出境入境提供相关便利。

第三十九条 公民和组织完成国防运输任务所发生的费用，由使用单位按照不低于市场价格的原则支付。具体办法由国务院财政部门、交通主管部门和中央军事委员会后勤保障部规定。

第四十条 军队根据需要，可以在相关交通企业或者交通企业较为集中的地区派驻军事代表，会同有关单位共同完成国防运输和交通保障任务。

军事代表驻在单位和驻在地人民政府有关部门，应当为军事代表开展工作提供便利。

军事代表的派驻和工作职责，按照国务院、中央军事委员会的有关规定执行。

第六章 国防交通保障

第四十一条 各级国防交通主管机构组织人民政府有关部门和有关军事机关制定国防交通保障方案，明确重点交通目标、线路以及保障原则、任务、技术措施和组织措施。

第四十二条 国务院有关部门和县级以上地方人民政府按照职责分工，组织有关企业事业单位实施交通工程设施抢修、抢建和运载工具抢修，保障国防活动顺利进行。有关军事机关应当给予支持和协助。

第四十三条 国防交通保障方案确定的重点交通目标的管理单位和预定承担保障任务的单位，应当根据有关规定编制重点交通目标保障预案，并做好相关准备。

第四十四条 重点交通目标的管理单位和预定承担保障任务的单位，在重点交通目标受到破坏威胁时，应当立即启动保障预案，做好相应准备；在重点交通目标遭受破坏时，应当按照任务分工，迅速组织实施工程加固和抢修、抢建，尽快恢复交通。

与国防运输有关的其他交通工程设施遭到破坏的，其管理单位应当及时按照管理关系向上级报告，同时组织修复。

第四十五条 县级以上人民政府国防交通主管机构会同本级人民政府国土资源、城乡规划等主管部门确定预定抢建重要国防交通工程设施的土地，作为国防交通控制范围，纳入土地利用总体规划和城乡规划。

未经县级以上人民政府国土资源主管部门、城乡规划主管部门和国防交通主管机构批准，任何组织和个人不得占用作为国防交通控制范围的土地。

第四十六条 重点交通目标的对空、对海防御，由军队有关部门纳入对空、对海防御计划，统一组织实施。

重点交通目标的地面防卫，由其所在地县级以上人民政府和有关军事机关共同组织实施。

重点交通目标的工程技术防护，由其所在地县级以上人民政府交通主管部门会同本级人民政府国防交通主管机构、人民防空主管部门，组织指导其管理单位和保障单位实施。

重点交通目标以外的其他交通设施的防护，由其所在地县级以上人民政府按照有关规定执行。

第四十七条 因重大军事行动和国防科研生产试验以及与国防相关的保密物资、危险品运输等特殊需要，县级以上人民政府有关部门应当按照规定的权限和程序，在相关地区的陆域、水域、空域采取必要的交通管理措施和安全防护措施。有关军事机关应当给予协助。

第四十八条 县级以上人民政府交通主管部门和有关军事机关、国防交通主管机构应当根据需要，组织相关企业事业单位开展国防交通专业保障队伍的训练、演练。

国防交通专业保障队伍由企业事业单位按照有关规定组建。

　　参加训练、演练的国防交通专业保障队伍人员的生活福利待遇，参照民兵参加军事训练的有关规定执行。

　　第四十九条　国防交通专业保障队伍执行国防交通工程设施抢修、抢建、防护和民用运载工具抢修以及人员物资抢运等任务，由县级以上人民政府国防交通主管机构会同本级人民政府交通主管部门统一调配。

　　国防交通专业保障队伍的车辆、船舶和其他机动设备，执行任务时按照国家国防交通主管机构的规定设置统一标志，可以优先通行。

　　第五十条　各级人民政府对承担国防交通保障任务的企业和个人，按照有关规定给予政策支持。

第七章　国防交通物资储备

　　第五十一条　国家建立国防交通物资储备制度，保证战时和平时特殊情况下国防交通顺畅的需要。

　　国防交通物资储备应当布局合理、规模适度，储备的物资应当符合国家规定的质量标准。

　　国防交通储备物资的品种由国家国防交通主管机构会同国务院有关部门和军队有关部门规定。

　　第五十二条　国务院交通主管部门和省、自治区、直辖市人民政府国防交通主管机构，应当按照有关规定确定国防交通储备物资储存管理单位，监督检查国防交通储备物资管理工作。

　　国防交通储备物资储存管理单位应当建立健全管理制度，按照国家有关规定和标准对储备物资进行保管、维护和更新，保证储备物资的使用效能和安全，不得挪用、损坏和丢失储备物资。

　　第五十三条　战时和平时特殊情况下执行交通防护和抢修、

抢建任务，或者组织重大军事演习，抢险救灾以及国防交通专业保障队伍训练、演练等需要的，可以调用国防交通储备物资。

调用中央储备的国防交通物资，由国家国防交通主管机构批准；调用地方储备的国防交通物资，由省、自治区、直辖市人民政府国防交通主管机构批准。

国防交通储备物资储存管理单位，应当严格执行储备物资调用指令，不得拒绝或者拖延。

未经批准，任何组织和个人不得动用国防交通储备物资。

第五十四条 国防交通储备物资因产品技术升级、更新换代或者主要技术性能低于使用维护要求，丧失储备价值的，可以改变用途或者作报废处理。

中央储备的国防交通物资需要改变用途或者作报废处理的，由国家国防交通主管机构组织技术鉴定并审核后，报国务院财政部门审批。

地方储备的国防交通物资需要改变用途或者作报废处理的，由省、自治区、直辖市人民政府国防交通主管机构组织技术鉴定并审核后，报本级人民政府财政部门审批。

中央和地方储备的国防交通物资改变用途或者报废获得的收益，应当上缴本级国库，纳入财政预算管理。

第八章　法律责任

第五十五条 违反本法规定，有下列行为之一的，由县级以上人民政府交通主管部门或者国防交通主管机构责令限期改正，对负有直接责任的主管人员和其他直接责任人员依法给予处分；有违法所得的，予以没收，并处违法所得一倍以上五倍以下罚款：

（一）擅自改变国防交通工程设施用途或者作报废处理的；

（二）拒绝或者故意拖延执行国防运输任务的；

（三）拒绝或者故意拖延执行重点交通目标抢修、抢建任务的；

（四）拒绝或者故意拖延执行国防交通储备物资调用命令的；

（五）擅自改变国防交通储备物资用途或者作报废处理的；

（六）擅自动用国防交通储备物资的；

（七）未按照规定保管、维护国防交通储备物资，造成损坏、丢失的。

上述违法行为造成财产损失的，依法承担赔偿责任。

第五十六条 国防交通主管机构、有关军事机关以及交通主管部门和其他相关部门的工作人员违反本法规定，有下列情形之一的，对负有直接责任的主管人员和其他直接责任人员依法给予处分：

（一）滥用职权或者玩忽职守，给国防交通工作造成严重损失的；

（二）贪污、挪用国防交通经费、物资的；

（三）泄露在国防交通工作中知悉的国家秘密和商业秘密的；

（四）在国防交通工作中侵害公民或者组织合法权益的。

第五十七条 违反本法规定，构成违反治安管理行为的，依法给予治安管理处罚；构成犯罪的，依法追究刑事责任。

第九章　附　则

第五十八条 本法所称国防交通工程设施，是指国家为国防目的修建的交通基础设施以及国防交通专用的指挥、检修、装卸、仓储等工程设施。

本法所称国防运输，是指政府和军队为国防目的运用军民交通运输资源，运送人员、装备、物资的活动。军队运用自身资源进行的运输活动，按照中央军事委员会有关规定执行。

第五十九条 与国防交通密切相关的信息设施、设备和专业保障队伍的建设、管理、使用活动，适用本法。

国家对信息动员另有规定的，从其规定。

第六十条 本法自 2017 年 1 月 1 日起施行。

公路安全保护条例

中华人民共和国国务院令

第 593 号

《公路安全保护条例》已经 2011 年 2 月 16 日国务院第 144 次常务会议通过，现予公布，自 2011 年 7 月 1 日起施行。

总理　温家宝

二〇一一年三月七日

第一章　总　　则

第一条　为了加强公路保护，保障公路完好、安全和畅通，根据《中华人民共和国公路法》，制定本条例。

第二条　各级人民政府应当加强对公路保护工作的领导，依法履行公路保护职责。

第三条　国务院交通运输主管部门主管全国公路保护工作。

县级以上地方人民政府交通运输主管部门主管本行政区域的

公路保护工作；但是，县级以上地方人民政府交通运输主管部门对国道、省道的保护职责，由省、自治区、直辖市人民政府确定。

公路管理机构依照本条例的规定具体负责公路保护的监督管理工作。

第四条 县级以上各级人民政府发展改革、工业和信息化、公安、工商、质检等部门按照职责分工，依法开展公路保护的相关工作。

第五条 县级以上各级人民政府应当将政府及其有关部门从事公路管理、养护所需经费以及公路管理机构行使公路行政管理职能所需经费纳入本级人民政府财政预算。但是，专用公路的公路保护经费除外。

第六条 县级以上各级人民政府交通运输主管部门应当综合考虑国家有关车辆技术标准、公路使用状况等因素，逐步提高公路建设、管理和养护水平，努力满足国民经济和社会发展以及人民群众生产、生活需要。

第七条 县级以上各级人民政府交通运输主管部门应当依照《中华人民共和国突发事件应对法》的规定，制定地震、泥石流、雨雪冰冻灾害等损毁公路的突发事件（以下简称公路突发事件）应急预案，报本级人民政府批准后实施。

公路管理机构、公路经营企业应当根据交通运输主管部门制定的公路突发事件应急预案，组建应急队伍，并定期组织应急演练。

第八条 国家建立健全公路突发事件应急物资储备保障制度，完善应急物资储备、调配体系，确保发生公路突发事件时能够满足应急处置工作的需要。

第九条 任何单位和个人不得破坏、损坏、非法占用或者非法利用公路、公路用地和公路附属设施。

第二章　公路线路

第十条　公路管理机构应当建立健全公路管理档案，对公路、公路用地和公路附属设施调查核实、登记造册。

第十一条　县级以上地方人民政府应当根据保障公路运行安全和节约用地的原则以及公路发展的需要，组织交通运输、国土资源等部门划定公路建筑控制区的范围。

公路建筑控制区的范围，从公路用地外缘起向外的距离标准为：

（一）国道不少于 20 米；

（二）省道不少于 15 米；

（三）县道不少于 10 米；

（四）乡道不少于 5 米。

属于高速公路的，公路建筑控制区的范围从公路用地外缘起向外的距离标准不少于 30 米。

公路弯道内侧、互通立交以及平面交叉道口的建筑控制区范围根据安全视距等要求确定。

第十二条　新建、改建公路的建筑控制区的范围，应当自公路初步设计批准之日起 30 日内，由公路沿线县级以上地方人民政府依照本条例划定并公告。

公路建筑控制区与铁路线路安全保护区、航道保护范围、河道管理范围或者水工程管理和保护范围重叠的，经公路管理机构和铁路管理机构、航道管理机构、水行政主管部门或者流域管理机构协商后划定。

第十三条　在公路建筑控制区内，除公路保护需要外，禁止修建建筑物和地面构筑物；公路建筑控制区划定前已经合法修建的不得扩建，因公路建设或者保障公路运行安全等原因需要拆除的应当依法给予补偿。

在公路建筑控制区外修建的建筑物、地面构筑物以及其他设施不得遮挡公路标志，不得妨碍安全视距。

第十四条 新建村镇、开发区、学校和货物集散地、大型商业网点、农贸市场等公共场所，与公路建筑控制区边界外缘的距离应当符合下列标准，并尽可能在公路一侧建设：

（一）国道、省道不少于 50 米；

（二）县道、乡道不少于 20 米。

第十五条 新建、改建公路与既有城市道路、铁路、通信等线路交叉或者新建、改建城市道路、铁路、通信等线路与既有公路交叉的，建设费用由新建、改建单位承担；城市道路、铁路、通信等线路的管理部门、单位或者公路管理机构要求提高既有建设标准而增加的费用，由提出要求的部门或者单位承担。

需要改变既有公路与城市道路、铁路、通信等线路交叉方式的，按照公平合理的原则分担建设费用。

第十六条 禁止将公路作为检验车辆制动性能的试车场地。

禁止在公路、公路用地范围内摆摊设点、堆放物品、倾倒垃圾、设置障碍、挖沟引水、打场晒粮、种植作物、放养牲畜、采石、取土、采空作业、焚烧物品、利用公路边沟排放污物或者进行其他损坏、污染公路和影响公路畅通的行为。

第十七条 禁止在下列范围内从事采矿、采石、取土、爆破作业等危及公路、公路桥梁、公路隧道、公路渡口安全的活动：

（一）国道、省道、县道的公路用地外缘起向外 100 米，乡道的公路用地外缘起向外 50 米；

（二）公路渡口和中型以上公路桥梁周围 200 米；

（三）公路隧道上方和洞口外 100 米。

在前款规定的范围内，因抢险、防汛需要修筑堤坝、压缩或者拓宽河床的，应当经省、自治区、直辖市人民政府交通运输主管部门会同水行政主管部门或者流域管理机构批准，并采取安全防护措施方可进行。

第十八条 除按照国家有关规定设立的为车辆补充燃料的场所、设施外，禁止在下列范围内设立生产、储存、销售易燃、易爆、剧毒、放射性等危险物品的场所、设施：

（一）公路用地外缘起向外 100 米；

（二）公路渡口和中型以上公路桥梁周围 200 米；

（三）公路隧道上方和洞口外 100 米。

第十九条 禁止擅自在中型以上公路桥梁跨越的河道上下游各 1000 米范围内抽取地下水、架设浮桥以及修建其他危及公路桥梁安全的设施。

在前款规定的范围内，确需进行抽取地下水、架设浮桥等活动的，应当经水行政主管部门、流域管理机构等有关单位会同公路管理机构批准，并采取安全防护措施方可进行。

第二十条 禁止在公路桥梁跨越的河道上下游的下列范围内采砂：

（一）特大型公路桥梁跨越的河道上游 500 米，下游 3000 米；

（二）大型公路桥梁跨越的河道上游 500 米，下游 2000 米；

（三）中小型公路桥梁跨越的河道上游 500 米，下游 1000 米。

第二十一条 在公路桥梁跨越的河道上下游各 500 米范围内依法进行疏浚作业的，应当符合公路桥梁安全要求，经公路管理机构确认安全方可作业。

第二十二条 禁止利用公路桥梁进行牵拉、吊装等危及公路桥梁安全的施工作业。

禁止利用公路桥梁（含桥下空间）、公路隧道、涵洞堆放物品，搭建设施以及铺设高压电线和输送易燃、易爆或者其他有毒有害气体、液体的管道。

第二十三条 公路桥梁跨越航道的，建设单位应当按照国家有关规定设置桥梁航标、桥柱标、桥梁水尺标，并按照国家标准、行业标准设置桥区水上航标和桥墩防撞装置。桥区水上航标由航标管理机构负责维护。

通过公路桥梁的船舶应当符合公路桥梁通航净空要求，严格遵守航行规则，不得在公路桥梁下停泊或者系缆。

第二十四条 重要的公路桥梁和公路隧道按照《中华人民共和国人民武装警察法》和国务院、中央军委的有关规定由中国人民武装警察部队守护。

第二十五条 禁止损坏、擅自移动、涂改、遮挡公路附属设施或者利用公路附属设施架设管道、悬挂物品。

第二十六条 禁止破坏公路、公路用地范围内的绿化物。需要更新采伐护路林的，应当向公路管理机构提出申请，经批准方可更新采伐，并及时补种；不能及时补种的，应当交纳补种所需费用，由公路管理机构代为补种。

第二十七条 进行下列涉路施工活动，建设单位应当向公路管理机构提出申请：

（一）因修建铁路、机场、供电、水利、通信等建设工程需要占用、挖掘公路、公路用地或者使公路改线；

（二）跨越、穿越公路修建桥梁、渡槽或者架设、埋设管道、电缆等设施；

（三）在公路用地范围内架设、埋设管道、电缆等设施；

（四）利用公路桥梁、公路隧道、涵洞铺设电缆等设施；

（五）利用跨越公路的设施悬挂非公路标志；

（六）在公路上增设或者改造平面交叉道口；

（七）在公路建筑控制区内埋设管道、电缆等设施。

第二十八条 申请进行涉路施工活动的建设单位应当向公路管理机构提交下列材料：

（一）符合有关技术标准、规范要求的设计和施工方案；

（二）保障公路、公路附属设施质量和安全的技术评价报告；

（三）处置施工险情和意外事故的应急方案。

公路管理机构应当自受理申请之日起20日内作出许可或者不予许可的决定；影响交通安全的，应当征得公安机关交通管理部门的同意；涉及经营性公路的，应当征求公路经营企业的意见；不予许可的，公路管理机构应当书面通知申请人并说明理由。

第二十九条 建设单位应当按照许可的设计和施工方案进行施工作业，并落实保障公路、公路附属设施质量和安全的防护措施。

涉路施工完毕，公路管理机构应当对公路、公路附属设施是否达到规定的技术标准以及施工是否符合保障公路、公路附属设施质量和安全的要求进行验收；影响交通安全的，还应当经公安机关交通管理部门验收。

涉路工程设施的所有人、管理人应当加强维护和管理，确保工程设施不影响公路的完好、安全和畅通。

第三章　公路通行

第三十条 车辆的外廓尺寸、轴荷和总质量应当符合国家有关车辆外廓尺寸、轴荷、质量限值等机动车安全技术标准，不符合标准的不得生产、销售。

第三十一条 公安机关交通管理部门办理车辆登记，应当当场查验，对不符合机动车国家安全技术标准的车辆不予登记。

第三十二条 运输不可解体物品需要改装车辆的，应当由具有相应资质的车辆生产企业按照规定的车型和技术参数进行改装。

第三十三条 超过公路、公路桥梁、公路隧道限载、限高、限宽、限长标准的车辆，不得在公路、公路桥梁或者公路隧道行驶；超过汽车渡船限载、限高、限宽、限长标准的车辆，不得使用汽车渡船。

公路、公路桥梁、公路隧道限载、限高、限宽、限长标准调整的，公路管理机构、公路经营企业应当及时变更限载、限高、限宽、限长标志；需要绕行的，还应当标明绕行路线。

第三十四条 县级人民政府交通运输主管部门或者乡级人民政府可以根据保护乡道、村道的需要，在乡道、村道的出入口设置必要的限高、限宽设施，但是不得影响消防和卫生急救等应急通行需要，不得向通行车辆收费。

第三十五条 车辆载运不可解体物品，车货总体的外廓尺寸或者总质量超过公路、公路桥梁、公路隧道的限载、限高、限宽、限长标准，确需在公路、公路桥梁、公路隧道行驶的，从事运输的单位和个人应当向公路管理机构申请公路超限运输许可。

第三十六条 申请公路超限运输许可按照下列规定办理：

（一）跨省、自治区、直辖市进行超限运输的，向公路沿线各省、自治区、直辖市公路管理机构提出申请，由起运地省、自治区、直辖市公路管理机构统一受理，并协调公路沿线各省、自治区、直辖市公路管理机构对超限运输申请进行审批，必要时可以由国务院交通运输主管部门统一协调处理；

（二）在省、自治区范围内跨设区的市进行超限运输，或者在直辖市范围内跨区、县进行超限运输的，向省、自治区、直辖市公路管理机构提出申请，由省、自治区、直辖市公路管理机构受理并审批；

（三）在设区的市范围内跨区、县进行超限运输的，向设区的市公路管理机构提出申请，由设区的市公路管理机构受理并审批；

（四）在区、县范围内进行超限运输的，向区、县公路管理机构提出申请，由区、县公路管理机构受理并审批。

公路超限运输影响交通安全的，公路管理机构在审批超限运输申请时，应当征求公安机关交通管理部门意见。

第三十七条 公路管理机构审批超限运输申请，应当根据实际情况勘测通行路线，需要采取加固、改造措施的，可以与申请人签订有关协议，制定相应的加固、改造方案。

公路管理机构应当根据其制定的加固、改造方案，对通行的公路桥梁、涵洞等设施进行加固、改造；必要时应当对超限运输车辆进行监管。

第三十八条 公路管理机构批准超限运输申请的，应当为超限运输车辆配发国务院交通运输主管部门规定式样的超限运输车辆通行证。

经批准进行超限运输的车辆，应当随车携带超限运输车辆通行证，按照指定的时间、路线和速度行驶，并悬挂明显标志。

禁止租借、转让超限运输车辆通行证。禁止使用伪造、变造的超限运输车辆通行证。

第三十九条 经省、自治区、直辖市人民政府批准，有关交通运输主管部门可以设立固定超限检测站点，配备必要的设备和人员。

固定超限检测站点应当规范执法，并公布监督电话。公路管理机构应当加强对固定超限检测站点的管理。

第四十条 公路管理机构在监督检查中发现车辆超过公路、公路桥梁、公路隧道或者汽车渡船的限载、限高、限宽、限长标准的，应当就近引导至固定超限检测站点进行处理。

车辆应当按照超限检测指示标志或者公路管理机构监督检查人员的指挥接受超限检测，不得故意堵塞固定超限检测站点通行车道、强行通过固定超限检测站点或者以其他方式扰乱超限检测秩序，不得采取短途驳载等方式逃避超限检测。

禁止通过引路绕行等方式为不符合国家有关载运标准的车辆逃避超限检测提供便利。

第四十一条 煤炭、水泥等货物集散地以及货运站等场所的经营人、管理人应当采取有效措施，防止不符合国家有关载运标准的车辆出场（站）。

道路运输管理机构应当加强对煤炭、水泥等货物集散地以及货运站等场所的监督检查，制止不符合国家有关载运标准的车辆出场（站）。

任何单位和个人不得指使、强令车辆驾驶人超限运输货物，不得阻碍道路运输管理机构依法进行监督检查。

第四十二条 载运易燃、易爆、剧毒、放射性等危险物品的车辆，应当符合国家有关安全管理规定，并避免通过特大型公路桥梁或者特长公路隧道；确需通过特大型公路桥梁或者特长公路隧道的，负责审批易燃、易爆、剧毒、放射性等危险物品运输许可的机关应当提前将行驶时间、路线通知特大型公路桥梁或者特长公路隧道的管理单位，并对在特大型公路桥梁或者特长公路隧道行驶的车辆进行现场监管。

第四十三条 车辆应当规范装载，装载物不得触地拖行。车辆装载物易掉落、遗洒或者飘散的，应当采取厢式密闭等有效防护措施方可在公路上行驶。

公路上行驶车辆的装载物掉落、遗洒或者飘散的，车辆驾驶人、押运人员应当及时采取措施处理；无法处理的，应当在掉落、遗洒或者飘散物来车方向适当距离外设置警示标志，并迅速报告公路管理机构或者公安机关交通管理部门。其他人员发现公路上有影响交通安全的障碍物的，也应当及时报告公路管理机构或者公安机关交通管理部门。公安机关交通管理部门应当责令改正车辆装载物掉落、遗洒、飘散等违法行为；公路管理机构、公路经营企业应当及时清除掉落、遗洒、飘散在公路上的障碍物。

车辆装载物掉落、遗洒、飘散后，车辆驾驶人、押运人员未及时采取措施处理，造成他人人身、财产损害的，道路运输企业、车辆驾驶人应当依法承担赔偿责任。

第四章　公路养护

第四十四条　公路管理机构、公路经营企业应当加强公路养护，保证公路经常处于良好技术状态。

前款所称良好技术状态，是指公路自身的物理状态符合有关技术标准的要求，包括路面平整，路肩、边坡平顺，有关设施完好。

第四十五条　公路养护应当按照国务院交通运输主管部门规定的技术规范和操作规程实施作业。

第四十六条　从事公路养护作业的单位应当具备下列资质条件：

（一）有一定数量的符合要求的技术人员；

（二）有与公路养护作业相适应的技术设备；

（三）有与公路养护作业相适应的作业经历；

（四）国务院交通运输主管部门规定的其他条件。

公路养护作业单位资质管理办法由国务院交通运输主管部门另行制定。

第四十七条　公路管理机构、公路经营企业应当按照国务院交通运输主管部门的规定对公路进行巡查，并制作巡查记录；发现公路坍塌、坑槽、隆起等损毁的，应当及时设置警示标志，并采取措施修复。

公安机关交通管理部门发现公路坍塌、坑槽、隆起等损毁，危及交通安全的，应当及时采取措施，疏导交通，并通知公路管理机构或者公路经营企业。

其他人员发现公路坍塌、坑槽、隆起等损毁的，应当及时向公路管理机构、公安机关交通管理部门报告。

第四十八条　公路管理机构、公路经营企业应当定期对公路、公路桥梁、公路隧道进行检测和评定，保证其技术状态符合有关技术标准；对经检测发现不符合车辆通行安全要求的，应当进行维修，及时向社会公告，并通知公安机关交通管理部门。

第四十九条　公路管理机构、公路经营企业应当定期检查公路隧道的排水、通风、照明、监控、报警、消防、救助等设施，保持设施处于完好状态。

第五十条　公路管理机构应当统筹安排公路养护作业计划，避免集中进行公路养护作业造成交通堵塞。

在省、自治区、直辖市交界区域进行公路养护作业，可能造成交通堵塞的，有关公路管理机构、公安机关交通管理部门应当事先书面通报相邻的省、自治区、直辖市公路管理机构、公安机关交通管理部门，共同制定疏导预案，确定分流路线。

第五十一条　公路养护作业需要封闭公路的，或者占用半幅公路进行作业，作业路段长度在2公里以上，并且作业期限超过30日的，除紧急情况外，公路养护作业单位应当在作业开始之日前5日向社会公告，明确绕行路线，并在绕行处设置标志；不能绕行的，应当修建临时道路。

第五十二条　公路养护作业人员作业时，应当穿着统一的安全标志服。公路养护车辆、机械设备作业时，应当设置明显的作业标志，开启危险报警闪光灯。

第五十三条　发生公路突发事件影响通行的，公路管理机构、公路经营企业应当及时修复公路、恢复通行。设区的市级以上人民政府交通运输主管部门应当根据修复公路、恢复通行的需要，及时调集抢修力量，统筹安排有关作业计划，下达路网调度指令，配合有关部门组织绕行、分流。

设区的市级以上公路管理机构应当按照国务院交通运输主管部门的规定收集、汇总公路损毁、公路交通流量等信息，开展公路突发事件的监测、预报和预警工作，并利用多种方式及时向社会发布有关公路运行信息。

第五十四条　中国人民武装警察交通部队按照国家有关规定承担公路、公路桥梁、公路隧道等设施的抢修任务。

第五十五条　公路永久性停止使用的，应当按照国务院交通运输主管部门规定的程序核准后作报废处理，并向社会公告。

公路报废后的土地使用管理依照有关土地管理的法律、行政法规执行。

第五章　法律责任

第五十六条　违反本条例的规定，有下列情形之一的，由公路管理机构责令限期拆除，可以处 5 万元以下的罚款。逾期不拆除的，由公路管理机构拆除，有关费用由违法行为人承担：

（一）在公路建筑控制区内修建、扩建建筑物、地面构筑物或者未经许可埋设管道、电缆等设施的；

（二）在公路建筑控制区外修建的建筑物、地面构筑物以及其他设施遮挡公路标志或者妨碍安全视距的。

第五十七条 违反本条例第十八条、第十九条、第二十三条规定的，由安全生产监督管理部门、水行政主管部门、流域管理机构、海事管理机构等有关单位依法处理。

第五十八条 违反本条例第二十条规定的，由水行政主管部门或者流域管理机构责令改正，可以处 3 万元以下的罚款。

第五十九条 违反本条例第二十二条规定的，由公路管理机构责令改正，处 2 万元以上 10 万元以下的罚款。

第六十条 违反本条例的规定，有下列行为之一的，由公路管理机构责令改正，可以处 3 万元以下的罚款：

（一）损坏、擅自移动、涂改、遮挡公路附属设施或者利用公路附属设施架设管道、悬挂物品，可能危及公路安全的；

（二）涉路工程设施影响公路完好、安全和畅通的。

第六十一条 违反本条例的规定，未经批准更新采伐护路林的，由公路管理机构责令补种，没收违法所得，并处采伐林木价值 3 倍以上 5 倍以下的罚款。

第六十二条 违反本条例的规定，未经许可进行本条例第二十七条第一项至第五项规定的涉路施工活动的，由公路管理机构责令改正，可以处 3 万元以下的罚款；未经许可进行本条例第二十七条第六项规定的涉路施工活动的，由公路管理机构责令改正，处 5 万元以下的罚款。

第六十三条 违反本条例的规定，非法生产、销售外廓尺寸、轴荷、总质量不符合国家有关车辆外廓尺寸、轴荷、质量限值等机动车安全技术标准的车辆的，依照《中华人民共和国道路交通安全法》的有关规定处罚。

具有国家规定资质的车辆生产企业未按照规定车型和技术参数改装车辆的，由原发证机关责令改正，处 4 万元以上 20 万元以下的罚款；拒不改正的，吊销其资质证书。

第六十四条 违反本条例的规定，在公路上行驶的车辆，车货总体的外廓尺寸、轴荷或者总质量超过公路、公路桥梁、公路隧道、汽车渡船限定标准的，由公路管理机构责令改正，可以处3万元以下的罚款。

第六十五条 违反本条例的规定，经批准进行超限运输的车辆，未按照指定时间、路线和速度行驶的，由公路管理机构或者公安机关交通管理部门责令改正；拒不改正的，公路管理机构或者公安机关交通管理部门可以扣留车辆。

未随车携带超限运输车辆通行证的，由公路管理机构扣留车辆，责令车辆驾驶人提供超限运输车辆通行证或者相应的证明。

租借、转让超限运输车辆通行证的，由公路管理机构没收超限运输车辆通行证，处1000元以上5000元以下的罚款。使用伪造、变造的超限运输车辆通行证的，由公路管理机构没收伪造、变造的超限运输车辆通行证，处3万元以下的罚款。

第六十六条 对1年内违法超限运输超过3次的货运车辆，由道路运输管理机构吊销其车辆营运证；对1年内违法超限运输超过3次的货运车辆驾驶人，由道路运输管理机构责令其停止从事营业性运输；道路运输企业1年内违法超限运输的货运车辆超过本单位货运车辆总数10%的，由道路运输管理机构责令道路运输企业停业整顿；情节严重的，吊销其道路运输经营许可证，并向社会公告。

第六十七条 违反本条例的规定，有下列行为之一的，由公路管理机构强制拖离或者扣留车辆，处3万元以下的罚款：

（一）采取故意堵塞固定超限检测站点通行车道、强行通过固定超限检测站点等方式扰乱超限检测秩序的；

（二）采取短途驳载等方式逃避超限检测的。

第六十八条 违反本条例的规定，指使、强令车辆驾驶人超限运输货物的，由道路运输管理机构责令改正，处 3 万元以下的罚款。

第六十九条　车辆装载物触地拖行、掉落、遗洒或者飘散，造成公路路面损坏、污染的，由公路管理机构责令改正，处 5000 元以下的罚款。

第七十条　违反本条例的规定，公路养护作业单位未按照国务院交通运输主管部门规定的技术规范和操作规程进行公路养护作业的，由公路管理机构责令改正，处 1 万元以上 5 万元以下的罚款；拒不改正的，吊销其资质证书。

第七十一条　造成公路、公路附属设施损坏的单位和个人应当立即报告公路管理机构，接受公路管理机构的现场调查处理；危及交通安全的，还应当设置警示标志或者采取其他安全防护措施，并迅速报告公安机关交通管理部门。

发生交通事故造成公路、公路附属设施损坏的，公安机关交通管理部门在处理交通事故时应当及时通知有关公路管理机构到场调查处理。

第七十二条　造成公路、公路附属设施损坏，拒不接受公路管理机构现场调查处理的，公路管理机构可以扣留车辆、工具。

公路管理机构扣留车辆、工具的，应当当场出具凭证，并告知当事人在规定期限内到公路管理机构接受处理。逾期不接受处理，并且经公告 3 个月仍不来接受处理的，对扣留的车辆、工具，由公路管理机构依法处理。

公路管理机构对被扣留的车辆、工具应当妥善保管，不得使用。

第七十三条　违反本条例的规定，公路管理机构工作人员有下列行为之一的，依法给予处分：

（一）违法实施行政许可的；

（二）违反规定拦截、检查正常行驶的车辆的；

（三）未及时采取措施处理公路坍塌、坑槽、隆起等损毁的；

（四）违法扣留车辆、工具或者使用依法扣留的车辆、工具的；

（五）有其他玩忽职守、徇私舞弊、滥用职权行为的。

公路管理机构有前款所列行为之一的，对负有直接责任的主管人员和其他直接责任人员依法给予处分。

第七十四条 违反本条例的规定，构成违反治安管理行为的，由公安机关依法给予治安管理处罚；构成犯罪的，依法追究刑事责任。

第六章 附 则

第七十五条 村道的管理和养护工作，由乡级人民政府参照本条例的规定执行。

专用公路的保护不适用本条例。

第七十六条 军事运输使用公路按照国务院、中央军事委员会的有关规定执行。

第七十七条 本条例自 2011 年 7 月 1 日起施行。1987 年10 月 13 日国务院发布的《中华人民共和国公路管理条例》同时废止。

高速公路交通应急管理程序规定

公安部关于印发《高速公路交通应急
管理程序规定》的通知
公通字〔2008〕54号

各省、自治区、直辖市公安厅、局，新疆生产建设兵团
公安局：

为加强高速公路交通应急管理，保障高速公路交通
安全畅通和人民群众生命财产安全，公安部制定了《高
速公路交通应急管理程序规定》，现印发给你们。请结合
本地实际，认真贯彻执行。执行中遇到的问题，请及时
报部。

二○○八年十二月三日

第一章 总 则

第一条 为加强高速公路交通应急管理，切实保障高速公路
交通安全畅通和人民生命财产安全，有效处置交通拥堵，根据

《中华人民共和国道路交通安全法》及其实施条例、《中华人民共和国突发事件应对法》的有关规定，制定本规定。

第二条　因道路交通事故、危险化学品泄漏、恶劣天气、自然灾害以及其他突然发生影响安全畅通的事件，造成高速公路交通中断和车辆滞留，各级公安机关按照本规定进行应急处置。

第三条　高速公路交通应急管理工作应当坚持以人为本、统一领导、分工负责、协调联动、快速反应、依法实施的原则，将应急救援和交通疏导工作作为首要任务，确保人民群众生命财产安全和交通安全畅通。

第四条　各级公安机关要完善高速公路交通应急管理领导机构，建立统一指挥、分级负责、部门联动、协调有序、反应灵敏、运转高效的高速公路交通应急管理机制。

第五条　各级公安机关应当建立高速公路分级应急响应机制。公安部指导各级公安机关开展高速公路交通应急管理工作，省级公安机关指导或指挥本省（自治区、直辖市）公安机关开展高速公路交通应急管理工作，地市级以下公安机关根据职责负责辖区内高速公路交通应急管理工作。

第六条　各级公安机关应当结合实际，在本级人民政府统一领导下，会同环境保护、交通运输、卫生、安全监管、气象等部门和高速公路经营管理、医疗急救、抢险救援等单位，联合建立高速公路交通应急管理预警机制和协作机制。

第七条　省级公安机关应当建立完善相邻省（自治区、直辖市）高速公路交通应急管理协调工作机制，配合相邻省（自治区、直辖市）做好跨省际高速公路交通应急管理工作。

第八条　各级公安机关交通管理部门根据管理体制和管理职责，具体负责本辖区内高速公路交通应急管理工作。

第二章 应急准备

第九条 根据道路交通中断造成车辆滞留的影响范围和严重程度，高速公路应急响应从高到低分为一级、二级、三级和四级应急响应级别。各级公安机关应当完善高速公路交通管理应急预案体系，根据职权制定相应级别的应急预案，在应急预案中分别对交通事故、危险化学品泄漏、恶劣天气、自然灾害等不同突发情况做出具体规定。

第十条 各级公安机关应当根据高速公路交通应急管理实际需要，为高速公路公安交通管理部门配备应急处置的有关装备和设施，完善通讯、交通、救援、信息发布等装备器材及民警个人防护装备。

第十一条 公安部制定一级响应应急预案，每两年组织一次演练和培训。省级公安机关制定二级和三级响应应急预案，每年组织一次演练和培训。地市级公安机关制定四级响应应急预案，每半年组织一次演练和培训。

第十二条 跨省（自治区、直辖市）实施交通应急管理的应急预案应由省级公安机关制定，通报相关省级公安机关，并报公安部备案。

跨地市实施交通应急管理的应急预案应由地市级公安机关制定，通报相关地市级公安机关，并报省级公安机关备案。

第三章 应急响应

第十三条 道路交通中断24小时以上，造成车辆滞留严重影响相邻三个以上省（自治区、直辖市）高速公路通行的为一级响应；道路交通中断 24 小时以上，造成车辆滞留涉及相邻两个以上省（自治区、直辖市）高速公路通行的为二级响应；道路交通中断 24 小时以上，造成车辆滞留影响省（自治区、直辖市）内相邻三个以上地市辖区高速公路通行的为三级响应；道路交通中断 12 小时以上，造成车辆滞留影响两个以上地市辖区内高速公路通行的为四级响应。

第十四条　各级公安机关接到应急事件报警后，应当详细了解事件情况，对事件的处置时间和可能造成的影响及时作出研判。在确认高速公路交通应急管理响应级别后，应当立即启动相应级别的应急预案并明确向下一级公安机关宣布进入应急状态。各级公安机关在宣布或者接上级公安机关命令进入应急状态后，应当立即部署本级相关部门或相关下级公安机关执行。

第十五条　一级响应时，公安部启动一级响应应急预案，宣布进入一级应急状态，成立高速公路交通应急管理指挥部，指导、协调所涉及地区公安机关开展交通应急管理工作，必要时派员赴现场指导工作，相关省级公安机关成立相应领导机构，指导或指挥省（自治区、直辖市）内各级公安机关开展各项交通应急管理工作。

第十六条　二级响应时，由发生地省级公安机关联合被影响地省级公安机关启动二级响应应急预案，宣布进入二级应急状态，以发生地省级公安机关为主成立高速公路交通应急管理指挥部，协调被影响地省级公安机关开展交通应急管理工作。必要时由公安部协调开展工作。

第十七条　三级响应时，省级公安机关启动三级响应应急预案，宣布进入三级应急状态，成立高速公路交通应急管理指挥部，指挥本省（自治区、直辖市）内各级公安机关开展交通应急管理工作。

第十八条　四级响应时，由发生地地市级公安机关联合被影响地公安机关启动四级响应应急预案，宣布进入四级应急状态，以发生地地市级公安机关为主成立高速公路交通应急管理指挥部，指挥本地公安机关，协调被影响地公安机关开展交通应急管理工作。

第十九条　发生地和被影响地难以区分时，上级公安机关可以指令下级公安机关牵头成立临时领导机构，指挥、协调高速公路交通应急管理工作。

第二十条　各级公安机关要根据事态的发展和现场处置情况及时调整响应级别。响应级别需要提高的，应当在初步确定后 30 分钟内，宣布提高响应级别或报请上级公安机关提高响应级别，启动相应级别的应急预案。

第四章　应急处置

第二十一条　一级响应，需要采取封闭高速公路交通管理措施的，由公安部作出决定；二级以下响应，需要采取封闭高速公路交通管理措施的，应当由省级公安机关作出决定，封闭高速公路 24 小时以上的应报公安部备案；情况特别紧急，如不采取封闭高速公路交通管理措施，可能造成群死群伤重特大交通事故等情形的，可先行封闭高速公路，再按规定逐级上报批准或备案。

第二十二条　高速公路实施交通应急管理时，非紧急情况不得关闭省际入口，一级、二级响应时，本省（自治区、直辖市）范围内不能疏导交通，确需关闭高速公路省际入口的，按以下要求进行：

（一）采取关闭高速公路省际入口措施，应当事先征求相邻省级公安机关意见；

（二）一级响应时，需要关闭高速公路省际入口的，应当报公安部批准后实施；

（三）二级响应时，关闭高速公路省际入口可能在 24 小时以上的，由省级公安机关批准后实施，同时应当向公安部上报道路基本情况、处置措施、关闭高速公路省际入口后采取的应对措施以及征求相邻省级公安机关意见情况；24 小时以内的，由省级公安机关批准后实施；

（四）具体实施关闭高速公路省际入口措施的公安机关，应当每小时向相邻省（自治区、直辖市）协助实施交通管理的公安机关通报一次处置突发事件工作进展情况；

（五）应急处置完毕，应当立即解除高速公路省际入口关闭措施，并通知相邻省级公安机关协助疏导交通，关闭高速公路省际入口 24 小时以上的，还应当同时上报公安部。

第二十三条　高速公路实施交通应急管理一级、二级响应时，实施远端分流，需组织车辆绕道相邻省（自治区、直辖市）公路通行的，按以下要求进行：

（一）跨省（自治区、直辖市）组织实施车辆绕道通行的，应当报省级公安机关同意，并与相邻省级公安机关就通行线路、通行组织等有关情况协商一致后报公安部批准；

（二）组织车辆绕道通行应当采取现场指挥、引导通行等措施确保安全；

（三）按照有关规定发布车辆绕道通行和路况等信息。

第五章　现场处置措施

第二十四条　重特大交通事故交通应急管理现场处置措施：

（一）启动高速公路交通应急管理协作机制，立即联系医疗急救机构，组织抢救受伤人员，上报事故现场基本情况，保护事故现场，维护现场秩序；

（二）划定警戒区，并在警戒区外按照"远疏近密"的要求，从距来车方向五百米以外开始设置警告标志。白天要指定交通警察负责警戒并指挥过往车辆减速、变更车道。夜间或者雨、雪、雾等天气情况造成能见度低于五百米时，需从距来车方向一千米以外开始设置警告标志，并停放警车，打开警灯或电子显示屏示警；

（三）控制交通肇事人，疏散无关人员，视情采取临时性交通管制措施及其他控制措施，防止引发次生交通事故；

（四）在医疗急救机构人员到达现场之前，组织抢救受伤人员，对因抢救伤员需要移动车辆、物品的，应当先标明原始位置；

（五）确保应急车道畅通，引导医疗、施救等车辆、人员顺利出入事故现场，做好辅助性工作；救护车辆不足时，启用警车或征用过往车辆协助运送伤员到医疗急救机构。

第二十五条 危险化学品运输车辆交通事故交通应急管理现场处置措施：

（一）启动高速公路交通应急管理协作机制，及时向驾驶人、押运人员及其他有关人员了解运载的物品种类及可能导致的后果，迅速上报危险化学品种类、危害程度、是否泄漏、死伤人员及周边河流、村庄受害等情况；

（二）划定警戒区域，设置警戒线，清理、疏散无关车辆、人员，安排事故未受伤人员至现场上风口地带；在医疗急救机构人员到达现场之前，组织抢救受伤人员。控制、保护肇事者和当事人，防止逃逸和其他意外的发生；

（三）确保应急车道畅通，引导医疗、救援等车辆、人员顺利出入事故现场，做好辅助性工作；救护车辆不足时，启用警车或征用过往车辆协助运送伤员到医疗急救机构；

（四）严禁在事故现场吸烟、拨打手机或使用明火等可能引起燃烧、爆炸等严重后果的行为。经环境保护、安全监管等部门及公安消防机构监测可能发生重大险情的，要立即将现场警力和人员撤至安全区域；

（五）解救因车辆撞击、侧翻、失火、落水、坠落而被困的人员，排除可能存在的隐患和险情，防止发生次生交通事故。

第二十六条 恶劣天气交通应急管理现场处置措施：

（一）迅速上报路况信息，包括雾、雨、雪、冰等恶劣天气的区域范围及变化趋势、能见度、车流量等情况；

（二）根据路况和上级要求，采取分段通行、间断放行、绕道通行、引导通行等措施；

（三）加强巡逻，及时发现和处置交通事故现场，严防发生次生交通事故；

（四）采取封闭高速公路交通管理措施时，要通过设置绕行提示标志、电子显示屏或可变情报板、交通广播等方式发布提示信息，按照交通应急管理预案进行分流。

第二十七条 自然灾害交通应急管理现场处置措施：

（一）接到报警后，民警迅速赶往现场，了解现场具体情况；

（二）因自然灾害导致路面堵塞，及时采取封闭道路措施，对受影响路段入口实施交通管制；

（三）通过设置绕行提示标志、电子显示屏或可变情报板、交通广播等方式发布提示信息，按照交通分流预案进行分流；

（四）封闭道路分流后须立即采取带离的方式清理道路上的滞留车辆；

（五）根据现场情况调度施救力量，及时清理现场，确保尽早恢复交通。

第二十八条 公安机关接报应急情况后，应当采取以下措施：

（一）了解道路交通中断和车辆滞留的影响范围和严重程度，根据高速公路交通应急管理响应级别，启动相应的应急预案，启动高速公路交通应急管理协作机制；

（二）按照本规定要求及时上报有关信息；

（三）会同相关职能部门，组织实施交通管理措施，及时采取分段通行、间断放行、绕道通行、引导通行等措施疏导滞留车辆；

（四）依法及时发布交通预警、分流和诱导等交通管理信息。

第二十九条　公安机关接到危险化学品泄露交通事故报警后，应当立即报告当地人民政府，通知有关部门到现场协助处理。

第三十条　各级公安机关应当在高速公路交通管理应急预案中详细规定交通警察现场处置操作规程。

第三十一条　交通警察在实施交通应急管理现场处置操作规程时，应当严格执行安全防护规定，注意自身安全。

第六章　信息报告与发布

第三十二条　需采取的应急措施超出公安机关职权范围的，事发地公安机关应当向当地人民政府报告，请求协调解决，同时向上级公安机关报告。

第三十三条　高速公路实施交通应急管理可能影响相邻省（自治区、直辖市）道路交通的，在及时处置的同时，要立即向相邻省（自治区、直辖市）的同级公安机关通报。

第三十四条　受邻省高速公路实施交通应急管理影响，造成本省（自治区、直辖市）道路交通中断和车辆滞留的，应当立即向邻省同级公安机关通报，同时向上级公安机关和当地人民政府报告。

第三十五条　信息上报的内容应当包括事件发生时间、地点、原因、目前道路交通状况、事件造成损失及危害、判定的响应级别、已经采取的措施、工作建议以及预计恢复交通的时间等情况，完整填写《高速公路交通应急管理信息上报表》。

第三十六条　信息上报可通过电话、传真、公安信息网传输等方式，紧急情况下，应当立即通过电话上报，遇有暂时无法查清的情况，待查清后续报。

第三十七条　高速公路实施交通应急管理需启动一级响应的，应当在初步确定启动一级响应1小时内将基本信息逐级上报至公安部；需启动二级响应的，应当在初步确定启动二级响应30分钟内将基本信息逐级上报至省级公安机关；需启动三级和四级响应的，应当及时将基本信息逐级上报至省级公安机关。公安部指令要求查报的，可由当地公安机关在规定时间内直接报告。

第三十八条　各级公安机关应当按照有关规定在第一时间向社会发布高速公路交通应急管理简要信息，随后发布初步核实情况、政府应对措施和公众防范措施等，并根据事件处置情况做好后续发布工作。对外发布的有关信息应当及时、准确、客观、全面。

第三十九条　本省（自治区、直辖市）或相邻省（自治区、直辖市）高速公路实施交通应急管理，需采取交通管制措施影响本省（自治区、直辖市）道路交通，应当采取现场接受采访、举行新闻发布会等形式通过本省（自治区、直辖市）电视、广播、报纸、网络等媒体及时公布信息。同时，协调高速公路经营管理单位在高速公路沿线电子显示屏滚动播放交通管制措施。

第四十条　应急处置完毕，应当迅速取消交通应急管理等措施，尽快恢复交通，待道路交通畅通后撤离现场，并及时向社会发布取消交通应急管理措施和恢复交通的信息。

第七章　评估总结

第四十一条　各级公安机关要对制定的应急预案定期组织评估，并根据演练和启动预案的情况，适时调整应急预案内容。公安部每两年组织对一级响应应急预案进行一次评估，省级公安机关每年组织对二级和三级响应应急预案进行一次评估，地市级公安机关每半年对四级响应应急预案进行一次评估。

第四十二条　应急处置结束后，应急处置工作所涉及的公安机关应当对应急响应工作进行总结，并对应急预案进行修订完善。

第八章　附　　则

第四十三条　违反本规定中关于关闭高速公路省际入口、组织车辆绕行分流和信息报告、发布等要求，影响应急事件处置的，给予有关人员相应纪律处分；造成严重后果的，依法追究有关人员法律责任。

第四十四条　本规定中所称"以上"、"以下"、"以内"、"以外"包含本数。

第四十五条　高速公路以外的其他道路交通应急管理参照本规定执行。

第四十六条　本规定自印发之日起实施。

民用机场航空器活动区道路
交通安全管理规则

中国民用航空总局令

第 170 号

《民用机场航空器活动区道路交通安全管理规则》
（CCAR-331SB-R1）已经 2006 年 6 月 7 日中国民用航空
总局局务会议通过，现予公布，自 2006 年 8 月 12 日起
施行。

中国民用航空总局

二〇〇六年七月十二日

第一章　总　则

第一条　为加强民用机场航空器活动区道路交通管理，规范
车辆、人员的通行，保障航空器、车辆及人员在地面的交通安
全，根据《中华人民共和国民用航空安全保卫条例》，制定本
规则。

第二条 本规则所称民用机场（含军民合用机场的民用部分）航空器活动区的道路，是指机场内用于航空器起飞、着陆、停放以及与此有关的地面活动区域内标定的供人员、车辆通行的场地。

第三条 本规则所称车辆，包括机动车辆（含机动车牵引的航空器活动区专用设备）和非机动车辆。

第四条 在航空器活动区道路通行的车辆、人员应当遵守本规则。

第五条 在航空器活动区道路通行的车辆、人员一般遵循右侧通行的原则，按规定路线通行，避让航空器。

第六条 畜力车、三轮车、摩托车以及履带式机动车辆，一般不得进入航空器活动区。

第七条 各驻场单位应当配合机场管理机构实施本规则，加强对所属车辆、人员的管理，对为航空器提供保障服务的车辆应制定完善的操作规程。

第二章 管理机构及其职责

第八条 民航总局对全国民用机场航空器活动区道路交通安全实行统一监督管理。

民航总局公安局具体实施民用机场航空器活动区道路交通安全的监督管理工作，主要职责：

（一）依法监督检查机场管理机构及驻场单位实施本规则的情况；

（二）制定《民用机场航空器活动区机动车牌》、《民用机场航空器活动区机动车行驶证》、《民用机场航空器活动区机动车驾驶证》样式，并监督检查实施情况；

（三）制定航空器活动区交通管理人员培训标准。

第九条 民航地区管理局对本辖区内民用机场航空器活动区道路交通安全实行监督管理。

民航地区管理局公安局具体实施本辖区内民用机场航空器活动区道路交通安全的监督管理工作，主要职责：

（一）负责监督、检查、指导所辖地区民用机场航空器活动区道路交通安全管理工作；

（二）负责监督所辖地区民用机场管理机构及驻场单位执行本规则；

（三）参与航空器活动区重大地面交通事故的调查处理工作；

（四）每年度向民航总局书面报告所辖地区民用机场航空器活动区道路交通安全管理工作情况；

（五）民航总局公安局授权的其他职责。

第十条 机场管理机构的职责：

（一）机场管理机构是本机场航空器活动区道路交通安全工作的第一责任人；

（二）确定本机场航空器活动区道路交通安全管理部门；

（三）负责航空器活动区车辆号牌、行驶证、驾驶证核发和管理；

（四）负责航空器活动区交通秩序的日常巡视检查和违章处理；

（五）负责在24小时内向民航地区管理局公安局报告发生的重大交通事故和车辆碰撞航空器事故；

（六）负责每半年向民航地区管理局公安局上报本机场航空器活动区道路交通管理情况；

（七）向各驻场单位提供驾驶员培训考核资料、航空器活动区道路系统详细图（包含车辆时速分区限制标示）；

（八）负责协调组织各驻场单位执行本规则。

第三章　车　辆

第十一条　向机场管理机构申领民用机场航空器活动区机动车牌、行驶证的车辆，应当具备下列条件：

（一）用于在航空器活动区为航空器运行提供保障服务；

（二）符合机动车国家安全技术标准并符合机场管理机构规定的车辆行驶安全标准；

（三）车身喷涂单位名称和标识，并在顶端安装黄色警示灯；

（四）喷涂统一的安全标志；

（五）配备有效的灭火器材；

（六）提供机动车保险有效凭证；

（七）提供机动车合法来源凭证。

第十二条　已申领民用机场航空器活动区机动车车辆号牌的机动车应接受机场管理机构组织的年度检验或临时检验，未按规定检验或检验不合格的，不得在航空器活动区行驶。车辆检验的项目按《中华人民共和国机动车运行安全技术条件》规定的标准执行。

第十三条　禁止未悬挂民用机场航空器活动区机动车牌的机动车进入航空器活动区。悬挂中华人民共和国机动车号牌的车辆因工作需要，确需进入的，应当报机场管理机构核准，发给通行证件。

第十四条　悬挂民用机场航空器活动区机动车车辆号牌的机动车报废、产权变更的，使用单位应当报告机场管理机构，上交车辆号牌、行驶证，由机场管理机构办理有关手续。车辆号牌、行驶证丢失的，使用单位应当立即向机场管理机构报失。

第十五条　经机场管理机构特许进入航空器活动区行驶的非

机动车辆，应当遵守下列规定：

（一）悬挂机场管理机构颁发的牌证；

（二）喷涂统一规定的安全标志；

（三）制动装置必须保持有效。

第四章　车辆驾驶员

第十六条　向机场管理机构申领民用机场航空器活动区机动车驾驶证的，应当具备下列条件：

（一）持有相应准驾车型的中华人民共和国机动车驾驶证；

（二）参加所在单位组织的培训；

（三）通过机场管理机构组织的考试。

第十七条　申领民用机场航空器活动区机动车驾驶证的考试内容为：本规则规定、本机场航空器活动区运行规则和航空器活动区道路实际驾驶等。

第十八条　民用机场航空器活动区机动车驾驶证有效期四年。有效期满前到机场管理机构办理换证手续，未办理手续的予以注销。

第十九条　已取得民用机场航空器活动区机动车驾驶证的驾驶员，在调离航空器活动区机动车驾驶工作岗位时，原单位负责收回驾驶员的民用机场航空器活动区机动车驾驶证，交机场管理机构，办理注销手续。

第二十条　仅持有中华人民共和国驾驶证，未持有民用机场航空器活动区机动车驾驶证的人员，不得在航空器活动区驾驶机动车辆。特殊情况下，需要驾驶车辆进入航空器活动区的，应当由机场管理机构指定单位负责引导。

第二十一条　在航空器活动区驾驶机动车辆的驾驶员，应当遵守以下规定：

（一）不得涂改、伪造、挪用、转借或骗取航空器活动区机动车号牌、驾驶证、行驶证、车辆通行证；

（二）不得使用涂改、伪造、挪用、骗取或失效的机动车号牌、驾驶证、行驶证、车辆通行证；

（三）携带民用机场航空器活动区机动车驾驶证；

（四）驾驶机动车前，应当对机动车的安全技术性能进行检查，不得驾驶安全设施不全或机件不符合技术标准等具有安全隐患的机动车；

（五）驾驶车辆时应当自觉接受值勤人员的查验、指挥；

（六）按照机场管理机构指定的时间和地点接受年度审验，未按规定审验或审验不合格的，不得在航空器活动区驾驶机动车；

（七）饮酒、服用国家管制的精神药品或者麻醉药品，或者患有妨碍安全驾驶机动车的疾病，或者过度疲劳影响安全驾驶的，不得驾驶机动车；

（八）不得驾驶与所持驾驶证准驾车型不相符合的车辆；

（九）驾驶车辆在停机位范围内操作时，应严格执行操作规程；

（十）确保车辆与前车辆保持足够安全距离；

（十一）确保车辆与所拉载的拖车及所载货物稳固系妥；

（十二）未熄火的车辆，驾驶员应当随车等候。

第五章　车辆行驶

第二十二条　车辆在航空器活动区行驶时，应当遵守下列规定：

（一）按指定的通行道口进入航空器活动区，接受值勤人员的查验；

（二）机场管理机构可根据本机场的实际情况，实行分区限速管理，但最高时速不得超过 50 公里；

（三）行驶到客机坪、停机坪、滑行道交叉路口时，停车观察航空器动态，在确认安全后，方可通行；

（四）遇有航空器滑行或被拖行时，在航空器一侧安全距离外避让，不得在滑行的航空器前 200 米内穿行或 50 米内尾随、穿行；

（五）行李车拖挂托盘行驶时，挂长 3.4 米、宽 2.5 米的大托盘不得超过四个，长 1.9 米、宽 1.8 米的小托盘不得超过六个。拖挂的货物重量不得超过拖车的最高载量。行李车在拖挂托盘行驶时不得倒车。

（六）机动车辆穿行跑道、滑行道、联络道或在跑道、滑行道、联络道作业时，应当事先征得空中管制部门或机场管理机构同意，按指定的时间、区域、路线穿行或作业。

（七）驶入跑道、滑行道、联络道作业的机动车辆应当配备能与塔台保持不间断通讯联络的双向有效的通讯设备，作业人员应当按规定穿戴反光服饰。

第二十三条　机动车辆在航空器活动区行驶使用灯光时，应当遵守下列规定：

（一）向右转弯、向右变更车道、靠路边停车时，开右转向灯；

（二）向左转弯、向左变更车道、驶离停车地点或掉头时，开左转向灯；

（三）昼夜开启黄色警示灯；

（四）引导车灯光标志牌齐全、清晰、有效；

（五）夜间开近光灯、示宽灯和尾灯，雾天开防雾灯，禁止使用远光灯。

第二十四条 在航空器活动区行驶的车辆，遇有执行任务的警车、消防车、工程抢险车、救护车以及护卫车队时，应当主动减速避让，不得争道抢行或紧随尾追，不得穿插、超越护卫车队。

第二十五条 在航空器活动区行驶的车辆发生故障不能行驶的，驾驶员应当立即报告机场管理机构；有可能影响航空器运行的，应迅速将故障车辆拖离至不影响飞行安全的区域。

第二十六条 车辆应当停放在机场管理机构指定的设备区或停车位，且按照停车位地面标明的所示方向停放。

第二十七条 机场实施低能见度运行时，车辆行驶应当按照低能见度运行有关规定执行。

第二十八条 在停机位内驾驶车辆应当遵守下列规定：

（一）除了为航空器提供保障服务的车辆外，其他车辆不得进入或停放在停机位内；

（二）航空器正在进入停机位或被推离停机位时，车辆不得进入停机位；

（三）准备为抵达航空器服务的车辆，须停放在设备停放区，航空器已加上轮挡及引擎关闭后，方能接近航空器作业；

（四）车辆接近、靠接航空器作业时，应当使用制动和轮挡，时速不得超过5公里；

（五）驾驶员在航空器旁停放车辆时，必须确保与航空器及临近设备保持足够的安全距离，且严格遵守操作规程；

（六）除需为航空器提供服务的车辆外，其它车辆不得从机翼或机身下穿行；

（七）车辆不得停放在航空器燃油栓禁区内；

（八）当航空器在加油时，在停机位内的车辆不得阻碍加油车前方的紧急通道；

（九）当航空器引擎正在开动或防撞灯亮起时，车辆不得在航空器后方穿过；

（十）在停机位内作业的车辆不得倒车。必须倒车的，须有人观察指挥，确保安全；

（十一）车辆须避让在航空器旁工作的地勤人员；

（十二）航空器准备推后作业时，除航空器拖车外，其他车辆均应远离停机位，停放在设备区。

第二十九条 驾驶非机动车应当遵守下列规定：

（一）酒后不得驾驶非机动车；

（二）丧失正常驾驶能力的不得驾驶非机动车；

（三）驾驶非机动车不准载人；

（四）不得进入停机位。

第六章　航空器活动区道路
交通标志、标线

第三十条 机场管理机构应当按照有关技术标准设置机场航空器活动区道路交通标志、标线。

第三十一条 航空器活动区内的车辆、人员应当按照交通标志、标线通行。

第七章　交通事故处理

第三十二条 车辆在航空器活动区通行时发生交通事故的，由民用机场公安机关参照《中华人民共和国道路交通安全法》的有关规定处理，并将处理情况通报机场管理机构。

除非航空器的移动受阻，否则所有涉及人员均应留在现场，肇事车辆也应保持事发后的状态，直至处理人员达到现场为止。

第八章　违章处理

第三十三条　机动车驾驶员在航空器活动区违反本规则，违章处理实行记分制，年度累计达到 12 分的，机场管理机构收回其驾驶证，6 个月内不得再申领民用机场航空器活动区机动车驾驶证。

第三十四条　机动车驾驶员违反本规则，有下列情形的，记12 分，收回驾驶证，两年内不得再申领驾驶证：

（一）碰撞航空器的；

（二）造成航空器复飞或中断起飞的；

（三）致人死亡的。

第三十五条　机动车驾驶员违反本规则，有下列情形的，记6 分：

（一）造成交通事故致人轻伤以上或财产损失 2000 元以上的；

（二）与航空器抢行造成航空器刹车的；

（三）酒后驾驶车辆的；

（四）驾驶证没有进行年审的。有前款（二）、（三）情形的，六个月内不得在航空器活动区驾驶车辆。

第三十六条　机动车驾驶员违反本规则除第三十四条、三十五条以外情形的，记 1 至 4 分。

第三十七条　航空器活动区内车辆驾驶员、人员违反本规则的，机场管理机构将违章行为通报当事人所在单位。违章人员、车辆所属单位应当将处理结果书面反馈机场管理机构。

第九章　法律责任

第三十八条　机场管理机构在航空器活动区道路交通管理工作中未履行本规则第十条职责的，民航地区管理局可以对机场管理机构处以 10000 元以上 30000 元以下罚款。

第三十九条　驻场单位违反本规则第七条规定，民航地区管理局可以对该驻场单位处以 10000 元以上 30000 元以下罚款。

第四十条　机场管理机构或其他驻场单位未能严格执行本规则，发生重大交通事故或车辆碰撞航空器事故的，民航地区管理局可以对责任单位处以 10000 元以上 30000 元以下罚款。

第四十一条　违反本规则有关规定，情节严重，构成犯罪的，移交司法机关依法追究法律责任。

第十章　附　则

第四十二条　本规则所称"以上、以下"均含本数在内。

第四十三条　本规则自 2006 年 8 月 12 日起实施。1998 年 6 月 3 日发布的《民用机场航空器活动区道路交通管理规则》（民航总局第 75 号令）同时废止。

道路交通安全违法行为
处理程序规定

中华人民共和国公安部令

第 105 号

　　修订后的《道路交通安全违法行为处理程序规定》已经 2008 年 11 月 17 日公安部部长办公会议通过，现予发布，自 2009 年 4 月 1 日起施行。

　　　　　　　　　　　　　公安部部长　　孟建柱
　　　　　　　　　　　　　二○○八年十二月二十日

第一章　总　　则

　　第一条　为了规范道路交通安全违法行为处理程序，保障公安机关交通管理部门正确履行职责，保护公民、法人和其他组织的合法权益，根据《中华人民共和国道路交通安全法》及其实施条例等法律、行政法规制定本规定。

　　第二条　公安机关交通管理部门及其交通警察对道路交通安

全违法行为（以下简称违法行为）的处理程序，在法定职权范围内依照本规定实施。

第三条　对违法行为的处理应当遵循合法、公正、文明、公开、及时的原则，尊重和保障人权，保护公民的人格尊严。

对违法行为的处理应当坚持教育与处罚相结合的原则，教育公民、法人和其他组织自觉遵守道路交通安全法律法规。

对违法行为的处理，应当以事实为依据，与违法行为的事实、性质、情节以及社会危害程度相当。

第二章　管　辖

第四条　交通警察执勤执法中发现的违法行为由违法行为发生地的公安机关交通管理部门管辖。

对管辖权发生争议的，报请共同的上一级公安机关交通管理部门指定管辖。上一级公安机关交通管理部门应当及时确定管辖主体，并通知争议各方。

第五条　交通技术监控资料记录的违法行为可以由违法行为发生地、发现地或者机动车登记地的公安机关交通管理部门管辖。

违法行为人或者机动车所有人、管理人对交通技术监控资料记录的违法行为事实有异议的，应当向违法行为发生地公安机关交通管理部门提出，由违法行为发生地公安机关交通管理部门依法处理。

第六条　对违法行为人处以警告、罚款或者暂扣机动车驾驶证处罚的，由县级以上公安机关交通管理部门作出处罚决定。

对违法行为人处以吊销机动车驾驶证处罚的，由设区的市公安机关交通管理部门作出处罚决定。

对违法行为人处以行政拘留处罚的，由县、市公安局、公安分局或者相当于县一级的公安机关作出处罚决定。

第三章 调查取证

第一节 一般规定

第七条 交通警察调查违法行为时，应当表明执法身份。

交通警察执勤执法应当严格执行安全防护规定，注意自身安全，在公路上执勤执法不得少于两人。

第八条 交通警察应当全面、及时、合法收集能够证实违法行为是否存在、违法情节轻重的证据。

第九条 交通警察调查违法行为时，应当查验机动车驾驶证、行驶证、机动车号牌、检验合格标志、保险标志等牌证以及机动车和驾驶人违法信息。对运载爆炸物品、易燃易爆化学物品以及剧毒、放射性等危险物品车辆驾驶人违法行为调查的，还应当查验其他相关证件及信息。

第十条 交通警察查验机动车驾驶证时，应当询问驾驶人姓名、住址、出生年月并与驾驶证上记录的内容进行核对；对持证人的相貌与驾驶证上的照片进行核对。必要时，可以要求驾驶人出示居民身份证进行核对。

第十一条 调查中需要采取行政强制措施的，依照法律、法规、本规定及国家其他有关规定实施。

第十二条 交通警察对机动车驾驶人不在现场的违法停放机动车行为，应当在机动车侧门玻璃或者摩托车座位上粘贴违法停车告知单，并采取拍照或者录像方式固定相关证据。

第十三条 调查中发现违法行为人有其他违法行为的，在依法对其道路交通安全违法行为作出处理决定的同时，按照有关规定移送有管辖权的单位处理。涉嫌构成犯罪的，转为刑事案件办理或者移送有权处理的主管机关、部门办理。

第十四条 公安机关交通管理部门对于控告、举报的违法行为以及其他行政主管部门移送的案件应当接受，并按规定处理。

第二节 交通技术监控

第十五条 公安机关交通管理部门可以利用交通技术监控设备收集、固定违法行为证据。

交通技术监控设备应当符合国家标准或者行业标准，并经国家有关部门认定、检定合格后，方可用于收集违法行为证据。

交通技术监控设备应当定期进行维护、保养、检测，保持功能完好。

第十六条 交通技术监控设备的设置应当遵循科学、规范、合理的原则，设置的地点应当有明确规范相应交通行为的交通信号。

固定式交通技术监控设备设置地点应当向社会公布。

第十七条 使用固定式交通技术监控设备测速的路段，应当设置测速警告标志。

使用移动测速设备测速的，应当由交通警察操作。使用车载移动测速设备的，还应当使用制式警车。

第十八条 作为处理依据的交通技术监控设备收集的违法行为记录资料，应当清晰、准确地反映机动车类型、号牌、外观等特征以及违法时间、地点、事实。

第十九条 自交通技术监控设备收集违法行为记录资料之日起的十日内，违法行为发生地公安机关交通管理部门应当对记录内容进行审核，经审核无误后录入道路交通违法信息管理系统，作为违法行为的证据。

公安机关交通管理部门对交通技术监控设备收集的违法行为记录内容应当严格审核制度，完善审核程序。

第二十条　交通技术监控设备记录的违法行为信息录入道路交通违法信息管理系统后三日内，公安机关交通管理部门应当向社会提供查询；并可以通过邮寄、发送手机短信、电子邮件等方式通知机动车所有人或者管理人。

第二十一条　交通技术监控设备记录或者录入道路交通违法信息管理系统的违法行为信息，有下列情形之一并经核实的，应当予以消除：

（一）警车、消防车、救护车、工程救险车执行紧急任务的；

（二）机动车被盗抢期间发生的；

（三）有证据证明救助危难或者紧急避险造成的；

（四）现场已被交通警察处理的；

（五）因交通信号指示不一致造成的；

（六）不符合本规定第十八条规定要求的；

（七）记录的机动车号牌信息错误的；

（八）因使用伪造、变造或者其他机动车号牌发生违法行为造成合法机动车被记录的；

（九）其他应当消除的情形。

第四章　行政强制措施适用

第二十二条　公安机关交通管理部门及其交通警察在执法过程中，依法可以采取下列行政强制措施：

（一）扣留车辆；

（二）扣留机动车驾驶证；

（三）拖移机动车；

（四）检验体内酒精、国家管制的精神药品、麻醉药品含量；

（五）收缴物品；

（六）法律、法规规定的其他行政强制措施。

第二十三条 采取本规定第二十二条第（一）、（二）、（四）、（五）项行政强制措施，应当按照下列程序实施：

（一）口头告知违法行为人或者机动车所有人、管理人违法行为的基本事实、拟作出行政强制措施的种类、依据及其依法享有的权利；

（二）听取当事人的陈述和申辩，当事人提出的事实、理由或者证据成立的，应当采纳；

（三）制作行政强制措施凭证，并告知当事人在十五日内到指定地点接受处理；

（四）行政强制措施凭证应当由当事人签名、交通警察签名或者盖章，并加盖公安机关交通管理部门印章；当事人拒绝签名的，交通警察应当在行政强制措施凭证上注明；

（五）行政强制措施凭证应当当场交付当事人；当事人拒收的，由交通警察在行政强制措施凭证上注明，即为送达。

现场采取行政强制措施的，可以由一名交通警察实施，并在二十四小时内将行政强制措施凭证报所属公安机关交通管理部门备案。

第二十四条 行政强制措施凭证应当载明当事人的基本情况、车辆牌号、车辆类型、违法事实、采取行政强制措施种类和依据、接受处理的具体地点和期限、决定机关名称及当事人依法享有的行政复议、行政诉讼权利等内容。

第二十五条 有下列情形之一的，依法扣留车辆：

（一）上道路行驶的机动车未悬挂机动车号牌，未放置检验合格标志、保险标志，或者未随车携带机动车行驶证、驾驶证的；

（二）有伪造、变造或者使用伪造、变造的机动车登记证书、号牌、行驶证、检验合格标志、保险标志、驾驶证或者使用其他车辆的机动车登记证书、号牌、行驶证、检验合格标志、保险标志嫌疑的；

（三）未按照国家规定投保机动车交通事故责任强制保险的；

（四）公路客运车辆或者货运机动车超载的；

（五）机动车有被盗抢嫌疑的；

（六）机动车有拼装或者达到报废标准嫌疑的；

（七）未申领《剧毒化学品公路运输通行证》通过公路运输剧毒化学品的；

（八）非机动车驾驶人拒绝接受罚款处罚的。

对发生道路交通事故，因收集证据需要的，可以依法扣留事故车辆。

第二十六条 交通警察应当在扣留车辆后二十四小时内，将被扣留车辆交所属公安机关交通管理部门。

公安机关交通管理部门扣留车辆的，不得扣留车辆所载货物。对车辆所载货物应当通知当事人自行处理，当事人无法自行处理或者不自行处理的，应当登记并妥善保管，对容易腐烂、损毁、灭失或者其他不具备保管条件的物品，经县级以上公安机关交通管理部门负责人批准，可以在拍照或者录像后变卖或者拍卖，变卖、拍卖所得按照有关规定处理。

第二十七条 对公路客运车辆载客超过核定乘员、货运机动车超过核定载质量的，公安机关交通管理部门应当按照下列规定消除违法状态：

（一）违法行为人可以自行消除违法状态的，应当在公安机关交通管理部门的监督下，自行将超载的乘车人转运、将超载的货物卸载；

（二）违法行为人无法自行消除违法状态的，对超载的乘车人，公安机关交通管理部门应当及时通知有关部门联系转运；对超载的货物，应当在指定的场地卸载，并由违法行为人与指定场地的保管方签订卸载货物的保管合同。

消除违法状态的费用由违法行为人承担。违法状态消除后，应当立即退还被扣留的机动车。

第二十八条 对扣留的车辆，当事人接受处理或者提供、补办的相关证明或者手续经核实后，公安机关交通管理部门应当依法及时退还。

公安机关交通管理部门核实的时间不得超过十日；需要延长的，经县级以上公安机关交通管理部门负责人批准，可以延长至十五日。核实时间自车辆驾驶人或者所有人、管理人提供被扣留车辆合法来历证明，补办相应手续，或者接受处理之日起计算。

发生道路交通事故因收集证据需要扣留车辆的，扣留车辆时间依照《道路交通事故处理程序规定》有关规定执行。

第二十九条 有下列情形之一的，依法扣留机动车驾驶证：

（一）饮酒后驾驶机动车的；

（二）将机动车交由未取得机动车驾驶证或者机动车驾驶证被吊销、暂扣的人驾驶的；

（三）机动车行驶超过规定时速百分之五十的；

（四）驾驶有拼装或者达到报废标准嫌疑的机动车上道路行驶的；

（五）在一个记分周期内累积记分达到十二分的。

第三十条 交通警察应当在扣留机动车驾驶证后二十四小时内，将被扣留机动车驾驶证交所属公安机关交通管理部门。

具有本规定第二十九条第（一）、（二）、（三）、（四）项所列情形之一的，扣留机动车驾驶证至作出处罚决定之日；处罚决定生效前先予扣留机动车驾驶证的，扣留一日折抵暂扣期限一日。

只对违法行为人作出罚款处罚的，缴纳罚款完毕后，应当立即发还机动车驾驶证。具有本规定第二十九条第（五）项情形的，扣留机动车驾驶证至考试合格之日。

　　第三十一条　违反机动车停放、临时停车规定，驾驶人不在现场或者虽在现场但拒绝立即驶离，妨碍其他车辆、行人通行的，公安机关交通管理部门及其交通警察可以将机动车拖移至不妨碍交通的地点或者公安机关交通管理部门指定的地点。

　　拖移机动车的，现场交通警察应当通过拍照、录像等方式固定违法事实和证据。

　　第三十二条　公安机关交通管理部门应当公开拖移机动车查询电话，并通过设置拖移机动车专用标志牌明示或者以其他方式告知当事人。当事人可以通过电话查询接受处理的地点、期限和被拖移机动车的停放地点。

　　第三十三条　车辆驾驶人有下列情形之一的，应当对其检验体内酒精、国家管制的精神药品、麻醉药品含量：

　　（一）对酒精呼气测试等方法测试的酒精含量结果有异议的；

　　（二）涉嫌饮酒、醉酒驾驶车辆发生交通事故的；

　　（三）涉嫌服用国家管制的精神药品、麻醉药品后驾驶车辆的；

　　（四）拒绝配合酒精呼气测试等方法测试的。

　　对酒后行为失控或者拒绝配合检验的，可以使用约束带或者警绳等约束性警械。

　　第三十四条　检验车辆驾驶人体内酒精、国家管制的精神药品、麻醉药品含量的，应当按照下列程序实施：

　　（一）由交通警察将当事人带到医疗机构进行抽血或者提取尿样；

　　（二）公安机关交通管理部门应当将抽取的血液或者提取的尿

样及时送交有检验资格的机构进行检验，并将检验结果书面告知当事人。

检验车辆驾驶人体内酒精、国家管制的精神药品、麻醉药品含量的，应当通知其家属，但无法通知的除外。

第三十五条 对非法安装警报器、标志灯具或者自行车、三轮车加装动力装置的，公安机关交通管理部门应当强制拆除，予以收缴，并依法予以处罚。

交通警察现场收缴非法装置的，应当在二十四小时内，将收缴的物品交所属公安机关交通管理部门。

对收缴的物品，除作为证据保存外，经县级以上公安机关交通管理部门批准后，依法予以销毁。

第三十六条 公安机关交通管理部门对扣留的拼装或者已达到报废标准的机动车，经县级以上公安机关交通管理部门批准后，予以收缴，强制报废。

第三十七条 对伪造、变造或者使用伪造、变造的机动车登记证书、号牌、行驶证、检验合格标志、保险标志、驾驶证的，应当予以收缴，依法处罚后予以销毁。

对使用其他车辆的机动车登记证书、号牌、行驶证、检验合格标志、保险标志的，应当予以收缴，依法处罚后转至机动车登记地车辆管理所。

第三十八条 对在道路两侧及隔离带上种植树木、其他植物或者设置广告牌、管线等，遮挡路灯、交通信号灯、交通标志，妨碍安全视距的，公安机关交通管理部门应当向违法行为人送达排除妨碍通知书，告知履行期限和不履行的后果。违法行为人在规定期限内拒不履行的，依法予以处罚并强制排除妨碍。

第三十九条 强制排除妨碍，公安机关交通管理部门及其交通警察可以当场实施。无法当场实施的，应当按照下列程序实施：

（一）经县级以上公安机关交通管理部门负责人批准，可以委托或者组织没有利害关系的单位予以强制排除妨碍；

（二）执行强制排除妨碍时，公安机关交通管理部门应当派员到场监督。

第五章　行政处罚

第一节　行政处罚的决定

第四十条　交通警察对于当场发现的违法行为，认为情节轻微、未影响道路通行和安全的，口头告知其违法行为的基本事实、依据，向违法行为人提出口头警告，纠正违法行为后放行。

各省、自治区、直辖市公安机关交通管理部门可以根据实际确定适用口头警告的具体范围和实施办法。

第四十一条　对违法行为人处以警告或者二百元以下罚款的，可以适用简易程序。

对违法行为人处以二百元（不含）以上罚款、暂扣或者吊销机动车驾驶证的，应当适用一般程序。不需要采取行政强制措施的，现场交通警察应当收集、固定相关证据，并制作违法行为处理通知书。

对违法行为人处以行政拘留处罚的，按照《公安机关办理行政案件程序规定》实施。

第四十二条　适用简易程序处罚的，可以由一名交通警察作出，并应当按照下列程序实施：

（一）口头告知违法行为人违法行为的基本事实、拟作出的行政处罚、依据及其依法享有的权利；

（二）听取违法行为人的陈述和申辩，违法行为人提出的事实、理由或者证据成立的，应当采纳；

（三）制作简易程序处罚决定书；

（四）处罚决定书应当由被处罚人签名、交通警察签名或者盖章，并加盖公安机关交通管理部门印章；被处罚人拒绝签名的，交通警察应当在处罚决定书上注明；

（五）处罚决定书应当当场交付被处罚人；被处罚人拒收的，由交通警察在处罚决定书上注明，即为送达。

交通警察应当在二日内将简易程序处罚决定书报所属公安机关交通管理部门备案。

第四十三条 简易程序处罚决定书应当载明被处罚人的基本情况、车辆牌号、车辆类型、违法事实、处罚的依据、处罚的内容、履行方式、期限、处罚机关名称及被处罚人依法享有的行政复议、行政诉讼权利等内容。

第四十四条 制发违法行为处理通知书应当按照下列程序实施：

（一）口头告知违法行为人违法行为的基本事实；

（二）听取违法行为人的陈述和申辩，违法行为人提出的事实、理由或者证据成立的，应当采纳；

（三）制作违法行为处理通知书，并通知当事人在十五日内接受处理；

（四）违法行为处理通知书应当由违法行为人签名、交通警察签名或者盖章，并加盖公安机关交通管理部门印章；当事人拒绝签名的，交通警察应当在违法行为处理通知书上注明；

（五）违法行为处理通知书应当当场交付当事人；当事人拒收的，由交通警察在违法行为处理通知书上注明，即为送达。

交通警察应当在二十四小时内将违法行为处理通知书报所属公安机关交通管理部门备案。

第四十五条 违法行为处理通知书应当载明当事人的基本情

况、车辆牌号、车辆类型、违法事实、接受处理的具体地点和时限、通知机关名称等内容。

第四十六条 适用一般程序作出处罚决定，应当由两名以上交通警察按照下列程序实施：

（一）对违法事实进行调查，询问当事人违法行为的基本情况，并制作笔录；当事人拒绝接受询问、签名或者盖章的，交通警察应当在询问笔录上注明；

（二）采用书面形式或者笔录形式告知当事人拟作出的行政处罚的事实、理由及依据，并告知其依法享有的权利；

（三）对当事人陈述、申辩进行复核，复核结果应当在笔录中注明；

（四）制作行政处罚决定书；

（五）行政处罚决定书应当由被处罚人签名，并加盖公安机关交通管理部门印章；被处罚人拒绝签名的，交通警察应当在处罚决定书上注明；

（六）行政处罚决定书应当当场交付被处罚人；被处罚人拒收的，由交通警察在处罚决定书上注明，即为送达；被处罚人不在场的，应当依照《公安机关办理行政案件程序规定》的有关规定送达。

第四十七条 行政处罚决定书应当载明被处罚人的基本情况、车辆牌号、车辆类型、违法事实和证据、处罚的依据、处罚的内容、履行方式、期限、处罚机关名称及被处罚人依法享有的行政复议、行政诉讼权利等内容。

第四十八条 一人有两种以上违法行为，分别裁决，合并执行，可以制作一份行政处罚决定书。

一人只有一种违法行为，依法应当并处两个以上处罚种类且涉及两个处罚主体的，应当分别制作行政处罚决定书。

第四十九条 对违法行为事实清楚，需要按照一般程序处以罚款的，应当自违法行为人接受处理之时起二十四小时内作出处罚决定；处以暂扣机动车驾驶证的，应当自违法行为人接受处理之日起三日内作出处罚决定；处以吊销机动车驾驶证的，应当自违法行为人接受处理或者听证程序结束之日起七日内作出处罚决定，交通肇事构成犯罪的，应当在人民法院判决后及时作出处罚决定。

第五十条 对交通技术监控设备记录的违法行为，当事人应当及时到公安机关交通管理部门接受处理，处以警告或者二百元以下罚款的，可以适用简易程序；处以二百元（不含）以上罚款、吊销机动车驾驶证的，应当适用一般程序。

第二节 行政处罚的执行

第五十一条 对行人、乘车人、非机动车驾驶人处以罚款，交通警察当场收缴的，交通警察应当在简易程序处罚决定书上注明，由被处罚人签名确认。被处罚人拒绝签名的，交通警察应当在处罚决定书上注明。

交通警察依法当场收缴罚款的，应当开具省、自治区、直辖市财政部门统一制发的罚款收据；不开具省、自治区、直辖市财政部门统一制发的罚款收据的，当事人有权拒绝缴纳罚款。

第五十二条 当事人逾期不履行行政处罚决定的，作出行政处罚决定的公安机关交通管理部门可以采取下列措施：

（一）到期不缴纳罚款的，每日按罚款数额的百分之三加处罚款，加处罚款总额不得超出罚款数额；

（二）申请人民法院强制执行。

第五十三条 公安机关交通管理部门对非本辖区机动车驾驶人给予暂扣、吊销机动车驾驶证处罚的，应当在作出处罚决定之日起十五日内，将机动车驾驶证转至核发地公安机关交通管理部门。

违法行为人申请不将暂扣的机动车驾驶证转至核发地公安机关交通管理部门的，应当准许，并在行政处罚决定书上注明。

第五十四条 对违法行为人决定行政拘留并处罚款的，公安机关交通管理部门应当告知违法行为人可以委托他人代缴罚款。

第六章 执法监督

第五十五条 交通警察执勤执法时，应当按照规定着装，佩戴人民警察标志，随身携带人民警察证件，保持警容严整，举止端庄，指挥规范。

交通警察查处违法行为时应当使用规范、文明的执法用语。

第五十六条 公安机关交通管理部门所属的交警队、车管所及重点业务岗位应当建立值日警官和法制员制度，防止和纠正执法中的错误和不当行为。

第五十七条 各级公安机关交通管理部门应当加强执法监督，建立本单位及其所属民警的执法档案，实施执法质量考评、执法责任制和执法过错追究。

执法档案可以是电子档案或者纸质档案。

第五十八条 公安机关交通管理部门应当依法建立交通民警执勤执法考核评价标准，不得下达或者变相下达罚款指标，不得以处罚数量作为考核民警执法效果的依据。

第七章 其他规定

第五十九条 当事人对公安机关交通管理部门采取的行政强

制措施或者作出的行政处罚决定不服的，可以依法申请行政复议或者提起行政诉讼。

第六十条 公安机关交通管理部门应当使用道路交通违法信息管理系统对违法行为信息进行管理。对记录和处理的交通违法行为信息应当及时录入道路交通违法信息管理系统。

第六十一条 公安机关交通管理部门对非本辖区机动车有违法行为记录的，应当在违法行为信息录入道路交通违法信息管理系统后，在规定时限内将违法行为信息转至机动车登记地公安机关交通管理部门。

第六十二条 公安机关交通管理部门对非本辖区机动车驾驶人的违法行为给予记分或者暂扣、吊销机动车驾驶证以及扣留机动车驾驶证的，应当在违法行为信息录入道路交通违法信息管理系统后，在规定时限内将违法行为信息转至驾驶证核发地公安机关交通管理部门。

第六十三条 对非本辖区机动车驾驶人申请在违法行为发生地参加满分学习、考试的，公安机关交通管理部门应当准许，考试合格后发还扣留的机动车驾驶证，并将考试合格的信息转至驾驶证核发地公安机关交通管理部门。

驾驶证核发地公安机关交通管理部门应当根据转递信息清除机动车驾驶人的累积记分。

第六十四条 以欺骗、贿赂等不正当手段取得机动车登记的，应当收缴机动车登记证书、号牌、行驶证，由机动车登记地公安机关交通管理部门撤销机动车登记。

以欺骗、贿赂等不正当手段取得驾驶许可的，应当收缴机动车驾驶证，由驾驶证核发地公安机关交通管理部门撤销机动车驾驶许可。

非本辖区机动车登记或者机动车驾驶许可需要撤销的，公安机关交通管理部门应当将收缴的机动车登记证书、号牌、行驶证或者机动车驾驶证以及相关证据材料，及时转至机动车登记地或者驾驶证核发地公安机关交通管理部门。

第六十五条　撤销机动车登记或者机动车驾驶许可的，应当按照下列程序实施：

（一）经设区的市公安机关交通管理部门负责人批准，制作撤销决定书送达当事人；

（二）将收缴的机动车登记证书、号牌、行驶证或者机动车驾驶证以及撤销决定书转至机动车登记地或者驾驶证核发地车辆管理所予以注销；

（三）无法收缴的，公告作废。

第六十六条　简易程序案卷应当包括简易程序处罚决定书。一般程序案卷应当包括行政强制措施凭证或者违法行为处理通知书、证据材料、公安交通管理行政处罚决定书。

在处理违法行为过程中形成的其他文书应当一并存入案卷。

第八章　附　则

第六十七条　本规定中下列用语的含义：

（一）"违法行为人"，是指违反道路交通安全法律、行政法规规定的公民、法人及其他组织。

（二）"县级以上公安机关交通管理部门"，是指县级以上人民政府公安机关交通管理部门或者相当于同级的公安机关交通管理部门。"设区的市公安机关交通管理部门"，是指设区的市人民政府公安机关交通管理部门或者相当于同级的公安机关交通管理部门。

第六十八条　本规定未规定的违法行为处理程序，依照《公安机关办理行政案件程序规定》执行。

第六十九条 本规定所称以上、以下，除特别注明的外，包括本数在内。

本规定所称的"二日"、"三日"、"七日"、"十日"、"十五日"，是指工作日，不包括节假日。

第七十条 执行本规定所需要的法律文书式样，由公安部制定。公安部没有制定式样，执法工作中需要的其他法律文书，各省、自治区、直辖市公安机关交通管理部门可以制定式样。

第七十一条 本规定自 2009 年 4 月 1 日起施行。2004 年 4 月 30 日发布的《道路交通安全违法行为处理程序规定》（公安部第 69 号令）同时废止。本规定生效后，以前有关规定与本规定不一致的，以本规定为准。